总第40辑

中国审判指导丛书

涉外商事海事审判指导

最高人民法院民事审判第四庭 编

人民法院出版社

图书在版编目（CIP）数据

涉外商事海事审判指导. 总第40辑 / 最高人民法院民事审判第四庭编. -- 北京：人民法院出版社，2024.11. -- （中国审判指导丛书）. -- ISBN 978-7-5109-4225-9

Ⅰ．D997.4

中国国家版本馆CIP数据核字第20243TW402号

涉外商事海事审判指导（总第40辑）
最高人民法院民事审判第四庭　编

责任编辑	杨晓燕
出版发行	人民法院出版社
地　　址	北京市东城区东交民巷27号（100745）
电　　话	（010）67550508（责任编辑）　67550558（发行部查询）
	65223677（读者服务部）
客 服 QQ	2092078039
网　　址	http：//www.courtbook.com.cn
E － mail	courtpress@sohu.com
印　　刷	三河市国英印务有限公司
经　　销	新华书店

开　　本	787毫米×1092毫米　1/16
字　　数	231千字
印　　张	15
版　　次	2024年11月第1版　2024年11月第1次印刷
书　　号	ISBN 978-7-5109-4225-9
定　　价	50.00元

版权所有　侵权必究

《涉外商事海事审判指导》编辑委员会

主　　任　王淑梅

副 主 任　沈红雨　胡　方　王海峰　刘慧卓

委　　员　(以姓氏笔画为序)

　　　　　马东旭　龙　飞　李　伟　杨弘磊

　　　　　杨兴业　杨　蕾　陈宏宇　奚向阳

　　　　　郭载宇　黄西武

执行编辑　沈　佳

卷 首 语

《涉外商事海事审判指导》（总第40辑）经过精心编辑和大家见面了。本辑栏目设置继续保持《涉外商事海事审判指导》的一贯特色，包括"领导讲话""司法文件""请示与答复""案例评析""调查与研究""信息与资料"六个传统栏目，并增设了"优秀裁判文书选登"一个新栏目。

司法文件 该栏目主要涉及2020年下半年出台或修正的有关涉外商事海事审判的司法解释。

请示与答复 作为本丛书的特色栏目，本辑继续刊登2020年下半年最高人民法院针对各高级人民法院有关国际商事仲裁裁决司法审查法律问题请示的复函，并附有各高级人民法院请示的内容，具有较强的指导意义。为便于检索，本栏目设置"申请确认仲裁协议效力案件""申请撤销内地仲裁裁决案件""申请不予执行内地仲裁裁决案件"三个子栏目。

优秀裁判文书选登 该栏目是本期的特色栏目，选取了两篇2022年全国法院涉外商事海事优秀裁判文书评选活动一等奖、裁判时间为2020年下半年的裁判文书予以全文刊载，以供学习借鉴。

案例评析 本辑刊登了东亚银行（中国）有限公司上海分行与江苏普华有限公司、传旗贸易（上海）有限公司、中国诚峰集团有限公司、现代商船有限公司、中国光大银行股份有限公司南京分行信用证欺诈纠纷案以及怡丰自动化科技有限公司与怡锋工业设备（深圳）有限公司公司决议撤销纠纷案，两个案例分别对议付行的议付行为是否善意应当如何判定、外商投资企业公司决议撤销应当如何审查进行了法律分析，对于涉外商事审判具有很强的指导意义。

调查与研究 本辑选登了最高人民法院国际商事专家委员会第二届研讨会暨国际商事专家委员新聘活动上部分嘉宾的发言,围绕"国际商事纠纷解决机制新发展:新形势与新挑战"及"后疫情时代国际法相关问题的研究与运用"两个议题进行了研讨。

信息与资料 本辑刊登了最高人民法院国际商事专家委员会第二届研讨会暨国际商事专家委员新聘活动综述,对最高人民法院聘任24位专家为国际商事专家委员会第二批专家委员及与会嘉宾的精彩交流进行了实况报道。

目　录

【司法文件】

最高人民法院
关于审理涉船员纠纷案件若干问题的规定
　　（2020年9月27日）………………………………………（1）

最高人民法院
关于内地与香港特别行政区相互执行仲裁裁决的补充安排
　　（2020年11月26日）………………………………………（5）

最高人民法院
关于涉外民事或商事案件司法文书送达问题若干规定
　　（2020年12月23日修正）…………………………………（9）

最高人民法院
关于审理海事赔偿责任限制相关纠纷案件的若干规定
　　（2020年12月23日修正）…………………………………（12）

最高人民法院
关于适用《中华人民共和国涉外民事关系法律适用法》
　　若干问题的解释（一）
　　（2020年12月23日修正）…………………………………（16）

【请示与答复】

（一）申请确认仲裁协议效力案件

最高人民法院
  关于深圳市威利安科技有限公司申请确认仲裁协议效力案的复函
    （2020 年 12 月 2 日）……………………（19）
  附：湖南省高级人民法院关于申请人深圳市威利安科技有限
    公司与被申请人湖南鼎晟光电科技有限公司申请确认仲
    裁协议效力纠纷一案涉及仲裁协议司法审查的报核报告
    （2020 年 8 月 31 日）……………………（20）

最高人民法院
  关于湖北元祖食品有限公司申请确认仲裁协议效力案的复函
    （2020 年 11 月 9 日）……………………（22）
  附：湖北省高级人民法院关于申请人湖北元祖食品有限公司
    与被申请人刘某申请确认仲裁协议效力一案的请示
    （2020 年 9 月 9 日）……………………（23）

最高人民法院
  关于上诉人歌斐资产管理有限公司、诺亚正行基金销售有
    限公司与被上诉人吴某某侵权责任纠纷管辖权异议案的
    复函
    （2020 年 12 月 1 日）……………………（25）
  附：浙江省高级人民法院关于上诉人歌斐资产管理有限公司、
    诺亚正行基金销售有限公司与被上诉人吴某某侵权责任
    纠纷管辖权异议一案的内核报告
    （2020 年 9 月 14 日）……………………（26）

最高人民法院
  关于陕西时鲜供应链管理有限公司申请确认仲裁协议
    效力案的复函
    （2020 年 12 月 21 日）……………………（32）

附：陕西省高级人民法院关于申请人陕西时鲜供应链管理有限公司与被申请人东莞致公企业管理咨询有限公司申请确认仲裁协议效力一案的请示报告

（2020年11月6日）·················（33）

最高人民法院
关于袁某某与中国对外经济贸易信托有限公司申请确认仲裁协议效力案请示的复函

（2020年12月21日）·················（37）

附：广东省高级人民法院关于袁某某与中国对外经济贸易信托有限公司申请确认仲裁协议效力一案的请示

（2020年8月18日）·················（38）

（二）申请撤销内地仲裁裁决案件

最高人民法院
关于孙某1申请撤销仲裁裁决请示案的复函

（2020年8月31日）·················（42）

附：上海市高级人民法院关于申请人孙某1与被申请人上海小牛股权投资合伙企业（有限合伙）、刘某某、孙某2、孙某3申请撤销仲裁裁决一案的请示

（2020年6月28日）·················（43）

最高人民法院
关于杨某申请撤销仲裁裁决案的复函

（2020年9月17日）·················（47）

附：广西壮族自治区高级人民法院关于杨某申请撤销仲裁裁决一案的请示

（2019年12月25日）·················（48）

最高人民法院
关于无锡万健置业有限公司申请撤销仲裁裁决案的复函

（2020年12月24日）·················（55）

附：江苏省高级人民法院关于无锡万健置业有限公司与中国有色
金属工业第十四冶金建设公司申请撤销仲裁裁决案的请示
（2020 年 10 月 12 日）···（ 56 ）

（三）申请不予执行内地仲裁裁决案件

最高人民法院
关于中粮工程装备南皮有限公司申请不予执行仲裁裁决案的复函
（2020 年 11 月 16 日）···（ 68 ）
附：河北省高级人民法院关于拟裁定不予执行（2019）中国
贸仲京裁字第 1315 号仲裁裁决书的报告
（2020 年 8 月 12 日）··（ 69 ）
最高人民法院
关于湖南六建机电安装有限责任公司申请不予执行仲裁
裁决案的复函
（2020 年 11 月 11 日）···（ 75 ）
附：湖南省高级人民法院关于报请审核长沙中院拟裁定不予执
行西安仲裁委员会西仲裁字（2018）第 2502 号裁决的请示
（2020 年 8 月 27 日）··（ 76 ）
最高人民法院
关于王某申请不予执行仲裁裁决案请示的复函
（2020 年 9 月 27 日）··（ 87 ）
附：贵州省高级人民法院关于对毕节市中级人民法院拟对广州
仲裁委员会（2019）穗仲裁字第 10731 号仲裁裁决书裁定
不予执行一案的请示
（2020 年 8 月 21 日）··（ 88 ）
最高人民法院
关于云南省高级人民法院报请不予执行上海国际经济贸易
仲裁委员会（上海国际仲裁中心）（2018）沪贸仲裁字
第 230 号仲裁裁决案请示的复函
（2020 年 11 月 24 日）···（ 94 ）

附：云南省高级人民法院关于拟同意云南省昆明市中级人民法院
不予执行上海国际经济贸易仲裁委员会（上海国际仲裁中心）
（2018）沪贸仲裁字第230号仲裁裁决的报告
（2020年9月2日） ………………………………………（95）

最高人民法院
关于肖某宏等申请不予执行仲裁裁决案的复函
（2020年9月21日） ………………………………………（100）

附：江苏省高级人民法院关于肖某宏、朱某辉与盐城市新易
电子商务有限公司等申请不予执行仲裁裁决案的请示
（2020年5月7日） ………………………………………（101）

最高人民法院
关于呼伦贝尔市中级人民法院拟不予执行仲裁裁决案
请示的复函
（2020年9月24日） ………………………………………（107）

附：内蒙古自治区高级人民法院关于呼伦贝尔市中级人民法院
拟不予执行北京仲裁委员会（2019）京仲裁字第0368号
裁决报核一案的请示
（2020年6月15日） ………………………………………（108）

【优秀裁判文书选登】[①]

"章公祖师"肉身坐佛追索案
——中华人民共和国福建省三明市中级人民法院民事判决书
（2015）三民初字第626号 ………………………………（134）

中国太平洋财产保险股份有限公司青岛分公司与岱荣航运公司等
海上货物运输合同货损纠纷案
——中华人民共和国青岛海事法院民事判决书
（2020）鲁72民初1236号 ………………………………（168）

---

① 2022年全国法院涉外商事海事优秀裁判文书评选活动一等奖。

【案例评析】

东亚银行（中国）有限公司上海分行与江苏普华有限公司、
　传旗贸易（上海）有限公司、中国诚峰集团有限公司、
　现代商船有限公司、中国光大银行股份有限公司
　南京分行信用证欺诈纠纷案
　　——对议付行的议付行为是否善意的判定………… 赵　珂（187）
怡丰自动化科技有限公司与怡锋工业设备（深圳）有限公司
　公司决议撤销纠纷案
　　——外商投资企业公司决议撤销的审查…………… 朱　萍（194）

【调查与研究】

国际商事争议解决的当前热点问题
　………………… 威廉·布莱尔爵士（Sir William Blair）（204）
国际商事纠纷解决机制发展中的中国实践 ………… 刘晓红（207）
后疫情时代更加需要加强国际法的研究与运用 ……… 肖永平（210）
后疫情时代国际商事纠纷解决机制的发展
　………………………………… 杨良宜（Philip Yang）（214）
外国法院判决执行与新加坡调解公约的执行
　………………………… 黄锡义（Michael Hwang S. C.）（216）

【信息与资料】

探索后疫情时代国际商事纠纷解决机制新发展
　——最高人民法院国际商事专家委员会第二届研讨会
　　暨国际商事专家委员新聘活动综述
　　………………………………… 姜佩杉　孙雅婷（220）

【司法文件】

最高人民法院
关于审理涉船员纠纷案件若干问题的规定

法释〔2020〕11号

（2020年6月8日最高人民法院审判委员会第1803次会议通过
2020年9月27日最高人民法院公告公布
自2020年9月29日起施行）

为正确审理涉船员纠纷案件，根据《中华人民共和国劳动合同法》《中华人民共和国海商法》《中华人民共和国劳动争议调解仲裁法》《中华人民共和国海事诉讼特别程序法》等法律的规定，结合审判实践，制定本规定。

第一条　船员与船舶所有人之间的劳动争议不涉及船员登船、在船工作、离船遣返，当事人直接向海事法院提起诉讼的，海事法院告知当事人依照《中华人民共和国劳动争议调解仲裁法》的规定处理。

第二条　船员与船舶所有人之间的劳务合同纠纷，当事人向原告住所地、合同签订地、船员登船港或者离船港所在地、被告住所地海事法院提起诉讼的，海事法院应予受理。

第三条　船员服务机构仅代理船员办理相关手续，或者仅为船员提供就业信息，且不属于劳务派遣情形，船员服务机构主张其与船员仅成立居间或委托合同关系的，应予支持。

第四条　船舶所有人以被挂靠单位的名义对外经营，船舶所有人未与船员签订书面劳动合同，其聘用的船员因工伤亡，船员主张被挂靠单位为承担工伤保险责任的单位的，应予支持。船舶所有人与船员成立劳动关系的除外。

第五条 与船员登船、在船工作、离船遣返无关的劳动争议提交劳动争议仲裁委员会仲裁,仲裁庭根据船员的申请,就船员工资和其他劳动报酬、工伤医疗费、经济补偿或赔偿金裁决先予执行的,移送地方人民法院审查。

船员申请扣押船舶的,仲裁庭应将扣押船舶申请提交船籍港所在地或者船舶所在地的海事法院审查,或交地方人民法院委托船籍港所在地或者船舶所在地的海事法院审查。

第六条 具有船舶优先权的海事请求,船员未依照《中华人民共和国海商法》第二十八条的规定请求扣押产生船舶优先权的船舶,仅请求确认其在一定期限内对该产生船舶优先权的船舶享有优先权的,应予支持。

前款规定的期限自优先权产生之日起以一年为限。

第七条 具有船舶优先权的海事请求,船员未申请限制船舶继续营运,仅申请对船舶采取限制处分、限制抵押等保全措施的,应予支持。船员主张该保全措施构成《中华人民共和国海商法》第二十八条规定的船舶扣押的,不予支持。

第八条 因登船、在船工作、离船遣返产生的下列工资、其他劳动报酬,船员主张船舶优先权的,应予支持:

(一)正常工作时间的报酬或基本工资;

(二)延长工作时间的加班工资,休息日、法定休假日加班工资;

(三)在船服务期间的奖金、相关津贴和补贴,以及特殊情况下支付的工资等;

(四)未按期支付上述款项产生的孳息。

《中华人民共和国劳动法》和《中华人民共和国劳动合同法》中规定的相关经济补偿金、赔偿金,未依据《中华人民共和国劳动合同法》第八十二条之规定签订书面劳动合同而应支付的双倍工资,以及因未按期支付本款规定的前述费用而产生的孳息,船员主张船舶优先权的,不予支持。

第九条 船员因登船、在船工作、离船遣返而产生的工资、其他劳动报酬、船员遣返费用、社会保险费用,船舶所有人未依约支付,第三方向船员垫付全部或部分费用,船员将相应的海事请求权转让给第三方,第三方就受让的海事请求权请求确认或行使船舶优先权的，应予支持。

第十条　船员境外工作期间被遗弃，或遭遇其他突发事件，船舶所有人或其财务担保人、船员外派机构未承担相应责任，船员请求财务担保人、船员外派机构从财务担保费用、海员外派备用金中先行支付紧急救助所需相关费用的，应予支持。

第十一条　对于船员工资构成是否涵盖船员登船、在船工作、离船遣返期间的工作日加班工资、休息日加班工资、法定休假日加班工资，当事人有约定并主张依据约定确定双方加班工资的，应予支持。但约定标准低于法定最低工资标准的，不予支持。

第十二条　标准工时制度下，船员就休息日加班主张加班工资，船舶所有人举证证明已做补休安排，不应按法定标准支付加班工资的，应予支持。综合计算工时工作制下，船员对综合计算周期内的工作时间总量超过标准工作时间总量的部分主张加班工资的，应予支持。

船员就法定休假日加班主张加班工资，船舶所有人抗辩对法定休假日加班已做补休安排，不应支付法定休假日加班工资的，对船舶所有人的抗辩不予支持。双方另有约定的除外。

第十三条　当事人对船员工资或其他劳动报酬的支付标准、支付方式未作约定或约定不明，当事人主张以同工种、同级别、同时期市场的平均标准确定的，应予支持。

第十四条　船员因受欺诈、受胁迫在禁渔期、禁渔区或使用禁用的工具、方法捕捞水产品，或者捕捞珍稀、濒危海洋生物，或者进行其他违法作业，对船员主张的登船、在船工作、离船遣返期间的船员工资、其他劳动报酬，应予支持。

船舶所有人举证证明船员对违法作业自愿且明知的，对船员的上述请求不予支持。

船舶所有人或者船员的行为应受行政处罚或涉嫌刑事犯罪的，依照相关法定程序处理。

第十五条　船员因劳务受到损害，船舶所有人举证证明船员自身存在过错，并请求判令船员自担相应责任的，对船舶所有人的抗辩予以支持。

第十六条　因第三人的原因遭受工伤，船员对第三人提起民事诉讼请求民事赔偿，第三人以船员已获得工伤保险待遇为由，抗辩其不应承担民事赔偿责任的，对第三人的抗辩不予支持。但船员已经获得医疗费用的，对船员关于医疗费用的诉讼请求不予支持。

第十七条　船员与船舶所有人之间的劳动合同具有涉外因素，当事人请求依照《中华人民共和国涉外民事关系法律适用法》第四十三条确定应适用的法律的，应予支持。

船员与船舶所有人之间的劳务合同，当事人没有选择应适用的法律，当事人主张适用劳务派出地、船舶所有人主营业地、船旗国法律的，应予支持。

船员与船员服务机构之间，以及船员服务机构与船舶所有人之间的居间或委托协议，当事人未选择应适用的法律，当事人主张适用与该合同有最密切联系的法律的，应予支持。

第十八条　本规定中的船舶所有人，包括光船承租人、船舶管理人、船舶经营人。

第十九条　本规定施行后尚未终审的案件，适用本规定；本规定施行前已经终审，当事人申请再审或者按照审判监督程序决定再审的案件，不适用本规定。

第二十条　本院以前发布的规定与本规定不一致的，以本规定为准。

第二十一条　本规定自2020年9月29日起实施。

最高人民法院
关于内地与香港特别行政区
相互执行仲裁裁决的补充安排

法释〔2020〕13号

(2020年11月9日最高人民法院审判委员会第1815次会议通过
2020年11月26日最高人民法院公告公布
本司法解释第一条、第四条自2020年11月27日起施行
第二条、第三条香港特别行政区已完成有关程序
自2021年5月19日起施行)

依据《最高人民法院关于内地与香港特别行政区相互执行仲裁裁决的安排》(以下简称《安排》)第十一条的规定,最高人民法院与香港特别行政区政府经协商,作出如下补充安排:

一、《安排》所指执行内地或者香港特别行政区仲裁裁决的程序,应解释为包括认可和执行内地或者香港特别行政区仲裁裁决的程序。

二、将《安排》序言及第一条修改为:"根据《中华人民共和国香港特别行政区基本法》第九十五条的规定,经最高人民法院与香港特别行政区(以下简称香港特区)政府协商,现就仲裁裁决的相互执行问题作出如下安排:

"一、内地人民法院执行按香港特区《仲裁条例》作出的仲裁裁决,香港特区法院执行按《中华人民共和国仲裁法》作出的仲裁裁决,适用本安排。"

三、将《安排》第二条第三款修改为:"被申请人在内地和香港特区均有住所地或者可供执行财产的,申请人可以分别向两地法院申请执行。

应对方法院要求，两地法院应当相互提供本方执行仲裁裁决的情况。两地法院执行财产的总额，不得超过裁决确定的数额。"

四、在《安排》第六条中增加一款作为第二款："有关法院在受理执行仲裁裁决申请之前或者之后，可以依申请并按照执行地法律规定采取保全或者强制措施。"

五、本补充安排第一条、第四条自2020年11月27日起施行，第二条、第三条在香港特别行政区完成有关程序后，由最高人民法院公布施行日期。

附：

最高人民法院
关于内地与香港特别行政区相互执行仲裁裁决的安排

法释〔2000〕3号

（1999年6月18日最高人民法院审判委员会第1069次会议通过）

根据《中华人民共和国香港特别行政区基本法》第九十五条的规定，经最高人民法院与香港特别行政区（以下简称香港特区）政府协商，香港特区法院同意执行内地仲裁机构（名单由国务院法制办公室经国务院港澳事务办公室提供）依据《中华人民共和国仲裁法》所作出的裁决，内地人民法院同意执行在香港特区按香港特区《仲裁条例》所作出的裁决。现就内地与香港特区相互执行仲裁裁决的有关事宜作出如下安排：

一、在内地或者香港特区作出的仲裁裁决，一方当事人不履行仲裁裁决的，另一方当事人可以向被申请人住所地或者财产所在地的有关法院申请执行。

二、上条所述的有关法院，在内地指被申请人住所地或者财产所在地的中级人民法院，在香港特区指香港特区高等法院。

被申请人住所地或者财产所在地在内地不同的中级人民法院辖区内的，申请人可以选择其中一个人民法院申请执行裁决，不得分别向两个或者两个以上人民法院提出申请。

被申请人的住所地或者财产所在地，既在内地又在香港特区的，申请人不得同时分别向两地有关法院提出申请。只有一地法院执行不足以偿还其债务时，才可就不足部分向另一地法院申请执行。两地法院先后执行仲裁裁决的总额，不得超过裁决数额。

三、申请人向有关法院申请执行在内地或者香港特区作出的仲裁裁决的，应当提交以下文书：

（一）执行申请书；

（二）仲裁裁决书；

（三）仲裁协议。

四、执行申请书的内容应当载明下列事项：

（一）申请人为自然人的情况下，该人的姓名、地址；申请人为法人或者其他组织的情况下，该法人或其他组织的名称、地址及法定代表人姓名；

（二）被申请人为自然人的情况下，该人的姓名、地址；被申请人为法人或者其他组织的情况下，该法人或其他组织的名称、地址及法定代表人姓名；

（三）申请人为法人或者其他组织的，应当提交企业注册登记的副本。申请人是外国籍法人或者其他组织的，应当提交相应的公证和认证材料；

（四）申请执行的理由与请求的内容，被申请人的财产所在地及财产状况。

执行申请书应当以中文文本提出，裁决书或者仲裁协议没有中文文本的，申请人应当提交正式证明的中文译本。

五、申请人向有关法院申请执行内地或者香港特区仲裁裁决的期限依据执行地法律有关时限的规定。

六、有关法院接到申请人申请后，应当按执行地法律程序处理及执行。

七、在内地或者香港特区申请执行的仲裁裁决，被申请人接到通知后，提出证据证明有下列情形之一的，经审查核实，有关法院可裁定不予执行：

（一）仲裁协议当事人依对其适用的法律属于某种无行为能力的情形；或者该项仲裁协议依约定的准据法无效；或者未指明以何种法律为

准时，依仲裁裁决地的法律是无效的；

（二）被申请人未接到指派仲裁员的适当通知，或者因他故未能陈述意见的；

（三）裁决所处理的争议不是交付仲裁的标的或者不在仲裁协议条款之内，或者裁决载有关于交付仲裁范围以外事项的决定的；但交付仲裁事项的决定可与未交付仲裁的事项划分时，裁决中关于交付仲裁事项的决定部分应当予以执行；

（四）仲裁庭的组成或者仲裁庭程序与当事人之间的协议不符，或者在有关当事人没有这种协议时与仲裁地的法律不符的；

（五）裁决对当事人尚无约束力，或者业经仲裁地的法院或者按仲裁地的法律撤销或者停止执行的。

有关法院认定依执行地法律，争议事项不能以仲裁解决的，则可不予执行该裁决。

内地法院认定在内地执行该仲裁裁决违反内地社会公共利益，或者香港特区法院决定在香港特区执行该仲裁裁决违反香港特区的公共政策，则可不予执行该裁决。

八、申请人向有关法院申请执行在内地或者香港特区作出的仲裁裁决，应当根据执行地法院有关诉讼收费的办法交纳执行费用。

九、1997年7月1日以后申请执行在内地或者香港特区作出的仲裁裁决按本安排执行。

十、对1997年7月1日至本安排生效之日的裁决申请问题，双方同意：

1997年7月1日至本安排生效之日因故未能向内地或者香港特区法院申请执行，申请人为法人或者其他组织的，可以在本安排生效后六个月内提出；如申请人为自然人的，可以在本安排生效后一年内提出。

对于内地或香港特区法院在1997年7月1日至本安排生效之日拒绝受理或者拒绝执行仲裁裁决的案件，应允许当事人重新申请。

十一、本安排在执行过程中遇有问题和修改，应当通过最高人民法院和香港特区政府协商解决。

最高人民法院关于涉外民事或商事案件司法文书送达问题若干规定

(2006年7月17日最高人民法院审判委员会第1394次会议通过 根据2020年12月23日最高人民法院审判委员会第1823次会议通过的《最高人民法院关于修改〈最高人民法院关于人民法院民事调解工作若干问题的规定〉等十九件民事诉讼类司法解释的决定》修正)

为规范涉外民事或商事案件司法文书送达,根据《中华人民共和国民事诉讼法》(以下简称民事诉讼法)的规定,结合审判实践,制定本规定。

第一条 人民法院审理涉外民事或商事案件时,向在中华人民共和国领域内没有住所的受送达人送达司法文书,适用本规定。

第二条 本规定所称司法文书,是指起诉状副本、上诉状副本、反诉状副本、答辩状副本、传票、判决书、调解书、裁定书、支付令、决定书、通知书、证明书、送达回证以及其他司法文书。

第三条 作为受送达人的自然人或者企业、其他组织的法定代表人、主要负责人在中华人民共和国领域内的,人民法院可以向该自然人或者法定代表人、主要负责人送达。

第四条 除受送达人在授权委托书中明确表明其诉讼代理人无权代为接收有关司法文书外,其委托的诉讼代理人为民事诉讼法第二百六十七条第(四)项规定的有权代其接受送达的诉讼代理人,人民法院可以向该诉讼代理人送达。

第五条 人民法院向受送达人送达司法文书,可以送达给其在中华人民共和国领域内设立的代表机构。

受送达人在中华人民共和国领域内有分支机构或者业务代办人的,经该受送达人授权,人民法院可以向其分支机构或者业务代办人送达。

第六条 人民法院向在中华人民共和国领域内没有住所的受送达人送达司法文书时,若该受送达人所在国与中华人民共和国签订有司法协助协定,可以依照司法协助协定规定的方式送达;若该受送达人所在国是《关于向国外送达民事或商事司法文书和司法外文书公约》的成员国,可以依照该公约规定的方式送达。

依照受送达人所在国与中华人民共和国缔结或者共同参加的国际条约中规定的方式送达的,根据《最高人民法院关于依据国际公约和双边司法协助条约办理民商事案件司法文书送达和调查取证司法协助请求的规定》办理。

第七条 按照司法协助协定、《关于向国外送达民事或商事司法文书和司法外文书公约》或者外交途径送达司法文书,自我国有关机关将司法文书转递受送达人所在国有关机关之日起满六个月,如果未能收到送达与否的证明文件,且根据各种情况不足以认定已经送达的,视为不能用该种方式送达。

第八条 受送达人所在国允许邮寄送达的,人民法院可以邮寄送达。

邮寄送达时应附有送达回证。受送达人未在送达回证上签收但在邮件回执上签收的,视为送达,签收日期为送达日期。

自邮寄之日起满三个月,如果未能收到送达与否的证明文件,且根据各种情况不足以认定已经送达的,视为不能用邮寄方式送达。

第九条 人民法院依照民事诉讼法第二百六十七条第(八)项规定的公告方式送达时,公告内容应在国内外公开发行的报刊上刊登。

第十条 除本规定上述送达方式外,人民法院可以通过传真、电子邮件等能够确认收悉的其他适当方式向受送达人送达。

第十一条 除公告送达方式外,人民法院可以同时采取多种方式向受送达人进行送达,但应根据最先实现送达的方式确定送达日期。

第十二条 人民法院向受送达人在中华人民共和国领域内的法定代表人、主要负责人、诉讼代理人、代表机构以及有权接受送达的分支机构、业务代办人送达司法文书,可以适用留置送达的方式。

第十三条 受送达人未对人民法院送达的司法文书履行签收手续，但存在以下情形之一的，视为送达：

（一）受送达人书面向人民法院提及了所送达司法文书的内容；

（二）受送达人已经按照所送达司法文书的内容履行；

（三）其他可以视为已经送达的情形。

第十四条 人民法院送达司法文书，根据有关规定需要通过上级人民法院转递的，应附申请转递函。

上级人民法院收到下级人民法院申请转递的司法文书，应在七个工作日内予以转递。

上级人民法院认为下级人民法院申请转递的司法文书不符合有关规定需要补正的，应在七个工作日内退回申请转递的人民法院。

第十五条 人民法院送达司法文书，根据有关规定需要提供翻译件的，应由受理案件的人民法院委托中华人民共和国领域内的翻译机构进行翻译。

翻译件不加盖人民法院印章，但应由翻译机构或翻译人员签名或盖章证明译文与原文一致。

第十六条 本规定自公布之日起施行。

最高人民法院
关于审理海事赔偿责任限制
相关纠纷案件的若干规定

（2010年3月22日最高人民法院审判委员会第1484次会议通过 根据2020年12月23日最高人民法院审判委员会第1823次会议通过的《最高人民法院关于修改〈最高人民法院关于破产企业国有划拨土地使用权应否列入破产财产等问题的批复〉等二十九件商事类司法解释的决定》修正）

为正确审理海事赔偿责任限制相关纠纷案件，依照《中华人民共和国海事诉讼特别程序法》《中华人民共和国海商法》的规定，结合审判实际，制定本规定。

第一条 审理海事赔偿责任限制相关纠纷案件，适用海事诉讼特别程序法、海商法的规定；海事诉讼特别程序法、海商法没有规定的，适用其他相关法律、行政法规的规定。

第二条 同一海事事故中，不同的责任人在起诉前依据海事诉讼特别程序法第一百零二条的规定向不同的海事法院申请设立海事赔偿责任限制基金的，后立案的海事法院应当依照民事诉讼法的规定，将案件移送先立案的海事法院管辖。

第三条 责任人在诉讼中申请设立海事赔偿责任限制基金的，应当向受理相关海事纠纷案件的海事法院提出。

相关海事纠纷由不同海事法院受理，责任人申请设立海事赔偿责任限制基金的，应当依据诉讼管辖协议向最先立案的海事法院提出；当事人之间未订立诉讼管辖协议的，向最先立案的海事法院提出。

第四条 海事赔偿责任限制基金设立后,设立基金的海事法院对海事请求人就与海事事故相关纠纷向责任人提起的诉讼具有管辖权。

海事请求人向其他海事法院提起诉讼的,受理案件的海事法院应当依照民事诉讼法的规定,将案件移送设立海事赔偿责任限制基金的海事法院,但当事人之间订有诉讼管辖协议的除外。

第五条 海事诉讼特别程序法第一百零六条第二款规定的海事法院在十五日内作出裁定的期间,自海事法院受理设立海事赔偿责任限制基金申请的最后一次公告发布之次日起第三十日开始计算。

第六条 海事诉讼特别程序法第一百一十二条规定的申请债权登记期间的届满之日,为海事法院受理设立海事赔偿责任限制基金申请的最后一次公告发布之次日起第六十日。

第七条 债权人申请登记债权,符合有关规定的,海事法院应当在海事赔偿责任限制基金设立后,依照海事诉讼特别程序法第一百一十四条的规定作出裁定;海事赔偿责任限制基金未依法设立的,海事法院应当裁定终结债权登记程序。债权人已经交纳的申请费由申请设立海事赔偿责任限制基金的人负担。

第八条 海事赔偿责任限制基金设立后,海事请求人基于责任人依法不能援引海事赔偿责任限制抗辩的海事赔偿请求,可以对责任人的财产申请保全。

第九条 海事赔偿责任限制基金设立后,海事请求人就同一海事事故产生的属于海商法第二百零七条规定的可以限制赔偿责任的海事赔偿请求,以行使船舶优先权为由申请扣押船舶的,人民法院不予支持。

第十条 债权人提起确权诉讼时,依据海商法第二百零九条的规定主张责任人无权限制赔偿责任的,应当以书面形式提出。案件的审理不适用海事诉讼特别程序法规定的确权诉讼程序,当事人对海事法院作出的判决、裁定可以依法提起上诉。

两个以上债权人主张责任人无权限制赔偿责任的,海事法院可以将相关案件合并审理。

第十一条 债权人依据海事诉讼特别程序法第一百一十六条第一款的规定提起确权诉讼后,需要判定碰撞船舶过失程度比例的,案件的审理不适用海事诉讼特别程序法规定的确权诉讼程序,当事人对海事法院作出的判决、裁定可以依法提起上诉。

第十二条　海商法第二百零四条规定的船舶经营人是指登记的船舶经营人，或者接受船舶所有人委托实际使用和控制船舶并应当承担船舶责任的人，但不包括无船承运业务经营者。

第十三条　责任人未申请设立海事赔偿责任限制基金，不影响其在诉讼中对海商法第二百零七条规定的海事请求提出海事赔偿责任限制抗辩。

第十四条　责任人未提出海事赔偿责任限制抗辩的，海事法院不应主动适用海商法关于海事赔偿责任限制的规定进行裁判。

第十五条　责任人在一审判决作出前未提出海事赔偿责任限制抗辩，在二审、再审期间提出的，人民法院不予支持。

第十六条　责任人对海商法第二百零七条规定的海事赔偿请求未提出海事赔偿责任限制抗辩，债权人依据有关生效裁判文书或者仲裁裁决书，申请执行责任人海事赔偿责任限制基金以外的财产的，人民法院应予支持，但债权人以上述文书作为债权证据申请登记债权并经海事法院裁定准予的除外。

第十七条　海商法第二百零七条规定的可以限制赔偿责任的海事赔偿请求不包括因沉没、遇难、搁浅或者被弃船舶的起浮、清除、拆毁或者使之无害提起的索赔，或者因船上货物的清除、拆毁或者使之无害提起的索赔。

由于船舶碰撞致使责任人遭受前款规定的索赔，责任人就因此产生的损失向对方船舶追偿时，被请求人主张依据海商法第二百零七条的规定限制赔偿责任的，人民法院应予支持。

第十八条　海商法第二百零九条规定的"责任人"是指海事事故的责任人本人。

第十九条　海事请求人以发生海事事故的船舶不适航为由主张责任人无权限制赔偿责任，但不能证明引起赔偿请求的损失是由于责任人本人的故意或者明知可能造成损失而轻率地作为或者不作为造成的，人民法院不予支持。

第二十条　海事赔偿责任限制基金应当以人民币设立，其数额按法院准予设立基金的裁定生效之日的特别提款权对人民币的换算办法计算。

第二十一条 海商法第二百一十三条规定的利息，自海事事故发生之日起至基金设立之日止，按同期全国银行间同业拆借中心公布的贷款市场报价利率计算。

以担保方式设立海事赔偿责任限制基金的，基金设立期间的利息按同期全国银行间同业拆借中心公布的贷款市场报价利率计算。

第二十二条 本规定施行前已经终审的案件，人民法院进行再审时，不适用本规定。

第二十三条 本规定施行前本院发布的司法解释与本规定不一致的，以本规定为准。

最高人民法院关于适用《中华人民共和国涉外民事关系法律适用法》若干问题的解释（一）

（2012年12月10日最高人民法院审判委员会第1563次会议通过 根据2020年12月23日最高人民法院审判委员会第1823次会议通过的《最高人民法院关于修改〈最高人民法院关于破产企业国有划拨土地使用权应否列入破产财产等问题的批复〉等二十九件商事类司法解释的决定》修正）

为正确审理涉外民事案件，根据《中华人民共和国涉外民事关系法律适用法》的规定，对人民法院适用该法的有关问题解释如下：

第一条 民事关系具有下列情形之一的，人民法院可以认定为涉外民事关系：

（一）当事人一方或双方是外国公民、外国法人或者其他组织、无国籍人；

（二）当事人一方或双方的经常居所地在中华人民共和国领域外；

（三）标的物在中华人民共和国领域外；

（四）产生、变更或者消灭民事关系的法律事实发生在中华人民共和国领域外；

（五）可以认定为涉外民事关系的其他情形。

第二条 涉外民事关系法律适用法实施以前发生的涉外民事关系，人民法院应当根据该涉外民事关系发生时的有关法律规定确定应当适用的法律；当时法律没有规定的，可以参照涉外民事关系法律适用法的规定确定。

第三条 涉外民事关系法律适用法与其他法律对同一涉外民事关系

法律适用规定不一致的，适用涉外民事关系法律适用法的规定，但《中华人民共和国票据法》《中华人民共和国海商法》《中华人民共和国民用航空法》等商事领域法律的特别规定以及知识产权领域法律的特别规定除外。

涉外民事关系法律适用法对涉外民事关系的法律适用没有规定而其他法律有规定的，适用其他法律的规定。

第四条 中华人民共和国法律没有明确规定当事人可以选择涉外民事关系适用的法律，当事人选择适用法律的，人民法院应认定该选择无效。

第五条 一方当事人以双方协议选择的法律与系争的涉外民事关系没有实际联系为由主张选择无效的，人民法院不予支持。

第六条 当事人在一审法庭辩论终结前协议选择或者变更选择适用的法律的，人民法院应予准许。

各方当事人援引相同国家的法律且未提出法律适用异议的，人民法院可以认定当事人已经就涉外民事关系适用的法律做出了选择。

第七条 当事人在合同中援引尚未对中华人民共和国生效的国际条约的，人民法院可以根据该国际条约的内容确定当事人之间的权利义务，但违反中华人民共和国社会公共利益或中华人民共和国法律、行政法规强制性规定的除外。

第八条 有下列情形之一，涉及中华人民共和国社会公共利益、当事人不能通过约定排除适用、无需通过冲突规范指引而直接适用于涉外民事关系的法律、行政法规的规定，人民法院应当认定为涉外民事关系法律适用法第四条规定的强制性规定：

（一）涉及劳动者权益保护的；

（二）涉及食品或公共卫生安全的；

（三）涉及环境安全的；

（四）涉及外汇管制等金融安全的；

（五）涉及反垄断、反倾销的；

（六）应当认定为强制性规定的其他情形。

第九条 一方当事人故意制造涉外民事关系的连结点，规避中华人民共和国法律、行政法规的强制性规定的，人民法院应认定为不发生适用外国法律的效力。

第十条　涉外民事争议的解决须以另一涉外民事关系的确认为前提时，人民法院应当根据该先决问题自身的性质确定其应当适用的法律。

第十一条　案件涉及两个或者两个以上的涉外民事关系时，人民法院应当分别确定应当适用的法律。

第十二条　当事人没有选择涉外仲裁协议适用的法律，也没有约定仲裁机构或者仲裁地，或者约定不明的，人民法院可以适用中华人民共和国法律认定该仲裁协议的效力。

第十三条　自然人在涉外民事关系产生或者变更、终止时已经连续居住一年以上且作为其生活中心的地方，人民法院可以认定为涉外民事关系法律适用法规定的自然人的经常居所地，但就医、劳务派遣、公务等情形除外。

第十四条　人民法院应当将法人的设立登记地认定为涉外民事关系法律适用法规定的法人的登记地。

第十五条　人民法院通过由当事人提供、已对中华人民共和国生效的国际条约规定的途径、中外法律专家提供等合理途径仍不能获得外国法律的，可以认定为不能查明外国法律。

根据涉外民事关系法律适用法第十条第一款的规定，当事人应当提供外国法律，其在人民法院指定的合理期限内无正当理由未提供该外国法律的，可以认定为不能查明外国法律。

第十六条　人民法院应当听取各方当事人对应当适用的外国法律的内容及其理解与适用的意见，当事人对该外国法律的内容及其理解与适用均无异议的，人民法院可以予以确认；当事人有异议的，由人民法院审查认定。

第十七条　涉及香港特别行政区、澳门特别行政区的民事关系的法律适用问题，参照适用本规定。

第十八条　涉外民事关系法律适用法施行后发生的涉外民事纠纷案件，本解释施行后尚未终审的，适用本解释；本解释施行前已经终审，当事人申请再审或者按照审判监督程序决定再审的，不适用本解释。

第十九条　本院以前发布的司法解释与本解释不一致的，以本解释为准。

【请示与答复】

（一）申请确认仲裁协议效力案件

最高人民法院
关于深圳市威利安科技有限公司
申请确认仲裁协议效力案的复函

2020 年 12 月 2 日　　　　　　　　　〔2020〕最高法民他 300 号

湖南省高级人民法院：

你院（2020）湘民他 62 号《关于申请人深圳市威利安科技有限公司与被申请人湖南鼎晟光电科技有限公司申请确认仲裁协议效力纠纷一案涉及仲裁协议司法审查的报核报告》收悉。经研究，答复如下：

案涉合同约定："因本合同引起的或与本合同有关的任何争议，双方同意提交冷水江市仲裁委员会仲裁。"根据请示报告查明的事实，冷水江市虽不存在"冷水江市仲裁委员会"，但存在娄底仲裁委员会冷水江分会。该分会系娄底仲裁委员会内设机构，自 2010 年起在冷水江市受理、办理仲裁案件，现因机构改革停止受理案件，并未撤销。当事人约定的"冷水江市仲裁委员会"的名称虽不准确，但当事人之间存在明确的仲裁意思表示。根据合同的内容，可以确定当事人约定的仲裁机构是娄底仲裁委员会冷水江分会。因根据案涉仲裁协议能够确定具体的仲裁机构，故不宜认定案涉仲裁协议无效。

此复

附：

湖南省高级人民法院
关于申请人深圳市威利安科技有限公司与被申请人
湖南鼎晟光电科技有限公司申请确认仲裁协议效力
纠纷一案涉及仲裁协议司法审查的报核报告

2020 年 8 月 31 日　　　　　　　　　　　　（2020）湘民他 62 号

最高人民法院：

申请人深圳市威利安科技有限公司（以下简称威利安公司）与被申请人湖南鼎晟光电科技有限公司（以下简称鼎晟公司）申请确认仲裁协议效力纠纷一案，娄底市中级人民法院经审查，拟认定涉案仲裁协议无效，根据《最高人民法院关于仲裁司法审查案件报核问题的有关规定》，向本院报核。经审查，我院拟同意娄底市中级人民法院意见，特向贵院请示。现将有关情况报告如下。

一、当事人基本情况

申请人：深圳市威利安科技有限公司，住所地：深圳市福田区沙头街道天安社区深南大道。

法定代表人：王某，系公司执行董事。

被申请人：湖南鼎晟光电科技有限公司，住所地：冷水江市沙塘街道办事处长铺路移民小区。

法定代表人：唐某某，系公司执行董事兼总经理。

二、本案基本案情

威利安公司向一审法院请求确认：申请人威利安公司与被申请人鼎晟公司于 2019 年 2 月 22 日、2019 年 3 月 26 日及 2019 年 3 月 28 日签订的 4 份《购销合同》（合同编号：DSMKT19C28002）中约定的仲裁协议无效。

一审法院经审查认为，仲裁是争议双方当事人在纠纷发生前或发生后达成的协议，自愿选择将争议提交仲裁机构裁决以解决双方争议的一种方式。仲裁法第十六条规定："仲裁协议包括合同中订立的仲裁条款和以其他书面方式在纠纷发生前或者纠纷发生后达成的请求仲裁的协议。仲裁协议应当具有下列内容：（一）请求仲裁的意思表示；（二）仲裁事项；（三）选定的仲裁委员会。"经查，《购销合同》约定的仲裁机构为冷水江市仲裁委员会。娄底市范围内仅有娄底仲裁委员会一个仲裁机构，娄底仲裁委员会于2009年12月30日下发娄仲发（2009）5号文件《关于在县市区及娄底经济开发区设立仲裁分会的通知》，娄底仲裁委员会在娄底设立娄底仲裁委员会冷水江分会、娄底仲裁委员会新华分会等5个分会。在合同订立时，娄底市仲裁委员会冷水江分会因机构改革，已经于2018年停止受理案件。故本案中仲裁条款约定的仲裁委员会并不存在，一审法院拟裁定确认本案仲裁条款无效，向我院申请报核。

三、我院审查意见及理由

我院经审查认为：涉案《购销合同》第5条约定："其他未尽事宜双方协商解决，未能协商解决，因本合同引起的或与本合同有关的任何争议，双方同意提交冷水江市仲裁委员会仲裁。"经查，"冷水江市仲裁委员会"并不存在，当事人亦未就此达成补充协议。根据仲裁法第十六条、第十八条之规定，涉案《购销合同》第5条约定的仲裁条款应认定为无效，拟同意娄底市中级人民法院的意见。因本案当事人住所地跨省级行政区域，根据《最高人民法院关于审理仲裁司法审查案件若干问题的规定》第三条的规定，特向贵院报核，请予审查。

最高人民法院
关于湖北元祖食品有限公司申请确认仲裁协议效力案的复函

2020年11月9日　　　　　　　　（2020）最高法民他276号

湖北省高级人民法院：

你院（2020）鄂民他118号《关于申请人湖北元祖食品有限公司与被申请人刘某申请确认仲裁协议效力一案的请示》收悉。经研究，答复如下：

当事人在案涉《房屋租赁合同》第14.1条约定："在本合同执行过程中如有争议，双方应当友好协商解决，协商不成可提请当地仲裁委员会裁决解决。"由于本案涉及不动产租赁，将"当地"解释为不动产所在地，符合普通人的认知和常识。同时，该合同第15.6条还有"乙方在其租赁范围内发布店招及广告必须取得当地主要城管部门的审批"的约定内容，可以明确佐证该"当地"的表述系指代指房屋所在地。案涉房屋位于江西省南昌市，该市仅有南昌仲裁委员会一家仲裁机构。当事人约定的"当地仲裁委员会"是确定和唯一的，南昌仲裁委员会是当事人选定的仲裁机构，案涉仲裁条款有效。

此复

附：

湖北省高级人民法院
关于申请人湖北元祖食品有限公司与被申请人刘某申请确认仲裁协议效力一案的请示

2020 年 9 月 9 日　　　　　　　　　　　（2020）鄂民他 118 号

最高人民法院：

　　湖北省武汉市中级人民法院受理申请人湖北元祖食品有限公司与被申请人刘某申请确认仲裁协议效力一案，因仲裁司法审查当事人住所地跨省级行政区域，依据《最高人民法院关于仲裁司法审查案件报核问题的有关规定》，现将该案有关情况汇报如下。

一、当事人的基本情况

　　申请人：湖北元祖食品有限公司。住所地：湖北省武汉市硚口区古田二路（汇丰企业总部）。

　　法定代表人：张某某，该公司董事长。

　　委托诉讼代理人：余某某，女，该公司员工。

　　被申请人：刘某，男，汉族。

　　委托诉讼代理人：陈某，湖北瀛楚律师事务所律师。

二、案件由来及审理情况

　　申请人湖北元祖食品有限公司（以下简称元祖公司）与被申请人刘某申请确认仲裁协议效力一案，申请人元祖公司于 2019 年 10 月 17 日向湖北省武汉市中级人民法院申请确认仲裁协议效力。湖北省武汉市中级人民法院于 2019 年 10 月 28 日立案受理后，依法组成合议庭进行了审理。申请人元祖公司的请求与理由：2012 年 5 月，其与被申请人刘某签订《房屋租赁合同》，该合同第 14.1 条约定"在本合同执行过程中如有争议，双方应当友好协商解决，协商不成可提请当地仲裁委员会裁决解决"。因申请人元祖公司住所地在湖北省武汉市，故前述合同中约定的

"当地仲裁委员会"应为武汉仲裁委员会,请求确认仲裁争议解决条款有效。

湖北省武汉市中级人民法院认为,申请人元祖公司的住所地在湖北省武汉市,被申请人刘某的住所地和诉争房屋所在地在江西省南昌市,现双方对《房屋租赁合同》约定的"当地"理解不同,双方又未达成补充协议。根据仲裁法第十八条"仲裁协议对仲裁事项或者仲裁委员会没有约定或者约定不明确的,当事人可以补充协议;达不成补充协议的,仲裁协议无效"的规定,该仲裁条款依法应为无效。

三、本院审查意见

湖北省武汉市中级人民法院于2020年8月31日将申请人元祖公司与被申请人刘某申请确认仲裁协议效力一案请示于我院,我院依法组成合议庭对案件进行了讨论。经讨论,我院认为,根据仲裁法第十六条第二款的规定:"仲裁协议应当具备下列内容:(一)请求仲裁的意思表示;(二)仲裁事项;(三)选定的仲裁委员会。"申请人元祖公司与被申请人刘某于2012年5月3日签订的《房屋租赁合同》第14.1条约定合同争议协商不成"可提请当地仲裁委员会裁决解决",该约定明确了请求仲裁的意思表示及仲裁事项,但双方对仲裁机构的理解存在分歧。申请人元祖公司虽主张前述仲裁条款有效,但认为"当地仲裁委员会"应认定为武汉仲裁委员会,被申请人刘某则认为案涉仲裁条款对仲裁机构约定不明。因案涉租赁合同履行地、被申请人刘某住所地在江西省南昌市,申请人元祖公司住所地在湖北省武汉市,分属不同省级行政区域,无法确定仲裁地点的唯一性,故案涉仲裁条款对仲裁机构约定不明确。本案一审听证过程中,申请人元祖公司与被申请人刘某虽表示同意就案涉仲裁条款订立补充协议,但申请人元祖公司选定的仲裁机构为武汉仲裁委员会,被申请人刘某选定的仲裁机构为南昌仲裁委员会,双方就仲裁机构的选择未能达成一致意见。根据仲裁法第十八条"仲裁协议对仲裁事项或者仲裁委员会没有约定或者约定不明确的,当事人可以补充协议;达不成补充协议的,仲裁协议无效"的规定,因申请人元祖公司与被申请人刘某对仲裁机构约定不明确且无法达成补充协议,案涉仲裁条款应被确认无效。故,拟同意湖北省武汉市中级人民法院的报核意见。

妥否,请审示。

最高人民法院
关于上诉人歌斐资产管理有限公司、诺亚正行基金销售有限公司与被上诉人吴某某侵权责任纠纷管辖权异议案的复函

2020 年 12 月 1 日　　　　　　　　（2020）最高法民他 299 号

浙江省高级人民法院：

你院（2020）浙民他 35 号《关于上诉人歌斐资产管理有限公司、诺亚正行基金销售有限公司与被上诉人吴某某侵权责任纠纷管辖权异议一案的内核报告》收悉。经研究，答复如下：

根据你院请示所述事实，吴某某与案涉基金发行人及管理人歌斐资产管理有限公司签订的《基金合同》约定，将争议提交上海国际经济贸易仲裁委员会（上海国际仲裁中心）仲裁解决；吴某某向案涉基金销售人诺亚正行基金销售有限公司提交的《客户声明》中承诺，与该公司的纠纷提交上海仲裁委员会仲裁解决。上述两份文件中各自载明了有效的仲裁条款并约定了不同的仲裁机构。吴某某应遵守仲裁协议的内容，向约定的仲裁机构分别申请仲裁，人民法院对本案无管辖权。

此复

附：

浙江省高级人民法院
关于上诉人歌斐资产管理有限公司、诺亚正行
基金销售有限公司与被上诉人吴某某侵权责任
纠纷管辖权异议一案的内核报告

2020 年 9 月 14 日　　　　　　　　　　　（2020）浙民他 35 号

最高人民法院：

　　吴某某诉歌斐资产管理有限公司（以下简称歌斐公司）、诺亚正行基金销售有限公司（以下简称诺亚公司）侵权责任纠纷管辖权异议一案，慈溪市人民法院经审查于 2020 年 3 月 23 日作出（2019）浙 0282 民初 14113 号民事裁定，歌斐公司、诺亚公司不服，分别向宁波市中级人民法院（以下简称宁波中院）提起上诉，宁波中院经审查，拟裁定驳回上诉，维持原裁。因涉及仲裁协议的效力问题，该院于 2020 年 6 月 4 日，根据《最高人民法院关于仲裁司法审查案件报核问题的有关规定》第二条第二款规定，报请我院审核。我院民四庭于 2020 年 6 月 23 日受理后，依法组成合议庭对本案进行了审查，形成多数意见拟同意宁波中院意见。根据《最高人民法院关于仲裁司法审查案件报核问题的有关规定》第二条、第三条的规定，现将本案有关情况向钧院报告如下。

一、当事人及其诉讼代理人基本情况

　　上诉人（一审被告）：歌斐资产管理有限公司。住所地：江苏省昆山市花桥经济开发区金洋路 15 号总部金融园。

　　法定代表人：殷某，该公司执行董事。

　　上诉人（一审被告）：诺亚正行基金销售有限公司。住所地：上海市虹口区飞虹路。

　　法定代表人：汪某某，该公司董事长。

　　被上诉人（一审原告）：吴某某。

委托诉讼代理人：傅某某，浙江煜华律师事务所律师。
委托诉讼代理人：蒋某某，浙江煜华律师事务所律师。

二、一审基本情况

吴某某诉歌斐公司、诺亚公司为被告提起本案诉讼，请求：判令歌斐公司赔偿吴某某因购买歌斐公司发行与管理的基金理财产品所产生的损失本金人民币 1000 万元及预期利益损失 275 万元等；诺亚公司作为基金产品的销售者对歌斐公司的上述赔偿责任承担连带责任；本案诉讼费由歌斐公司、诺亚公司承担。事实与理由："买者自负"应当是基金的发行人、销售者履行诚实原则与谨慎勤勉义务，在对投资产品作出真实客观正确的说明后，投资人才应当承担的责任，而歌斐公司、诺亚公司在基金发行、销售过程中，存在严重的欺诈行为，同时又违反投资人适当性义务，应当对吴某某的损失承担连带赔偿责任。对此，最高人民法院发布的《全国法院民商事审判工作会议纪要》第 72 条、第 74 条也作出了明确规定，由于辉山中国进行破产程序，吴某某在该基金理财产品到期两年多尚未收回一分本金及预期收益，歌斐公司、诺亚公司应对吴某某的损失承担全额赔偿责任。

歌斐公司在提交答辩状期间对管辖权提出异议认为：吴某某与歌斐公司已就案涉《基金合同》的争议解决方式达成了合法有效的仲裁条款，现吴某某以歌斐公司在基金销售时存在欺诈情形，在合同履行过程中未尽谨慎勤勉义务，未履行适当性义务等为由，以侵权纠纷提起民事诉讼，无论本案属合同纠纷或侵权纠纷，均应受到该等仲裁条款的约束。且吴某某亦通过申请仲裁的行为再次确认了该等仲裁条款的有效性，故法院对本案无管辖权，本案应提交双方约定的上海国际经济贸易仲裁委员会申请仲裁，恳请驳回吴某某的起诉。

诺亚公司在提交答辩状期间对管辖权提出异议认为，第一，无论本案系基于合同纠纷还是侵权责任纠纷，均应根据合同约定的争议解决方式由上海仲裁委员会仲裁处理。第二，系争《基金合同》第二十四条也明确约定基于本合同引发的争议应提交上海国际经济贸易仲裁委员会仲裁解决。同理，若吴某某根据《基金合同》提起侵权诉讼，根据仲裁条款，本案也应提交上海国际经济贸易仲裁委员会仲裁。第三，案涉

《客户声明》第八条的仲裁条款系合同双方的真实意思表示，合法有效，对双方均有约束力。综上，本案应由上海仲裁委员会或上海国际经济贸易仲裁委员会仲裁解决，法院无管辖权，本案应依法驳回吴某某的起诉。

针对歌斐公司、诺亚公司分别提出的管辖异议，吴某某提出答辩意见认为，第一，本案系与《基金合同》无关的侵权纠纷，争议事项不属于《基金合同》约定的仲裁条款的范围，人民法院有权受理本案纠纷。第二，吴某某与诺亚公司之间并不存在仲裁协议。第三，本案属于必要的共同侵权纠纷诉讼。即使吴某某所述的第一条理由不成立，吴某某与歌斐公司在《基金合同》中约定的仲裁条款也不能约束诺亚公司。综上，本案为必要共同侵权之诉，且侵权纠纷不属于仲裁条款约定的"与合同有关的争议"范围，诺亚公司并非仲裁条款的签约人，故本案应当由人民法院管辖，歌斐公司、诺亚公司提出的管辖异议没有事实与法律依据，均应当予以驳回。

一审法院经审查认为：吴某某与歌斐公司、诺亚公司之间虽存在独立约定的仲裁条款，但在三者之间未重新达成仲裁协议并选定唯一仲裁机构的情况下，各自独立约定的仲裁条款并不能同时约束本案原告对歌斐公司、诺亚公司提起的必要共同诉讼，故该院对本案有管辖权。歌斐公司、诺亚公司分别提出的管辖异议，其理由不能成立，均不予采纳。吴某某提出的部分合理意见，予以采纳。依照民事诉讼法第一百二十七条第一款之规定，一审法院2020年3月23日裁定：（1）驳回歌斐公司对本案管辖权提出的异议；（2）驳回诺亚公司对本案管辖权提出的异议；案件受理费200元，由歌斐公司、诺亚公司各负担100元。

三、宁波中院审查情况

歌斐公司、诺亚公司不服，分别向宁波中院提起上诉，均请求撤销一审裁定，驳回吴某某的起诉。歌斐公司上诉称：第一，本案不属于必要共同诉讼，不应当合并审理。第二，即使吴某某认为本案不存在违约责任与侵权责任的竞合，而是单纯的侵权责任纠纷，与《基金合同》内容无关，本案仍存在可以约束三方当事人的有效仲裁协议，且并不存在仲裁条款不一致的问题，本案应由上海仲裁委员会仲裁处理。第三，歌斐公司、诺亚公司在本案中不存在任何侵权行为，且吴某某曾就《基金服务条款》向上海国际经济贸易仲裁中心提起过仲裁，因裁决结果对其不利主动撤裁，变更案由后向人民法院起诉，吴某某逃避仲裁的主观故意明显。

诺亚公司的上诉请求、事实和理由基本与歌斐公司一致。

吴某某辩称，第一，本案属于必要共同诉讼。虽然歌斐公司是基金产品的发行人与管理人，诺亚公司是基金产品的销售人，吴某某与二者存在不同的合同关系，但本案并非合同纠纷，也并非审理合同法律关系。第二，本案并没有刻意约束三方当事人的仲裁条款。歌斐公司与诺亚公司之间没有任何股权关联关系，两公司也并非诺亚集团子公司或诺亚集团各主体之一。第三，吴某某根据不同的法律关系选择申请仲裁还是选择向人民法院起诉，是吴某某固有权利，不存在逃避仲裁。

宁波中院经审查认为：第一，涉案基金产品的发行人、管理人歌斐公司与基金产品销售人诺亚公司均为独立法人。吴某某与歌斐公司选定的仲裁机构为上海国际经济贸易仲裁委员会。吴某某单方签署并向诺亚公司提供的《服务声明》中载明的仲裁机构为上海仲裁委员会仲裁。因此，吴某某与歌斐公司、诺亚公司三者之间并无共同的仲裁条款及共同选定的仲裁机构。第二，吴某某现以侵权责任为由，起诉要求歌斐公司、诺亚公司对其损失承担连带赔偿责任，故本案诉讼属于必要共同之诉。综上，歌斐公司、诺亚公司以双方存在仲裁条款为由，否认法院具有管辖权，宁波中院拟裁定驳回其上诉请求。

四、我院审查意见

经查，歌斐公司与诺亚公司均系独立法人。歌斐公司系涉案基金的发行人及管理人，2016年3月16日，吴某某与歌斐公司签订的《基金合同》第二十四条法律适用和争议的处理条款约定："各方当事人同意，因本合同而产生的或与本合同有关的一切争议，合同当事人应尽量通过协商、调解途径解决。经友好协商未能解决的，应提交上海国际经济贸易仲裁委员会（上海国际仲裁中心）依该会当时有效的仲裁规则申请仲裁，仲裁地在上海，仲裁裁决是终局性的，并对各方当事人具有约束力，除裁决另有规定外，仲裁费由败诉方承担。"

诺亚公司系涉案基金的销售人，2015年8月18日吴某某在会员申请表及《客户声明》上签字，其中《客户声明》第八条载明："本人清晰理解并同意本人与诺亚集团各主体（除诺亚香港外）之间的法律关系均适用中华人民共和国法律，除非双方另有约定，如发生纠纷，应提交上海仲裁委员会仲裁解决。"

我院合议庭经审查后对本案不构成必要共同诉讼的意见一致，合议庭一致认为：民事诉讼法第五十二条规定："当事人一方或者双方为二人以上，其诉讼标的是共同的，或者诉讼标的是同一种类、人民法院认为可以合并审理并经当事人同意的，为共同诉讼。"而诉讼标的共同是指共同诉讼人对争议的实体法律关系有共同的权利义务，该种权利义务具有共同性和不可分性，决定了所有权利人、义务人必须一同起诉、应诉，共同参加诉讼。《全国法院民商事审判工作会议纪要》第74条虽然规定了金融消费者可以要求金融产品发行人和销售者承担连带赔偿责任，但连带赔偿责任并不当然等同于必要共同诉讼。从本案看，歌斐公司与诺亚公司的权利义务具有一定的可分性，因此，本案不构成必要的共同诉讼。

合议庭对案涉两个独立的仲裁条款能否约束本案三方当事人形成两种意见。多数意见认为：虽然本案不构成必要共同诉讼，但歌斐公司、诺亚公司均为独立的法人，吴某某与歌斐公司约定的仲裁条款及其与诺亚公司约定的仲裁条款并不一致，因本案三方当事人之间并不存在共同的仲裁条款，且现亦无证据证明本案三方间就仲裁机构的选定达成补充协议，因此，根据仲裁法第十八条的规定，吴某某与歌斐公司及其与诺亚公司之间的仲裁条款均不能约束本案三方当事人。拟同意宁波中院意见，即驳回上诉，维持原裁定。

少数意见认为：吴某某与基金发行人歌斐公司、基金销售人诺亚公司分别签有《基金合同》及《客户声明》，两合同中各自有合法有效的仲裁条款，并约定不同的仲裁机构，该两仲裁条款也未排除合同履行过程中产生的侵权纠纷。最高人民法院发布的《第二次全国涉外商事海事审判工作会议纪要》第7条规定，涉外商事合同的当事人之间签订的有效仲裁协议约定了因合同发生的或与合同有关的一切争议均应通过仲裁方式解决，原告就当事人在签订和履行合同过程中发生的纠纷以侵权为由向人民法院提起诉讼的,人民法院不享有管辖权。故在案涉两合同均存在各自独立的仲裁条款且本案也不构成必要共同诉讼的情况下,吴某某应当向有管辖权的仲裁机构分别申请仲裁,人民法院对本案无管辖权。至于吴某某是否因分别仲裁导致重复受偿问题,可以在执行程序中得以解决。

综上所述,根据少数服从多数意见的原则,按多数意见报请钧院审核。

特此报告。

最高人民法院
关于陕西时鲜供应链管理有限公司申请确认仲裁协议效力案的复函

2020 年 12 月 21 日　　　　　　　　（2020）最高法民他 321 号

陕西省高级人民法院：

你院（2020）陕民他 61 号《关于申请人陕西时鲜供应链管理有限公司与被申请人东莞致公企业管理咨询有限公司申请确认仲裁协议效力一案的请示报告》收悉。经研究，答复如下：

根据你院请示，案涉《借款合同》第十二条"纠纷解决"部分载明："如果公证机构不能依据本合同出具执行证书，或公证机构出具执行证书后人民法院依法裁定不予执行，双方约定本合同项下争议由担保物所在地人民法院管辖。"该条款右下方页边处加盖了条形章，内容是："本合同履行过程中发生的任何纠纷均提交南平仲裁委员会，并适用该会仲裁规则的简易程序审理，开庭地点为广东省东莞市。本合同其他约定与本约定不一致的以该约定为准。"

该条形章的内容是对争议解决条款的实质性变更，但无合同当事人通过签字盖章等形式对该内容予以确认。陕西时鲜供应链管理有限公司对上述合同中关于变更争议解决方式条款的真实性亦不予认可。故现有证据不能证明案涉《借款合同》中的仲裁条款系合同当事人的真实意思表示，同意你院处理意见。

此复

附：

陕西省高级人民法院
关于申请人陕西时鲜供应链管理有限公司与被申请人东莞致公企业管理咨询有限公司申请确认仲裁协议效力一案的请示报告

2020 年 11 月 6 日　　　　　　　　　　　（2020）陕民他 61 号

最高人民法院：

我院受理的陕西时鲜供应链管理有限公司（以下简称时鲜公司）与被申请人东莞致公企业管理咨询有限公司（以下简称致公公司）申请确认仲裁协议效力一案，经合议庭合议，拟认定时鲜公司与张某签订的《借款合同》中的仲裁条款无效。由于双方当事人住所地涉及陕西、广东两省行政区域，按照《最高人民法院关于仲裁司法审查案件报核问题的有关规定》第三条第一款之规定，该案需向贵院报送，现将相关情况报告如下。

一、当事人基本情况

申请人：陕西时鲜供应链管理有限公司，住所地：陕西省西安市浐灞区玄武东路。

法定代表人：姚某，该公司总经理。

委托代理人：王某，陕西耀轩律师事务所律师。

被申请人：东莞致公企业管理咨询有限公司，住所地：广东省东莞市企石镇同古岭四路 3 号。

法定代表人：张某某，该公司总经理。

委托代理人：陈某某，男，该公司员工。

二、案件来源

申请人时鲜公司与被申请人致公公司申请确认仲裁协议效力一案，

申请人时鲜公司向西安市中级人民法院（以下简称西安中院）提起申请，请求确认双方约定仲裁条款无效。

三、当事人诉辩情况

时鲜公司称，时鲜公司的法定代表人姚某于 2018 年 6 月接到名为成都宜昇网络科技有限公司（以下简称宜昇公司）的网络营销电话，后时鲜公司与宜昇公司工作人员张某于 2018 年 6 月签署一份《借款合同》（编号 AXAN201805240007402），约定借款 30 万元，用姚某名下位于西安市浐灞生态区玄武东路房屋作为担保，合同签订地在宜昇公司驻西安办公地，签订合同时并未约定仲裁条款，且出借人将两份借款合同原件均拿走。时鲜公司于 2020 年 7 月收到福建省南平仲裁委员会（以下简称南平仲裁委）发出的仲裁案件通知书，告知被致公公司申请仲裁索要债权。致公公司承接案涉债权后，在未与时鲜公司协商的情况下，单独在《借款合同》上加盖内容为"本合同履行过程中发生的任何纠纷均提交南平仲裁委员会，并适用该会仲裁规则的简易程序审理，开庭地点为广东省东莞市。本合同其他约定与本约定不一致的以该约定为准"的制式条形章，并据此向南平仲裁委申请仲裁。事实上，时鲜公司借款时在西安，合同双方均与广东省东莞市无任何关联，上述仲裁条款应为致公公司私自添加，而致公公司并非借款合同的签约方，即使仲裁条款自始存在，也与致公公司无关。仲裁条款约定南平仲裁委管辖，同时又约定开庭地点为东莞市，东莞市并无南平仲裁委，故仲裁条款应为无效。根据仲裁法第十八条、《最高人民法院关于适用〈中华人民共和国仲裁法〉若干问题的解释》第十二条的规定，请求确认编号 AXAN201805240007402 的《借款合同》中仲裁协议条款无效。

致公公司辩称，（1）南平仲裁委合法成立，依法行使仲裁权。（2）致公公司承接涉案债权时原始合同资料中《借款合同》关于纠纷解决约定管辖地问题处已加盖纠纷解决方式，出借人与借款人均签字捺印，表示双方对合同条款约定知晓且同意，系双方真实意思表示，符合仲裁法第十六条的规定。（3）《最高人民法院关于适用〈中华人民共和国仲裁法〉若干问题的解释》第九条规定"债权债务全部或者部分转让的，仲裁协议对受让人有效，但当事人另有约定、在受让债权债务时受让人明确反对或者不知有单独仲裁协议的除外",致公公司承接债权后,关于纠纷解决的仲裁协议再无其他约定,故《借款合同》约定的仲裁条款对债权人和债务人均有效。请求驳回时鲜公司的请求。

四、西安中院审理查明及处理情况

西安中院经审查查明:经审查查明,2018年6月13日,时鲜公司(借款人,甲方)与张某(出借人,乙方)签订编号AXAN201805240007402的《借款合同》,约定借款金额30万元,姚某以其名下的位于西安市浐灞生态区玄武东路房屋作为担保。第十二条"纠纷解决"约定:"12.1 为确保本合同的履行,遵循诚信原则,合同双方一致同意将本合同提请公证机构公证并赋予强制执行效力。……12.3 如果公证机构不能依据本合同出具执行证书,或公证机构出具执行证书后人民法院依法裁定不予执行,双方约定本合同项下争议由担保物所在地人民法院管辖。"12.3条款的右侧加盖内容为"本合同履行过程中发生的任何纠纷均提交南平仲裁委员会,并适用该会仲裁规则的简易程序审理,开庭地点为广东省东莞市。本合同其他约定与本约定不一致的以该约定为准"的制式条形章。

审理中,时鲜公司称,涉案《借款合同》共签署了两份,未办理公证,两份原件均被张某拿走,其向法庭提交的《借款合同》复印件来源于南平仲裁委向其送达的致公公司的证据材料,对致公公司出示的《借款合同》原件除制式条形章以外的文本内容真实性认可,认为制式条形章不是张某加盖的,是致公公司加盖。

拟处理意见:涉案《借款合同》就纠纷解决方式明确约定"本合同项下争议由担保物所在地人民法院管辖"的情况下,加盖内容为"本合同履行过程中发生的任何纠纷均提交南平仲裁委员会,并适用该会仲裁规则的简易程序审理,开庭地点为广东省东莞市。本合同其他约定与本约定不一致的以该约定为准"的条形章,因福建省的南平仲裁委、仲裁地点广东省东莞市与涉案《借款合同》的签约主体、担保物所在地、合同履行地等无任何关联性,现有证据并未反映时鲜公司与张某在签订合同时加盖与"本合同项下争议由担保物所在地人民法院管辖"条款在纠纷解决方式和地点完全冲突的上述条形章的必要性、合理性,不能排除上述条形章系后添加的可能性;且在诉讼管辖条款和仲裁条款并存时,根据《最高人民法院关于适用〈中华人民共和国仲裁法〉若干问题的解释》第七条"当事人约定争议可以向仲裁机构申请仲裁也可以向人民法院起诉的，仲裁协议无效"的规定，涉案仲裁条款应为无效。依照仲裁法第二十条、《最高人民法院关于适用〈中华人民共和国仲裁法〉若干问题的解释》第七条之规定，裁定确认涉案编号AXAN201805240007402的《借款合同》中的仲裁条款无效。申请费400元，由被申请人致公公司负担。

五、我院意见

我院认为，涉案合同《借款合同》中明确约定了合同项下争议由担保物所在地人民法院管辖，同时在涉案合同第6页上方加盖了内容为"本合同履行过程中发生的任何纠纷均提交南平仲裁委员会，并适用该会仲裁规则的简易程序审理，开庭地点为广东省东莞市。本合同其他约定与本约定不一致的以该约定为准"的条形章，从涉案合同中无法看出该条形章内容系当事人对争议解决条款进行变更的意思表示，不能排除上述条形章系后续添加的可能性。因此，依据仲裁法第五十八条第一款第一项"没有仲裁协议"之规定，拟同意西安中院关于涉案仲裁条款无效的意见，但不同意其适用《最高人民法院关于适用〈中华人民共和国仲裁法〉若干问题的解释》第七条"当事人约定争议可以向仲裁机构申请仲裁也可以向人民法院起诉的，仲裁协议无效"之规定作出裁判。

综上所述，拟同意西安中院的请示意见。

以上报告，请贵院审核。

最高人民法院
关于袁某某与中国对外经济贸易信托有限公司申请确认仲裁协议效力案请示的复函

2020 年 12 月 21 日　　　　　　　　（2020）最高法民他 267 号

广东省高级人民法院：

你院（2020）粤民他 45 号《关于袁某某与中国对外经济贸易信托有限公司申请确认仲裁协议效力一案的请示》收悉。经研究，答复如下：

根据请示所述事实，虽然袁某某与中国对外经济贸易信托有限公司（以下简称信托公司）签约时未就争议解决方式进行协商并达成一致，但是袁某某确认其收到合同后看到了仲裁条款却没有提出异议。综合本案实际情况，袁某某作为完全民事行为能力人，在签订合同的过程中对合同条款出现的空白处应有充分的注意，对信托公司将在其签字后填补合同相关空白条款亦有一定的预期。袁某某在合同上签字的行为可视为对信托公司填补空白条款的授权，其在收到完整的合同后，如对合同条款有异议，应当及时提出。但是，直至本案纠纷发生前，袁某某都未对仲裁条款提出过异议，可视为已经接受了仲裁条款的内容，其在纠纷发生后再对仲裁条款提出异议，不应予以支持。

综上所述，可以认定袁某某与信托公司之间存在仲裁协议。

此复

附：

广东省高级人民法院
关于袁某某与中国对外经济贸易信托有限公司
申请确认仲裁协议效力一案的请示

2020 年 8 月 18 日　　　　　　　　　　　　（2020）粤民他 45 号

最高人民法院：

广东省广州市中级人民法院（以下简称广州中院）受理袁某某与中国对外经济贸易信托有限公司（以下简称信托公司）申请确认仲裁协议效力一案，经审查拟认定袁某某与信托公司之间不存在有效的仲裁协议，故向我院请示。我院经审查，拟同意广州中院的意见。根据《最高人民法院关于仲裁司法审查案件报核问题的有关规定》（法释〔2017〕21 号）第三条的规定，向钧院报核。

一、当事人的基本情况

申请人：袁某某，男，1966 年×月×日出生，汉族，住四川省成都市高新区。

被申请人：中国对外经济贸易信托有限公司。住所地：北京市西城区复兴门内大街 28 号。

法定代表人：杨某，该公司董事长。

二、申请人的申请理由及被申请人答辩意见

申请人袁某某请求确认其与信托公司之间不存在有效的仲裁协议。事实和理由：（1）根据民事诉讼法和仲裁法的规定，当事人采用仲裁方式解决纠纷，应当双方自愿，达成仲裁协议。仲裁协议是双方当事人就纠纷解决方式达成的一致意思表示，必须建立在双方当事人自愿、平等和协商一致的基础上。涉案合同第九条第六项虽约定："如果甲乙双方在本合同履行过程中发生任何争议，应友好协商解决；如协商不成，不论

争议金额大小,均选择下述第(一)方案解决。第一方案:提交广州仲裁委员会在仲裁规则项下进行仲裁(方式为网络仲裁)……"但在合同签订的整个过程中,"选择第( )方案"的括号中是空白的,合同上手写的"一"字是事后信托公司单方面添加上的。信托公司负责签约的工作人员在签约过程中既未向袁某某明示合同要选择第一方案(选择仲裁方案),亦未就解决争议的三个方案如何选择与袁某某进行协商。(2)涉案合同约定解决争议的仲裁属于网络仲裁,而民事诉讼法和仲裁法目前均未对网络仲裁规则作出明确规定,中国仲裁协会也未制定相应的网络仲裁规则。《中国广州仲裁委员会网络仲裁规则》(以下简称《网仲规则》)以独任仲裁的方式不开庭进行网络仲裁并作出仲裁裁决,其裁决过程对袁某某申请仲裁员回避、提供证据、答辩等基本程序权利缺乏应有保护,不属于民事诉讼法和仲裁法意义上的仲裁。并且,《网仲规则》中有关仲裁协议效力异议、仲裁员选定、审理方式、管辖异议、送达方式等条款也不符合仲裁法的相关规定。因此,根据合同法第七条、第五十二条第五款的规定,该仲裁条款无效。

被申请人信托公司辩称,(1)涉案合同约定的仲裁条款有请求仲裁的明确意思表示、仲裁事项和仲裁机构,符合仲裁法第十六条的规定,属于有效条款。袁某某作为具有完全民事行为能力的民事主体,其在签名前应对相应的合同条款予以了解和审查,现其以涉案合同中"一"是事后补填为由,认为该仲裁条款约定无效,没有事实依据。即使该内容是签名之后补填的,也不能证明该仲裁条款不是袁某某的真实意思。(2)根据《中国广州仲裁委员会仲裁规则》第二条第二项、第二十五条第一项及第一百零三条第一项的规定,广州仲裁委员会有权制定网络仲裁的规则。况且信托公司就与袁某某借款纠纷一案申请的是线下仲裁,而非网络仲裁。

三、案件的基本事实

2017年10月16日,袁某某与信托公司签订涉案《贷款合同—房屋抵押》,信托公司负责签订合同的系其指定的深圳泛华联合投资集团有限公司成都分公司的工作人员。双方签订合同当日,信托公司未当场交付签订完的合同文本给袁某某,而是经其审批盖章后邮寄给袁某某。袁某某确认其收到合同后看到了仲裁条款,并有异议,但认为法律规定如果不进行仲裁就没有时效期。2020年1月7日,广州仲裁委员会向袁某某发出《仲裁通知书》,决定受理信托公司与袁某某关于民间借贷纠纷的仲裁申请,案号为(2020)穗仲案字第491号。2020年1月23日,袁某某向广州中院申请确认仲裁协议无效。

庭询时,袁某某提交了一份记录涉案合同签约过程的录像,该录像为其自行录制。该录像并无显示双方签订的合同的具体内容,但记录了签约过程中袁某某与信托公司方工作人员的对话内容。对话显示袁某某曾提出现在签的合同很多都是空白的,对此,该工作人员称现在签订的合同都是空白合同,上面不写内容,完整合同要放款之后才给。此外,录像亦显示,签约过程中双方未就争议解决方式进行协商。

信托公司不认可该录像的关联性、合法性和真实性,认为录像中没有涉及仲裁协议选择的任何内容,无法证明"一"处当时为空白的事实,且录像是由袁某某偷录,涉嫌侵害他人合法权益,依法不能作为证据使用。袁某某自认收到涉案合同时已经填写了"一",即其此时已经知道双方的争议解决方式是选择广州仲裁委员会仲裁,两年多时间内袁某某都并未提出任何异议,表示其对此选择认可。袁某某作为记者,文化程度高,签订合同时应进行审核,其对合同的任何条款和包括可能出现的空白处,有充分理解,一旦签名即对其有法律上的约束力。并且,按照法理及司法实践,即使合同有留空,也认为是对留空处的无限授权,只要不违反法律强制性规定,应予认可。

四、广州中院的处理意见

广州中院经审查认为,袁某某提交的录像尽管为其自行录制,但记录的是其本人与他人签订合同的过程,并不存在侵犯他人隐私或其他合法权益的情况,且录像对话清晰、连贯,内容也与本案高度相关,故可予采信。录像显示,信托公司负责签约的工作人员明确表示当时签订的涉案合同为空白合同,并非完整合同,其间,双方亦并未就争议解决方式进行协商,结合信托公司自认完整合同为其事后再邮寄给袁某某的事实,足以认定双方签订合同时并未就选择仲裁作为争议解决方式达成一致,双方之间不存在合法有效的仲裁协议。其后,袁某某亦未明确表示同意就涉案合同争议提交仲裁,与信托公司达成意思合致,而是在争议发生后于法定异议期内提出异议。综上所述，拟支持袁某某的申请，裁定确认袁某某与信托公司之间不存在有效的仲裁协议。

五、我院的处理意见

本案系申请确认仲裁协议效力纠纷案。

根据袁某某提交的录像证据显示，袁某某与信托公司签订涉案合同时，双方未就争议解决方式进行协商并达成一致的意思表示。涉案合同选择仲裁的争议解决方式为信托公司的单方选择，袁某某事后亦未就此明确表示同意。因此，信托公司与袁某某未就涉案合同纠纷选择仲裁解决达成一致的意思表示，信托公司与袁某某之间不存在有效的仲裁协议。

综上，我院拟同意广州中院关于信托公司与袁某某之间不存在有效的仲裁协议的意见。

以上意见妥否，请批复。

(二) 申请撤销内地仲裁裁决案件

最高人民法院
关于孙某 1 申请撤销仲裁裁决请示案的复函

2020 年 8 月 31 日　　　　　　　　　　　(2020) 最高法民他 174 号

上海市高级人民法院：

你院（2020）沪民他 31 号《关于申请人孙某 1 与被申请人上海小牛股权投资合伙企业（有限合伙）、刘某某、孙某 2、孙某 3 申请撤销仲裁裁决一案的请示》收悉。经研究，答复如下。

根据你院请示所述事实，仲裁案件当事人孙某某（被申请人、反请求人）在仲裁过程中死亡，孙某 1 系其女儿。你院请示报告并未显示孙某 1 或其他仲裁案件当事人是否已向仲裁庭告知孙某某死亡的事实，仲裁庭是否系在明知该事实的情况下仍将其列为仲裁被申请人（反请求人）。在仲裁庭作出裁决后，孙某 1 以该裁决违反法定程序为由申请撤销，理由仅为孙某某已死亡。《最高人民法院关于适用〈中华人民共和国仲裁法〉若干问题的解释》第二十条规定：仲裁法第五十八条规定的"违反法定程序"，是指违反仲裁法规定的仲裁程序和当事人选择的仲裁规则可能影响案件正确裁决的情形。本案不属于该条规定的情形，不符合仲裁法第五十八条第一款第三项关于仲裁的程序因违反法定程序而应予撤销的条件。

本案是否考虑通知仲裁庭重新仲裁，请你院依据《最高人民法院关于适用〈中华人民共和国仲裁法〉若干问题的解释》第二十一条规定，并根据与仲裁庭沟通的情况，依法妥善处理。

此复

附：

上海市高级人民法院
关于申请人孙某 1 与被申请人上海小牛股权投资合伙企业（有限合伙）、刘某某、孙某 2、孙某 3 申请撤销仲裁裁决一案的请示

2020 年 6 月 28 日　　　　　　　　　　　（2020）沪民他 31 号

最高人民法院：

　　上海市第一中级人民法院（以下简称一中院）受理的申请人孙某 1 与被申请人上海小牛股权投资合伙企业（有限合伙）（以下简称小牛企业）、刘某某、孙某 2、孙某 3 申请撤销仲裁裁决一案，经该院审查后拟撤销上海仲裁委员会（2015）沪仲案字第 0925 号裁决，并向我院报核。我院经审查，合议庭多数意见拟同意一中院的处理意见，故根据《最高人民法院关于仲裁司法审查案件报核问题的有关规定》第二条、第三条的规定，报请你院审查。现将本案审查情况报告如下。

　　一、当事人情况

　　申请人（仲裁被申请人、反请求人）：孙某 1，女，汉族，1973 年×月×日出生，住河南省郑州市中原区。

　　委托诉讼代理人：陈某，上海市中天律师事务所律师。

　　委托诉讼代理人：吴某青，上海市中天律师事务所律师。

　　被申请人（仲裁申请人、被反请求人）：上海小牛股权投资合伙企业（有限合伙），主要经营场所上海市闵行区莘松路。

　　执行事务合伙人：张某。

　　委托诉讼代理人：张某德，上海市海华永泰律师事务所律师。

　　委托诉讼代理人：朱某蕾，上海市海华永泰律师事务所律师。

　　被申请人（仲裁被申请人、反请求人孙某某之妻）：刘某某，女，汉族，1941 年×月×日出生，住北京市朝阳区。

被申请人（仲裁被申请人、反请求人孙某某之子）：孙某2，男，汉族，1976年×月×日出生，住北京市朝阳区。

被申请人（仲裁被申请人、反请求人孙某某之女）：孙某3，女，汉族，1969年×月×日出生，住河南省郑州市中原区。

被申请人刘某某、孙某2、孙某3的共同委托诉讼代理人：丁某华，上海市中天律师事务所律师。

二、案件基本情况

2015年6月4日，小牛企业向上海仲裁委员会申请仲裁，称其与孙某1、孙某某于2012年9月2日签订《投资协议》，约定由小牛企业通过溢价增资的方式对孙某1、孙某某注册成立的北京华泰美景科技发展有限公司（以下简称华泰美景）投资人民币（以下币种同）500万元。2012年10月9日，双方又签订了《增资扩股合同》。后孙某1、孙某某在上述合同履行过程中存在严重违约行为，且两人在个人诚信方面存在重大瑕疵，故请求裁决孙某1、孙某某：（1）以250万元的价格回购小牛企业持有的华泰美景10%的股权；（2）支付律师费17.92万元；（3）承担仲裁费。上海仲裁委员会于2015年6月18日立案受理。孙某1、孙某某在仲裁过程中提出了反请求，请求裁决小牛企业：（1）支付律师费15万元；（2）承担仲裁反请求费。

2019年2月18日，孙某某去世。刘某某为孙某某配偶，孙某2为其子，孙某1和孙某3为其女。

2019年9月5日，上海仲裁委员会经审理后作出（2015）沪仲案字第0925号裁决：（1）孙某1于裁决作出之日起十日内向小牛企业支付175万元，以回购小牛企业持有的华泰美景7%的股权；（2）孙某某于裁决作出之日起十日内向小牛企业支付75万元，以回购小牛企业持有的华泰美景3%的股权；（3）孙某1、孙某某于裁决作出之日起十日内共同向小牛企业支付律师费9万元；（4）对孙某1、孙某某的仲裁反请求不予支持；（5）本请求仲裁费72915元，由小牛企业承担36457.50元，由孙某1、孙某某共同承担36457.50元，孙某1、孙某某应于裁决作出之日起十日内向小牛企业支付该款项36457.50元；（6）反请求仲裁费9050元，由孙某1、孙某某共同承担。

2020年3月5日,孙某1委托诉讼代理人通过特快专递的形式向一中院寄送撤销仲裁裁决的申请书及相关材料。2020年4月16日,孙某1委托诉讼代理人又向一中院邮寄补正后的撤销仲裁裁决的申请书、联系函等。

孙某1申请称,(2015)沪仲案字第0925号裁决因存在仲裁程序违反法定程序的情形,应予撤销。孙某某已于2019年2月18日死亡,根据民事诉讼法第一百五十条和第一百五十一条的规定,一方当事人死亡,需要等待继承人表明是否参加诉讼的,应中止诉讼;原告死亡,没有继承人,或者继承人放弃诉讼权利的,或被告死亡,没有遗产,也没有应当承担义务的人的,应终结诉讼。仲裁庭在孙某某死亡后仍裁决其承担责任,违反法定程序,故根据仲裁法第五十八条第一款第三项的规定,所作裁决应予以撤销。

被申请人小牛企业答辩称,(1)孙某1提出的撤销仲裁裁决申请不符合法院受理的条件。仲裁庭于2019年9月11日向孙某1送达裁决书,孙某1提交的撤销仲裁裁决的申请书上所记载的日期为2020年4月,已经超过了仲裁法第五十九条规定的六个月的申请期限。(2)仲裁裁决不存在"仲裁的程序违反法定程序"的情形。孙某1未提交证据证明其曾将孙某某去世的事实告知仲裁庭及小牛企业,小牛企业无法获知该信息。孙某某在仲裁中亲自签署了送达地址确认书,且有委托代理人。仲裁庭审结束后,除调解事宜联络外,仲裁庭未再要求双方当事人进行举证或意见陈述等。直至裁决作出,双方当事人均未进行任何的仲裁活动,故本案不需要等待继承人表明是否参加诉讼,不影响裁决的公正性。孙某1的申请撤裁行为浪费司法资源,有违诚信原则。

三、一中院拟处意见

第一,关于小牛企业提出的孙某1申请撤销仲裁裁决已经超过六个月期限的问题。孙某1于2019年9月11日收到仲裁裁决书,并于2020年3月5日向一中院邮寄了撤销仲裁裁决的申请书,其申请并未过仲裁法规定的六个月期限,故一中院认为小牛企业关于孙某1申请撤销仲裁裁决已经超过六个月期限的抗辩不能成立。

第二,关于仲裁的程序是否违反法定程序的问题。一方当事人在仲裁中死亡的，应当参照适用民事诉讼法的相关规定，通知其继承人参加仲裁。同时，主体资格的审查不以当事人主张为前提，仲裁庭负有主动审查的责任。本案中，孙某某在仲裁裁决作出前已经死亡，不再具有民事主体资格，无法承担仲裁裁决确定的民事义务，仲裁裁决将孙某某作为责任承担主体不当。本案符合仲裁法第五十八条第一款第三项规定的仲裁的程序违反法定程序的情形，一中院认为应当予以裁定撤销。

四、我院审查意见

合议庭多数意见认为，孙某1于2019年9月11日收到仲裁裁决书，并于2020年3月5日向一中院邮寄了撤销仲裁裁决的申请书，故其申请并未超过仲裁法规定的六个月期限，依法有权申请撤销仲裁。仲裁案件当事人孙某某于仲裁过程中死亡，虽仲裁法和《上海仲裁委员会仲裁规则》（以下简称《仲裁规则》）未对当事人在仲裁过程中死亡如何处理作明确规定，但根据《仲裁规则》第八十六条的规定，规则未规定的事项应参照适用民事诉讼法有关规定处理，结合《最高人民法院关于适用〈中华人民共和国仲裁法〉若干问题的解释》第八条，当事人订立仲裁协议后死亡的，仲裁协议对承继其仲裁事项中的权利义务的继承人有效，故仲裁案件当事人死亡后应通知其继承人参加仲裁，系争仲裁裁决属于仲裁法第五十八条第一款第三项规定的仲裁的程序违反法定程序的情形，应予撤销。

合议庭少数意见则认为，孙某1申请撤裁是因仲裁案件当事人孙某某死亡，而非仲裁程序本身违法。因此，由仲裁委员会通知孙某某的继承人重新参加仲裁，不影响案件的实体审理，可以减少司法资源浪费、避免诉讼成本增加。根据仲裁法第六十一条的规定，法院可以通知仲裁庭在一定期限内重新仲裁并裁定中止撤销程序，如仲裁庭拒绝重新仲裁，或者继承人拒绝继承等导致无法重新仲裁的，则法院裁定恢复撤裁程序。

以上意见当否，请予批复。

最高人民法院
关于杨某申请撤销仲裁裁决案的复函

2020 年 9 月 17 日　　　　　　　　　（2020）最高法民他 169 号

广西壮族自治区高级人民法院：

你院（2019）桂民特 16 号《关于杨某申请撤销仲裁裁决一案的请示》收悉。经研究，答复如下。

根据你院所述事实，中建融资租赁（深圳）有限公司（以下简称中建公司）作为案涉抵押物的原抵押权人，在其主动解除抵押权的情况下，未向仲裁庭提交抵押权已注销的证据材料，导致仲裁庭作出中建公司对案涉车辆仍享有优先受偿权的相关裁决，属于仲裁法第五十八条第一款第五项规定的"对方当事人隐瞒了足以影响公正裁决的证据的"情形。如中建公司确实主动解除了抵押权，却在仲裁时隐瞒该项事实，对于仲裁庭作出的第四项裁决，即"中建公司有权在上述第一至三项裁决范围内就拍卖、变卖车牌号为鄂Q×××××的东风日产牌小型普通客车（机动车登记证书编号为420010375×××，发动机号为1150×××，车辆识别代号为LGBM4DE44FS043×××）所得价款享有优先受偿权"，应予撤销，但上述情形不足以影响仲裁裁决的其他部分，本案以撤销部分仲裁裁决为宜。

综上所述，不同意你院拟全部撤销仲裁裁决的处理意见，本案应仅撤销北海国际仲裁院（2018）北国仲字第 508-K800028 号裁决第四项。

此复

附：

广西壮族自治区高级人民法院
关于杨某申请撤销仲裁裁决一案的请示

2019 年 12 月 25 日　　　　　　　　　　　　（2019）桂民特 16 号

最高人民法院：

北海市中级人民法院（以下简称北海中院）受理了杨某申请撤销北海国际仲裁院（2018）北国仲字第 508-K800028 号裁决一案，北海中院拟撤销该裁决。经研究，依据《最高人民法院关于仲裁司法审查案件报核问题的有关规定》第二条、第三条的规定，现将该案有关情况报告并请示如下。

一、申请人与被申请人的基本信息

申请人：杨某，女，1977 年×月×日生，汉族，住湖北省恩施市。

委托代理人：倪某飞，湖北夷水律师事务所律师。

被申请人：中建融资租赁（深圳）有限公司。住所地：广东省深圳市前海深港合作区前湾一路。

法定代表人：陈某玮，该公司总经理。

二、申请人的请求及事实和理由

杨某向北海中院请求：撤销北海国际仲裁院于 2018 年 12 月 27 日作出的（2018）北国仲字第 508-K800028 号裁决；案件受理费用由被申请人承担。事实和理由：（1）裁决存在当事人隐瞒足以影响公正裁决的证据情形。涉案车辆已于 2018 年 8 月 15 日解除了抵押，现该车辆的抵押权人为中国工商银行，中建融资租赁（深圳）有限公司（以下简称中建公司）对涉案车辆不享有优先受偿权。被申请人主张于 2018 年 3 月 13 日向申请人指定的账户支付借款 154904.08 元和现金支付 15095.92 元，共计 17 万元不是事实。第一，被申请人及出借人的行为符合《最高人民法院、最高人民检察院、公安部、司法部关于办理"套路贷"刑事案件若干问题的意见》第三条第一项规定的"套路贷"行为。申请人受"一点车贷"宣传的可低息、快速放款的吸引,于 2016 年 3 月 8 日到"一点车贷"申请贷款。"一点车贷"工作人员将申请人车辆行驶证发给某公司后对申请人承诺可以贷款 17 万元,还款方式为先息后本,每月还款 2159元,借款期限为一年,车贷公司工作人员使用申请人手机在手机上签订相关手续,车贷工作人员要求申请人签字即可,申请人并不知道具体出借人及担保人。车贷工作人员利用电脑导出了申请人手机通讯录中的所有联系电话。2018 年 3 月 13 日,申请人银行账号为×××6220 的账户分三次收到借款,共计 139604.08 元。自 2018 年 4 月起应车贷公司要求,申请人以 17 万借款本金为基数连续四个月每月支付利息 2159 元,第五个月公司扣款 3433 元。即申请人实际收到借款本金并非 17 万元而只有139604.08 元,在借款时已经扣除了全年利息 30395.92 元,但申请人在还款时又被要求以 17 万元借款本金为基数支付利息。被申请人虚假陈述,捏造虚高债权债务,主张借款本金为 17 万元,利息 9038.34 元。北海国际仲裁院未严格审查被申请人民间借贷中的基础法律证据,错误认定借款本金为 17 万元并按本金 17 万元计算利息。第二,被申请人为他人提供信用担保并谋取高额利息,已明显超出其经营范围。经查询,被申请人许可的经营范围并不包括为他人提供信用担保,故被申请人属于超范围违法经营,其以签订《借款抵押合同》的形式掩盖收取高额不当利息的目的,不应得到法律的保护。(2)存在仲裁事项不属于仲裁协议的范围或者仲裁委员会无权仲裁的情形。"一点车贷"因涉嫌犯罪已被公安机关立案侦查,相关负责人也被采取了强制措施,本案应在该刑事案件中一并处理,不应直接仲裁。(3)仲裁裁决存在违背社会公共利益的情形。被申请人软硬兼施索债,在申请人尚未偿还借款的情况下,借助仲裁,利用在申请人手机导出的电话号码大面积拨打申请人手机通讯录中的联系人电话索债,多次给申请人发侮辱、威胁图片,多次电话威胁等暴力方式向原申请人及申请人特定关系人索债,严重违背诚信原则并损害了社会公共利益。

中建公司书面答辩称:(1)被申请人不认可申请人的主张。东莞市公安局于 2019 年 3 月 27 日对东莞团贷网互联网科技服务有限公司(以下简称团贷网）以非法吸收公众存款罪立案侦查，但并不是认定所有与团贷网关联的案件均涉嫌"套路贷"。根据东莞市公安局在相关公众平台对外披露的《情况通报（五）》《情况通报（九）》《情况通报（十一）》和《情况通报（十二）》等公示信息，公安部门敦促团贷网平台相关借款人应提前或者按时依法履行还款义务，逾期未还款的，有关部门将依法追究。首先，被申请人确系团贷网关联方，但基础借贷关系并未涉嫌"套路贷"。根据被申请人提交给仲裁庭的转账凭证和《收款确认书》，且申请人向出借人出具了亲笔签署的《收款确认书》，确认收到了借款本金17万元。据此出借人已按照被申请人提交给仲裁庭《借款抵押合同》的约定足额出借借款款项，并不存在虚增债权的事实。另外，被申请人与出借人核实，出借人通过第三方中介公司实际收到申请人每期偿还的当期利息金额同被申请人提交的《借款抵押合同》中约定的应还利息金额一致，并未收到申请人直接或者委托支付的多余款项，不存在收取高额利息的嫌疑。此外，被申请人承担连带担保责任后主张的利息及违约金并未超出法律规定的民间借贷利息的最高限制。根据被申请人提交给仲裁庭的《借款抵押合同》《代偿证明》和《已代偿通知书》，被申请人于申请人逾期后向出借人代偿后取得追偿权，依照提交给仲裁的《借款抵押合同》中的约定向申请人主张以代偿款为本金，按照每月2%支付利息和违约金，根据《最高人民法院关于审理民间借贷案件适用法律若干问题的规定》第二十六条之规定并未超出限制。最后，被申请人从未通过暴力方式向申请人索取债务。针对微信截图中显示的相关内容，申请人未能提供其他证据证明微信对话中的另一方确系被申请人，被申请人对微信截图证明的事实不予认可。被申请人在申请人逾期后依约向出借人履行了代偿义务，而后只通过仲裁等合法方式要求申请人依约履行还款义务，并不存在其他任何暴力催收。（2）申请人与被申请人之间的纠纷属于可以仲裁的事项，且已达成仲裁协议。依照东莞市公安部门指示，被申请人向仲裁庭提交的《借款抵押合同》和《补充协议》等合同应当认定属于当事人真实意思表示，未存在违反法律、行政法规的禁止性规定情形，合同真实有效。本案双方以及出借人武某娟三方存在抵押担保借款合同关系，且因申请人未依约偿还借款，导致被申请人依约向出借人代偿而发生纠纷，根据仲裁法第二条之规定，属于可以仲裁的合同纠纷、财产权益纠纷。同时，三方签订的《补充协议》第四条第二点约定"提交北海国际仲裁院，并根据其最新仲裁规则适用简易程序在东莞处理"。据此约定，双方已经依法达成仲裁协议，且符合《北海国际仲裁院仲裁规则》第六十条第一项的规定。根据仲裁法第五十八条之规定，申请人就其主张均未能提供任何实质有效的证据予以佐证，现拒不履行生效法律文书并提出本案的撤销仲裁裁决申请，明显属于滥用诉讼权利，拖延履行债务的严重失信行为。综上所述，请求法院驳回申请人申请。

三、北海中院查明的事实

2018年11月6日，北海国际仲裁院受理了中建公司与杨某关于追偿权纠纷的仲裁申请，2018年12月27日，该院作出（2018）北国仲字第508-K800028号裁决，裁决：（1）杨某向中建公司偿还代偿款179038.34元；（2）杨某向中建公司支付违约金（以代偿款179038.34元基数，按月利率2%的标准，自2018年10月18日起计算至清偿之日止）；（3）杨某向中建公司补偿律师费8952元；（4）本案仲裁费510元，由中建公司有权在上述第一项至第三项裁决范围内就拍卖、变卖车牌号为鄂Q×××××的东风日产牌小型普通客车所得价款享有优先受偿权；（5）本案仲裁费510元，由杨某承担。

另查明，2018年3月9日，杨某与中建公司、债权人签订《借款抵押合同》，约定杨某向债权人借款17万元用于资金周转，借款期限为十二个月，自2018年3月9日起至2019年3月8日止。借款利率为年利率11%，不足一个月的按一个月计算。还款方式为先息后本。中建公司为杨某的借款向债权人提供连带责任保证担保，保证担保的范围包括但不限于借款本金利息、逾期利息和有关费用、违约金和实现债权的费用（包括但不限于仲裁费、律师费等），保证期间为自《借款抵押合同》生效之日起至杨某向债权人还清全部借款本息及由此产生的其他一切费用之日止。杨某如逾期还款（包括不限于逾期支付当期利息）超过十个自然日，债权人有权单方解除合同，并要求杨某或中建公司立即提前一次性还清全部的借款本息并支付由此产生的其他一切费用。杨某应自逾期还款之日起，除支付利息外还应按借款金额的每日0.5%支付违约金。杨某以其自有车辆（品牌为东风日产牌，车牌号为鄂Q×××××）向中建公司作抵押反担保，反担保范围包括中建公司与债权人约定的担保范围及中建公司为实现追偿权所支出的所有费用（包括但不限于仲裁费、律师费等）。自中建公司为杨某代偿之日起，杨某应按借款金额每日0.3%的标准支付违约金。涉案车辆于2018年3月12日办理抵押登记，抵押权人为中建公司。中建公司处分抵押物时，有权以所得价款优先受偿，实现抵押权。处分抵押物所得价款应优先支付反担保抵押物担保范围约定的款项。同日，中建公司与杨某、债权人签订《补充协议》，约定杨某同意债权人委托第三方支付机构向杨某指定账户（户名：杨某，账号：×××6220，开户行：工商银行）支付借款。还款方式变更为先息后本，每月12日前偿还本息。债权人委托第三方支付机构于2018年3月13日向杨某指定账户支付借款共计154904.08元。杨某出具《收款确认书》确认收到转账借款154904.08元和现金借款15095.92元，共计17万元。2018年10月12日，债权人向中建公司发出《代偿/催收通知书》，要求中建公司代偿杨某所欠借款本金17万元及截至当天的利息、违约金8471.67元，合计178471.67元。中建公司于2018年10月15日确认收到该通知并承诺三日内清偿债务。2018年10月17日，中建公司向债权人指定账户转账支付代偿款179038.34元。债权人出具《代偿证明》确认中建公司已代杨某偿还借款本金17万元及利息9038.34元，确认中建公司的代偿行为使其债权得到清偿，且不再追究杨某的清偿责任，同意由中建公司行使对杨某的追偿权。中建公司向杨某送达了《已代偿通知书》，就代偿事项通知了杨某，并要求其于2018年10月22日前偿还代偿款，如延迟支付，应按日支付代偿金额1%的违约金直至付清代偿款之日止，杨某确认收到该通知并对此无异议。中建公司为实现本案债权委托广东众达律师事务所代理，共已实际支付律师费8952元。中建公司确认杨某尚欠代偿款179038.34元。

再查明，经查询，涉案车辆于2018年3月12日办理抵押登记，抵押权人为中建公司，2018年8月15日解除该抵押登记，涉案车辆目前的抵押权人为中国工商银行股份有限公司杭州艮山支行。东莞市公安局于2019年3月27日对团贷网以非法吸收公众存款罪立案侦查，公安部门发布相关情况通报，敦促团贷网平台相关借款人应提前或者按时依法履行还款义务。

四、北海中院拟处理意见

本案属于对国内仲裁裁决的司法审查案件，人民法院对国内仲裁裁决的司法审查范围，是依据仲裁法第五十八条"当事人提出证据证明裁决有下列情形之一的，可以向仲裁委员会所在地的中级人民法院申请撤销裁决：（一）没有仲裁协议的；（二）裁决的事项不属于仲裁协议的范围或者仲裁委员会无权仲裁的；（三）仲裁庭的组成或者仲裁的程序违反法定程序的；（四）裁决所依据的证据是伪造的；（五）对方当事人隐瞒了足以影响公正裁决的证据的；（六）仲裁员在仲裁该案时有索贿受贿，徇私舞弊，枉法裁决行为的。人民法院经组成合议庭审查核实裁决有前款规定情形之一的，应当裁决撤销。人民法院认定该裁决违背社会公共利益的，应当裁定撤销"之规定确定的。本案系申请人杨某与被申请人中建公司之间的追偿权纠纷，根据仲裁法第二条"平等主体的公民、法人和其他组织之间发生的合同纠纷和其他财产权益纠纷，可以仲裁"的规定，本案属于可以仲裁的合同纠纷。中建公司与杨某、债权人签订《补充协议》时已约定争议解决的方式为向北海国际仲裁院提请仲裁，因此，北海国际仲裁院具有本案仲裁管辖权。杨某主张中建公司及出借人的行为符合"套路贷"行为，应在相关刑事案件中一并处理，不应仲裁。该院认为，根据查明的事实，东莞市公安局于2019年3月27日对团贷网以非法吸收公众存款罪立案侦查后，在相关公众平台对外披露的公示信息中敦促团贷网平台相关借款人应提前或者按时依法履行还款义务，并没有认定所有与团贷网关联的案件均涉嫌"套路贷"，目前亦无证据证明本案涉嫌"套路贷"行为，故杨某该主张不成立，该院不予支持。杨某主张中建公司隐瞒足以影响公正裁决的证据，即涉案车辆已于2018年8月15日解除了抵押，中建公司对涉案车辆不再享有优先受偿权，但中建公司没有将解除抵押的证据向仲裁庭提供，导致仲裁庭作出错误的裁决。经核实，涉案车辆于2018年3月12日办理抵押登记，抵押权人为中建公司，但中建公司已于2018年8月15日办理了解除抵押登记，涉案车辆目前的抵押权人为中国工商银行股份有限公司杭州艮山支行。即北海国际仲裁院于2018年12月27日作出本案仲裁裁决时，中建公司已不是涉案车辆抵押权人，中建公司在仲裁审理过程中隐瞒了该事实，并且未将相关证据向仲裁庭提交,导致仲裁庭作出其对涉案车辆享有优先受偿权的裁决。据此,根据仲裁法第五十八条第一款第五项:"当事人提出证据证明裁决有下列情形之一的,可以向仲裁委员会所在地的中级人民法院申请撤销裁决:……(五)对方当事人隐瞒了足以影响公正裁决的证据的"的规定,杨某申请撤销仲裁的理由符合法律规定的撤销仲裁裁决情形,该院予以支持。拟依照民事诉讼法第一百四十四条,仲裁法第五十八条第一款第五项、第二款的规定,裁定:撤销北海国际仲裁院作出的(2018)北国仲字第508-K800028号裁决。申请费400元,由被申请人中建公司负担。

五、我院拟处理意见

经审查,我院认为,本案审查的关键在于仲裁裁决中是否存在当事人隐瞒足以影响公正裁决证据的情形。根据已查明事实,杨某抵押给中建公司的鄂Q×××××汽车于2018年8月15日解除抵押登记,后该车辆已抵押给中国工商银行股份有限公司杭州艮山支行。中建公司就代偿权纠纷向北海国际仲裁院提起仲裁,该仲裁院于2018年11月6日受理该案,并于2018年12月27日作出仲裁裁决。中建公司作为涉案抵押物的原抵押权人,在知晓或应当知晓该抵押权在该案仲裁过程中已经注销的情况下,未向仲裁庭提交该抵押权已注销的证据材料,导致该仲裁庭作出中建公司对涉案车辆仍享有优先受偿权的相关裁决,上述情形符合仲裁法第五十八条第一款第五项"对方当事人隐瞒了足以影响公正裁决的证据的"情形,故应对该仲裁裁决予以撤销。因此,本院拟同意北海中院关于拟撤销裁决的处理意见。

以上意见妥否,请指示。

最高人民法院
关于无锡万健置业有限公司申请撤销仲裁裁决案的复函

2020 年 12 月 24 日　　　　　　（2020）最高法民他 329 号

江苏省高级人民法院：

你院（2020）苏民他 18 号《关于无锡万健置业有限公司与中国有色金属工业第十四冶金建设公司申请撤销仲裁裁决案的请示》收悉。经研究，答复如下。

根据请示报告所述事实，当事人虽有在案涉项目招投标之前就实质性内容进行谈判等违反招标投标法的情形，但案涉仲裁裁决解除合同并以备案合同作为双方结算依据，没有违背我国法律的基本制度与准则。现有证据不足以认定案涉仲裁裁决违反社会公共利益。不同意你院撤销案涉仲裁裁决的意见。

此复

附：

江苏省高级人民法院
关于无锡万健置业有限公司与中国有色金属工业
第十四冶金建设公司申请撤销仲裁裁决案的请示

2020 年 10 月 12 日　　　　　　　　　　　　（2020）苏民他 18 号

最高人民法院：

申请人无锡万健置业有限公司（以下称万健公司）与被申请人中国有色金属工业第十四冶金建设公司（以下称十四冶公司）申请撤销仲裁裁决一案，江苏省无锡市中级人民法院（以下简称无锡中院）经审查拟裁定撤销涉案仲裁裁决，并就此报送我院审查。我院经审查后拟同意无锡中院的意见。根据《最高人民法院关于仲裁司法审查案件报核问题的有关规定》，现将该案有关情况向贵院报告如下。

一、诉讼参与人基本情况

申请人：无锡万健置业有限公司，住所地：江苏省无锡惠山经济开发区钱桥配套区（溪南）。

法定代表人：陈某某，该公司董事长。

委托诉讼代理人：范某某，江苏法舟律师事务所律师。

委托诉讼代理人：彭某，江苏法舟律师事务所律师。

被申请人：中国有色金属工业第十四冶金建设公司，住所地：云南省昆明市五华区滇缅大道 218 号。

法定代表人：兰某某，该公司董事长。

委托诉讼代理人：曹某，上海市建纬律师事务所律师。

二、当事人主张

万健公司申请称，（1）涉案仲裁裁决对两份合同的效力认定错误。万健公司与十四冶公司之间先后签订两份合同，即 2013 年 9 月 22 日的建设工程施工合同（以下简称九月合同）和2013年10月的建设工程施工合同（以下简称十月合同）。十四冶公司于2013年9月27日出具承诺书，明确双方唯一认可的合同为九月合同，工程费用结算均按该合同条款执行，十月合同仅作为建设局备案合同而不作为结算依据。结合相关工程款支付申报表等，可以认定十月合同因系双方虚假意思表示而无效。涉案建设工程项目属典型的"先定后招"，两份合同均属于无效合同，在此情形下涉案工程应参照适用实际履行的九月合同结算工程款。仲裁裁决认定两份合同均有效，并以十月合同作为结算依据，明显不当。（2）涉案仲裁裁决违背社会公共利益。我国招标投标法禁止在招投标之前就投标价格等实质性内容进行谈判，这不仅涉及潜在投标人的合法权益保护，也涉及国家利益和社会公共利益。本案中，当事人通过"先定后招"的方式确定十四冶公司为中标人的行为，破坏了公平竞争的市场经济秩序，进而违背社会公共利益。涉案仲裁裁决对经违法程序签订的两份合同均认定有效，否定了招标投标法所保护的法益，属于违背社会公共利益的行为。（3）当事人双方就涉案纠纷没有仲裁协议，即使涉案纠纷的解决方式为仲裁，裁决第一项内容也不属于仲裁协议的范围且仲裁委员会无权仲裁。双方在承诺书中明确，十月合同仅作为建设局备案用合同不作为结算依据，工程费用结算均按九月合同执行。而涉案纠纷属于结算争议，依据上述承诺内容，结算争议只能适用九月合同，九月合同中约定的纠纷解决方式为诉讼而非仲裁。裁决第一项确认涉案两份建设工程施工合同已解除，但两份合同中，仅十月合同存在仲裁协议，九月合同并不存在仲裁条款，即使九月合同达到解除条件，也应当通过诉讼的方式予以解除，仲裁委员会确认解除九月合同的裁决事项不属于仲裁协议的范围，其对九月合同也无权仲裁。（4）十四冶公司隐瞒了相关案件事实，相关证据系伪造。十四冶公司隐瞒了涉案工程挂靠施工的相关事实，根据有关司法解释的规定，涉案两份合同应均属无效，该隐瞒事实对案件的公正裁决造成了实质性影响。十四冶公司仲裁提供的工程款支付报审表等证据中的相关人员签字系伪造且非同一人所签。（5）仲裁程序违法。十四冶公司在仲裁程序中两次变更仲裁请求，仲裁庭同意该两次变更仲裁请求的行为违反相关法律规定。万健公司在仲裁程序中提起针对工程质量的鉴定申请，仲裁庭在同意万健公司申请并通知选择鉴定机构且缴纳鉴定费用后，擅自中断了鉴定程序,不予理涉万健公司的质量鉴定要求,没有法律依据。综上,请求依法撤销无锡仲裁委员会(2017)锡仲裁字第(95)号裁决。

十四冶公司述称,(1)本案不存在"先定后招"。十月合同在经过招投标程序后,合同条款、合同范围、合同价款已发生重大变化,与九月合同是两份不同的合同。九月合同约定工程款为2.3亿元,十月合同中标价款为3.3亿元,除桩基、支护工程外,十月合同相比九月合同的工程款高了近20%,而涉案承诺书中约定以九月合同作为结算依据的表述显然属于变相让利的承诺,应属无效。涉案工程属于商业项目,发包人也非国资企业,本不属于依法必须招标的项目,但十四冶公司仍严格履行了招标投标程序,未违背社会公共利益。此外,涉案工程合同效力以及以哪份合同作为结算依据系案件实质性内容,不属于法院审查的范围。万健公司为了逃避欠付长达四年的工程款,试图以招标投标程序以及合同效力为由再次延长付款时间,其行为严重违背诚信原则。(2)涉案合同具有明确的仲裁协议,且无锡仲裁委员会和无锡中院已分别确认了涉案纠纷仲裁协议效力。在仲裁审理过程中,万健公司曾向无锡仲裁委员会提出过管辖异议申请,无锡仲裁委员会于2017年3月2日作出(2017)锡仲决字第95号决定书,认定十月合同仲裁条款内容合法有效,仲裁机构具体明确,无锡仲裁委员会受理本案于法有据。万健公司针对涉案工程曾于2017年3月20日向无锡中院提起过诉讼,经两级法院审理,认定涉案纠纷应由无锡仲裁委员会处理。(3)涉案两份合同属同一法律关系而非独立关系,不能拆分审理。万健公司在2017年就涉案工程向无锡中院及江苏省高级人民法院提起的诉讼中,请求解除双方签订的九月合同,但无锡中院及江苏省高级人民法院均驳回了其诉请,江苏省高级人民法院认为鉴于十四冶公司针对涉案工程纠纷已申请仲裁,而万健公司的主张旨在抵销、吞并十四冶公司的仲裁请求,并与仲裁请求之标的和理由有牵连,故应通过仲裁程序处理。(4)涉案工程不存在挂靠行为,十四冶公司亦未隐瞒证据。涉案工程款支付报审表真实合法,相关项目工作人员、十四冶公司、监理单位均进行了签字或盖章确认,万健公司在仲裁过程中对工程款支付报审表真实性也予以认可。涉案工程项目部系十四冶公司合法成立,且经过了万健公司、监理单位、当地城建部门的审查并进行了相关备案,在涉案工程的招标投标及建设施工中,万健公司从未提出过异议或者向有关行政监督部门进行投诉，涉案工程项目部亦从未因此受到行政处罚。（5）十四冶公司变更仲裁请求未违反仲裁法规定的仲裁程序和仲裁规则，且未影响案件正确裁决。涉案工程已完成部分均经过验收质量合格，仲裁程序未违反法定程序。十四冶公司两次变更仲裁请求均在最后一次仲裁开庭辩论结束之前，且只是变更诉请金额，万健公司在仲裁过程亦未对此提出异议。万健公司针对工程质量提出鉴定申请，十四冶公司提交了相关检测报告证明涉案工程已完工部分质量合格，涉案仲裁裁决对此已明确了不采纳该质量鉴定申请的理由，仲裁程序并未违法。综上，请求依法驳回万健公司的申请。

三、案件基本情况

十四冶公司的仲裁请求：（1）裁决解除十四冶公司与万健公司就无锡万健商业广场二期工程签订的建设工程施工合同；（2）裁决万健公司退还十四冶公司履约保证金 3000000 元及利息；（3）裁决万健公司支付十四冶公司已完成工程的价款（尚欠部分）150552845 元及利息；（4）裁决万健公司支付逾期支付工程进度款的利息 5028825.78 元；（5）裁决万健公司赔偿因万健公司责任和原因给十四冶公司造成的损失 50175087.04 元及利息；（6）裁决万健公司支付十四冶公司因合同解除而发生的撤出费用及相关费用 2730961.6 元及利息；（7）裁决万健公司赔偿十四冶公司合同解除后未施工工程部分的预期可得利润损失 1655826.36 元；（8）裁决确认十四冶公司就已完成工程的价款对十四冶公司已完成工程享有建设工程价款优先受偿权；（9）裁决万健公司向十四冶公司支付因办理本案所发生的费用支出 3485000 元。

万健公司的反仲裁请求：（1）裁决十四冶公司将其承建的无锡万健商业广场二期工程移交给万健公司接管，并向万健公司出示工程质量鉴定部门出具的讼争工程合格证明文件；（2）裁决万健公司与十四冶公司根据合同第 11.2.1.1 条约定，按实际已完成工程量的 80% 结算工程款，对比万健公司已付工程款 97133010 元后多还少补；（3）裁决万健公司有权没收十四冶公司履约保证金 600 万元，其中对于本案仲裁前万健公司已退还十四冶公司 300 万元，十四冶公司应限期支付该 300 万元给万健公司；（4）裁决十四冶公司向万健公司限期移交讼争工程的全部内业资料；

（5）裁决十四冶公司向万健公司支付因其未能按期竣工的违约金10790000元，加上自2017年10月13日起每天违约金1万元，计至十四冶公司将讼争工程实际交付给万健公司之日止；（6）裁决十四冶公司赔偿因其拖延工期而造成万健公司各项经济损失76376096.57元；（7）裁决本案案件全部仲裁费用由十四冶公司承担。

仲裁庭查明以下相关事实：2013年9月16日，双方签订案涉九月合同约定由十四冶公司建设万健公司开发的万健商业广场二期，施工范围为无锡万健商业广场1#—7#楼及整体地下室的建筑土建工程（含桩芯砼、土方）、室内外粉饰工程、安装工程（含弱电预埋）（不包含甲方指定分包和另行发包工程）及场池内电信光缆迁移。甲方分包工程包括但不限于：桩基、电梯、消防、人防、幕墙（玻璃幕墙、铝塑板幕墙及石材幕墙）、智能化、前室公共部位装饰面层，甲方有权随时增减分包工程内容。合同工期为330日历天，工程开工日期以发包单位或监理单位总监签署的开工令（并经发包人同意）为准。金额A、B标共计2.3亿元整。在履行合同过程中发生争议时，协商不成由当地法院判决或仲裁委员会仲裁。

2013年9月27日，十四冶公司出具承诺书一份，该承诺书载明："致万健公司，我公司于2013年9月22日与贵公司签署的万健商业广场二期工程建设工程施工合同为双方唯一认可的合同版本，今后工程费用结算均按该合同条款执行。2013年10月签署的合同仅作为建设局备案用合同不作为结算依据。若未按本承诺书履行，由我公司承担因此对万健公司造成的一切损失，特此承诺。"

2013年10月，双方经招标投标后签订案涉十月合同，该合同在无锡市建设工程交易管理中心进行了备案，该合同约定承包范围为施工图纸范围内土建（含桩基、基坑支护）、水电安装（消防、暖通）、装饰、智能化、幕墙（需分包）等工程施工。开工日期2013年11月20日，竣工日期2014年10月16日，合同工期总日历天数330天，中标价款为333578834.37元人民币。在履行合同过程中发生争议时，向无锡仲裁委员会提请仲裁。

关于案涉九月合同、十月合同的效力，仲裁庭认为，万健公司为无锡万健商业广场二期工程的发包方，将该项目发包给了具有资质的十四冶公司，案涉两份建设工程施工合同（九月合同和十月合同）的真实性双方当事人均无异议，且均系双方当事人之间的真实意思表示，不损害国家、集体或者第三人利益和社会公共利益，不违反法律和行政法规的强制性规定，仲裁庭认为案涉两份建设工程施工合同均符合合同法的相关规定，应认定为合法有效。经仲裁庭审查，两份施工合同的实质性条款存在较大区别，主要如下：（1）施工范围不同；（2）计价方式不同；（3）合同金额不同。两份合同的标的已经发生了变更，仲裁庭认为，在经过重新招投标后所签订的合同，其标的与九月合同所涉标的已发生了变化，而涉案工程的工程范围与十月合同的承包范围相一致。仲裁庭通过合同形成时间、合同备案形式、万健公司依据九月合同向人民法院的诉讼情况等角度考量，认为在两份合同均为有效合同的情况下，应以十月份签订的、经备案的合同作为双方结算依据。

关于案涉承诺书的效力，仲裁庭认为，第一，从时间上看，承诺书的签订时间为2013年9月27日，而十月合同系在2013年10月签订，根据溯及力原则，承诺书中"双方唯一认可的合同版本"的表述可以涵盖2013年9月27日之前的签约行为，但不能排除双方后续签订的备案合同中相关条款的适用，包括备案合同中的争议解决条款和结算条款；第二，从内容上看，承诺书中第二份合同仅作为备案合同，不作为结算依据的表述意在规避国家招标投标法的适用，属于以合法形式掩盖非法目的的行为，该承诺书应属无效。

仲裁庭裁决：（1）确认十四冶公司与万健公司就无锡万健商业广场二期工程签订的两份建设工程施工合同已解除。（2）万健公司应退还十四冶公司履约保证金300万元。（3）万健公司应支付十四冶公司已完工程的价款（尚欠部分）119969937.86元，并支付以前述金额为基数按照中国人民银行同期同类贷款基准利率，自2016年12月21日计算至2019年8月19日的利息和按全国银行间同业拆借中心公布的贷款市场报价利率自2019年8月20日起计算至实际付清该款项之日止。（4）万健公司应支付十四冶公司逾期支付工程进度款的利息4458669.66元。（5）万健公司应向十四冶公司赔偿因其责任和原因给十四冶公司造成的停窝工损失10926582.3元，并支付以前述金额为基数按照中国人民银行同期同类贷款基准利率，自2016年12月21日计算至2019年8月19日的利息和按全国银行间同业拆借中心公布的贷款市场报价利率自2019年8月20日起计算至实际付清该款项之日止。（6）万健公司应支付十四冶公司因合同解除而发生的撤出费用及相关费用482743.47元，并支付以前述金额为基数按照中国人民银行同期同类贷款基准利率，自2016年12月21日计算至2019年8月19日的利息和按全国银行间同业拆借中心公布的贷款市场报价利率自2019年8月20日起计算至实际付清该款项之日止。（7）万健公司应赔偿十四冶公司合同解除后未施工工程部分的预期可得利润损失1021465.33元。（8）万健公司应向十四冶公司支付因办理本案所发生的费用支出1584000元。（9）确认十四冶公司就其已完成工程的价款对已完成工程享有建设工程价款优先受偿权。（10）十四冶公司应在收到本裁决书之日起三十日内将其承建的无锡万健商业广场二期工程移交给万健公司接管。（11）十四冶公司应在本裁决送达之日起三十日内根据《建设工程文件归档规范》就已完成部分向万健公司移交讼争工程的相关施工资料。（12）驳回十四冶公司其他仲裁请求。（13）驳回万健公司其他仲裁反请求。本案申请部分仲裁费为1367818元、鉴定费1969200元，共计3337018元，由十四冶公司承担1134586元，万健公司承担2202432元；反申请部分仲裁费557269元、鉴定费70万元，共计1257269元，由十四冶公司承担125727元，万健公司承担1131542元。上述各项万健公司应付的费用，应在本裁决书送达之日起十日内一次性向十四冶公司支付。本裁决为终局裁决，自作出之日起生效。

另查明：

关于案涉纠纷管辖事宜：（1）无锡仲裁委员会受理案涉仲裁案件后，万健公司于2017年2月27日向无锡仲裁委员会提出管辖异议申请，称双方签订了两份建设工程施工合同，但十四冶公司在2013年9月27日向万健公司出具承诺书一份，声明九月合同为双方唯一认可的合同版本，故双方没有明确约定发生争议时由无锡仲裁委员会仲裁，无锡仲裁委员会对案涉仲裁案件没有管辖权。无锡仲裁委员会经审查于2017年3月2日作出（2017）锡仲决字第95号决定书驳回万健公司的管辖异议。

（2）2017年3月20日，万健公司以十四冶公司为被告，向无锡中院提起诉讼，诉讼请求为：解除双方于2013年9月22日签订建设工程施工合同等。十四冶公司提出管辖权异议称：第一，根据双方2013年10月签订的备案合同约定，在履行合同中产生争议由无锡建设行政主管部门调解，调解不成向无锡仲裁委提请仲裁，故本案应由无锡仲裁委管辖。第二，涉案工程的争议已在2016年12月21日由无锡仲裁委受理。第三，双方就涉案工程签署两份施工合同，万健公司起诉的合同是无效合同，也未备案，故约定的管辖应无效。

无锡中院裁定驳回万健公司的起诉。万健公司上诉后，江苏省高级人民法院于2017年9月20日作出（2017）苏民终1123号民事裁定书，认为根据仲裁法第二十条规定，当事人对仲裁协议的效力有异议的，可以请求仲裁委员会作出决定或者请求人民法院作出裁定。《最高人民法院关于适用〈中华人民共和国仲裁法〉若干问题的解释》第十三条第二款规定："仲裁机构对仲裁协议的效力作出决定后，当事人向人民法院申请确认仲裁协议效力或者申请撤销仲裁机构的决定的，人民法院不予受理。"本案中，万健公司针对无锡仲裁委受理本案提出的管辖权异议已经被无锡仲裁委通过决定书的形式予以驳回，决定书中已认定双方于2013年10月签订的建设工程施工合同中的仲裁条款内容合法有效，故万健公司再行对仲裁条款提出异议，不符合法律规定。鉴于十四冶公司针对涉案工程纠纷已申请仲裁，而万健公司的主张旨在抵销、吞并十四冶公司的仲裁请求，并与仲裁请求之标的和理由有牵连，故应通过仲裁程序处理。

四、无锡中院处理意见

仲裁法第五十八条规定："当事人提出证据证明裁决有下列情形之一的，可以向仲裁委员会所在地的中级人民法院申请撤销裁决：（一）没有仲裁协议的；（二）裁决的事项不属于仲裁协议的范围或者仲裁委员会无权仲裁的；（三）仲裁庭的组成或者仲裁的程序违反法定程序的；（四）裁决所根据的证据是伪造的；（五）对方当事人隐瞒了足以影响公正裁决的证据的；（六）仲裁员在仲裁该案时有索贿受贿，徇私舞弊，枉法裁决行为的。人民法院经组成合议庭审查核实裁决有前款规定情形之一的，应当裁定撤销。人民法院认定该裁决违背社会公共利益的，应当裁定撤销。"

第一，关于无锡仲裁委是否有权仲裁的问题。对此，主要考量以下因素：（1）无锡仲裁委于2017年3月2日作出（2017）锡仲决字第95

号决定书，就万健公司针对无锡仲裁委员会受理案涉仲裁案件提出的管辖权异议予以驳回，并认定双方签订的十月合同中的仲裁条款内容合法有效。（2）万健公司向无锡中院提起诉讼，其诉讼请求第一项为解除双方签订的九月合同，该案经无锡中院、江苏省高级人民法院一审、二审，明确认定万健公司的主张与仲裁请求之标的和理由有牵连，应通过仲裁程序处理。因此，万健公司主张双方就案涉纠纷没有仲裁协议，即使案涉纠纷的解决方式为仲裁，裁决第一项内容也不属于仲裁协议的范围、无锡仲裁委无权仲裁的主张不能成立。

第二，关于仲裁案件中是否存在伪造证据、隐瞒证据的问题。"裁决所根据的证据是伪造的"系指该证据已被仲裁裁决采信；该证据属于认定案件基本事实的主要证据；该证据经查明确属通过捏造、变造、提供虚假证明等非法方式形成或者获取，违反证据的客观性、关联性、合法性要求的证据。"对方当事人隐瞒了足以影响公正裁决的证据"系指该证据属于认定案件基本事实的主要证据；该证据仅为对方当事人掌握，但未向仲裁庭提交的证据；仲裁过程中知悉存在该证据，且要求对方当事人出示或者请求仲裁庭责令其提交，但对方当事人无正当理由未予出示或者提交的证据。本案中，案涉证据材料已在仲裁案件审理中进行了举证质证，且万健公司、十四冶公司亦已发表了相应的举证质证意见。至于相关挂靠施工认定事宜系仲裁机构行使裁量权范围内的案件事实判断事项，依法不属于人民法院审理申请撤销仲裁裁决纠纷案件的审查范围。因此，在万健公司没有提供证据证明案涉仲裁裁决存在上述伪造证据、隐瞒证据的情况下，万健公司主张十四冶公司隐瞒了相关案件事实，相关证据系伪造的理由不能成立。

第三，关于涉案仲裁是否违反法定程序。无锡仲裁委仲裁规则规定，申请人变更仲裁请求或者被申请人变更反申请请求，应当在最后一次仲裁庭开庭辩论结束之前提出，由本会或者本会授权仲裁庭决定是否受理。当事人申请鉴定且仲裁庭同意，或者当事人虽未申请鉴定但仲裁庭认为需要鉴定的，可以通知当事人在仲裁庭规定的期限内共同选定鉴定人。当事人不能达成一致意见的，由仲裁庭指定鉴定人。本案中，双方均确认十四冶公司变更仲裁请求是在最后一次仲裁庭开庭辩论结束之前，且仲裁庭对万健公司的相关鉴定申请亦已作出处理并在仲裁裁决书中予以了明确。在此情况下，仲裁庭的仲裁程序不违反上述仲裁规则的规定。万健公司因相关变更仲裁请求及鉴定申请事项而主张仲裁程序违反法定程序不能成立。

第四，关于涉案仲裁裁决是否违背社会公共利益的问题。对此，主要考量以下因素：（1）虽然关于合同效力及相关款项结算金额认定等事宜系仲裁机构行使裁量权范围内的案件事实判断事项，依法不属于人民法院审理申请撤销仲裁裁决纠纷案件的审查范围，但若该认定事宜与社会公共利益相关，人民法院应予审查。（2）招标投标法第三十二条规定，投标人不得相互串通投标报价，不得排挤其他投标人的公平竞争，损害招标人或者其他投标人的合法权益；投标人不得与招标人串通投标，损害国家利益、社会公共利益或者他人的合法权益；禁止投标人以向招标人或者评标委员会成员行贿的手段谋取中标。第四十三条规定，在确定中标人前，招标人不得与投标人就投标价格、投标方案等实质性内容进行谈判。第四十六条规定，招标人和中标人应当自中标通知书发出之日起三十日内，按照招标文件和中标人的投标文件订立书面合同；招标人和中标人不得再行订立背离合同实质性内容的其他协议。

招标投标法立法目的在于保护国家利益、社会公共利益和招标投标活动当事人的合法权益，提高经济效益，保证项目质量；该法侧重规范的是涉及国家利益和社会公共利益的经济活动，具有明显的公法性和强制性。而且，招标投标法并未区分依法必须招标的工程项目和非必须招标的工程项目的招标投标活动，故凡是在中华人民共和国领域内发生的招标投标活动均应符合招标投标法的规定。从招标投标法保护的法益看，规范招投标活动不仅涉及当事人的合法权益保护问题，同时也是维护社会公平竞争的市场经济秩序，预防和遏制腐败的重要环节，涉及国家利益、社会公共利益。本案中，万健公司与十四冶公司之间的九月合同和十月合同针对的均是同一建设工程项目。万健公司与十四冶公司在确定中标人前，双方就案涉建设工程施工范围、合同工期、合同价款、争议解决方式等实质性内容进行协商并实际于2013年9月22日签订了九月合同；此后，十四冶公司于2013年9月27日还向万健公司出具载有"我公司于2013年9月22日与贵公司签署的万健商业广场二期工程建设工程施工合同为双方唯一认可的合同版本，今后工程费用结算均按该合同条款执行。2013年10月签署的合同仅作为建设局备案用合同不作为结算依据"等内容的案涉承诺书；最后，双方正式通过招标投标程序签订了十月合同，该十月合同包含了九月合同的全部内容，该十月合同亦进行了备案。因此，九月合同与十月合同的签订及案涉承诺书违反招标投标法第三十二条、第四十三条、第四十六条的规定。

因此，案涉建设工程所进行的招标投标活动违反了招标投标法的相关规定，涉案九月合同、承诺书、十月合同均应无效，司法机关对此亦不应予以司法保护。因（2017）锡仲裁字第（95）号裁决明确认定案涉九月合同与十月合同均合法有效，且在此基础上作出包括仲裁裁决主文"确认十四冶公司与万健公司就无锡万健商业广场二期工程签订的两份建设工程施工合同已解除"及相关款项结算金额等在内的裁决，该（2017）锡仲裁字第（95）号裁决有违社会公共利益，拟裁定予以撤销。

五、我院的审查意见

我院拟同意无锡中院的意见，应裁定撤销涉案仲裁裁决。主要理由如下：

仲裁法第五十八条第二款规定："人民法院认定该裁决违背社会公共利益的，应当裁定撤销。"仲裁司法审查中的公共利益是公共秩序保留制度的重要组成部分，它要求仲裁裁决应当符合本国社会公共利益，不应与本国根本法律制度相冲突。社会公共利益是属于社会全体成员的整体利益，仲裁司法审查不仅是为了维护仲裁程序上的公平，而且还担负着维护国家根本法律秩序的功能。如果承认仲裁裁决的结果将违反我国的基本法律制度、损害我国根本社会利益，应认定为该裁决违背社会公共利益。

招标投标法第三十二条、第四十三条，明确禁止投标人与招标人串通投标，禁止在确定中标人前，招标人与投标人就投标价格、投标方案等实质性内容进行谈判。违反上述行为的串通招投标行为，不仅损害不特定投标人的合法权益，也将损害公平竞争的招投标秩序，有损国家利益和社会公共利益。本案中，万健公司与十四冶公司在招投标程序之前，已经就工程价款、施工范围等实质性内容进行协商，并签订了九月合同。在招投标程序开始前，十四冶公司还向万健公司出具了包含"我公司于

2013年9月22日与贵公司签署的万健商业广场二期工程建设工程施工合同为双方唯一认可的合同版本，今后工程费用结算均按该合同条款执行。2013年10月签署的合同仅作为建设局备案用合同不作为结算依据"等内容的案涉承诺书，进一步证明双方实际已在招投标程序之前就涉案工程进行了实质性磋商。因此，十四冶公司与万健公司串通招投标签订的九月合同、十月合同违反了招标投标法的禁止性规定，破坏了公平竞争的招投标秩序，均属于无效合同。涉案仲裁裁决认定两份合同均有效，且以十月合同作为双方结算的依据，属于仲裁法第五十八条规定的仲裁裁决违背社会公共利益的情形，应予撤销。

依据《最高人民法院关于仲裁司法审查案件报核问题的有关规定》第三条第二项的规定，特向贵院请示，请予批复。

(三）申请不予执行内地仲裁裁决案件

最高人民法院
关于中粮工程装备南皮有限公司申请
不予执行仲裁裁决案的复函

2020 年 11 月 16 日　　　　　　　　（2020）最高法民他 259 号

河北省高级人民法院：

你院（2020）冀执他 11 号《河北省高级人民法院关于拟裁定不予执行（2019）中国贸仲京裁字第 1315 号仲裁裁决书的报告》收悉。经研究，答复如下。

本案系当事人申请不予执行我国仲裁裁决案件。根据请示所述事实，并经查阅你院随函移送的卷宗材料，中粮工程装备南皮有限公司（以下简称中粮公司）与北京盈迈科技有限公司（以下简称盈迈公司）于 2017 年 1 月 2 日签订《出口业务服务协议书》，其中约定：因该协议产生的或者与其相关的所有争议，提交中国国际经济贸易仲裁委员会仲裁。盈迈公司依据该仲裁条款向中国国际经济贸易仲裁委员会申请仲裁后，中粮公司于 2019 年 3 月 18 日提交了"仲裁答辩书"，直至 2019 年 5 月 24 日仲裁庭开庭审理期间，中粮公司都未提出管辖权异议。仲裁法第二十条第二款规定："当事人对仲裁协议的效力有异议，应当在仲裁庭首次开庭前提出。"《最高人民法院关于适用〈中华人民共和国仲裁法〉若干问题的解释》第二十七条第一款规定："当事人在仲裁程序中未对仲裁协议的效力提出异议，在仲裁裁决作出后以仲裁协议无效为由主张撤销仲裁裁决或者提出不予执行抗辩的，人民法院不予支持。"中粮公司未在仲裁庭首次开庭前提出管辖权异议，并积极参与实体答辩，视为其认可仲裁协议的效力，接受仲裁庭的管辖，其在庭审后才提出管辖权异议，并在仲裁裁决作出后以此为由提出不予执行抗辩，不应予以支持。

综上所述，案涉仲裁裁决不存在《中华人民共和国民事诉讼法》第二百三十七条第二款第一项规定之情形，应予执行。

此复

附：

河北省高级人民法院
关于拟裁定不予执行（2019）中国贸仲京裁字第1315号仲裁裁决书的报告

2020年8月12日　　　　　　　　　　（2020）冀执他11号

最高人民法院：

中粮工程装备南皮有限公司（以下简称中粮公司）申请不予执行（2019）中国贸仲京裁字第1315号仲裁裁决书一案，经审查拟裁定不予执行。根据《最高人民法院关于仲裁司法审查案件报核问题的有关规定》的要求，现报告该案审查情况，请予审核。

一、当事人的基本情况

申请人（被执行人）：中粮工程装备南皮有限公司，住所地：南皮县五金机电产业聚集区内（将军东路北侧）。

法定代表人：施某，该公司总经理。

被申请人（申请执行人）：北京盈迈科技有限公司，住所地：北京市朝阳区酒仙桥东路。

法定代表人：高某，该公司总经理。

二、当事人申请事由及答辩情况

申请人中粮公司向河北省沧州市中级人民法院（以下简称沧州中院）申请不予执行中国国际贸易仲裁委员会（2019）中国贸仲京裁字第1315

号裁决书，主要理由如下：

申请人中粮公司与被申请人北京盈迈科技有限公司（以下简称盈迈公司）曾于2017年1月2日签订《出口业务服务协议书》，就双方开展业务合作往来进行了初步的约定，并约定了仲裁条款。此后申请人与被申请人就双方两笔特定的代理货物出口的业务，另行签订了两份《出口业务咨询协议书》，约定此两笔业务产生的争议应当由协议书签订地的人民法院进行管辖。之后被申请人就上述两份《出口业务咨询协议书》涉及的双方争议向中国国际经济贸易仲裁委员会申请仲裁。由于上述咨询协议约定争议的解决方式为向法院提起诉讼，并没有约定仲裁条款。根据民事诉讼法第二百三十七条，申请人认为中国国际经济贸易仲裁委员会作出的（2019）中国贸仲京裁字第1315号仲裁裁决书并没有约定的仲裁条款作为其前提，属于法定不予执行仲裁裁定的情形之一，故请贵院不予执行该裁决书。

申请人在沧州中院召开听证会时补充以下内容：第一，本案并不存在仲裁协议，被申请人依据两份《出口业务咨询协议书》（公司对应合同号分别为2017CK07-16、2017CK08-18）向中国国际经济贸易仲裁委员会提请仲裁，请求我方支付咨询费用，足以证明其认可合同的效力，但两份合同上均明确载明了若发生争议应诉至合同签订地法院，排除了仲裁管辖，符合民事诉讼法第二百三十七条第一款规定的情形，应当依法裁定不予执行。第二，两份咨询协议均是在《出口业务服务协议书》之后签订，应当视为其已达成新的约定管辖，至于仲裁裁决及被申请人主张因我方未在仲裁庭首次开庭前提出管辖权异议从而驳回我方申请的，我方不予认可。仲裁法第二十条规定期限的前提是当事人对仲裁协议的效力有异议，但本案根本不存在仲裁协议，也就更无法谈及其效力。第三，退一步讲，即使按照被申请人主张将《出口业务服务协议书》视为仲裁协议，那么仲裁裁决也符合了民事诉讼法第二百三十七条第二款规定的情形，即裁决的事项不属于仲裁协议的范围。《出口业务服务协议书》虽约定了仲裁，但该协议书为整体的框架协议，具体的服务咨询项目、费用、违约责任等相关内容并不在该协议范畴之内，双方也并未就该协议以外内容约定仲裁，而仲裁委最终却裁决我方支付合同中并未约定的服务费、违约金和律师费，明显超出了仲裁协议的范围。综上，中国国际经济贸易仲裁委员会的裁决自相矛盾,有悖法律,有失公平,完全符合民事诉讼法第二百三十七条的规定,请法庭依法支持申请人申请,裁定不予执行。

盈迈公司答辩称:(1)申请人提起不予执行仲裁裁决的申请既无事实依据,也无法律依据。首先,被申请人并非依据两份《出口业务咨询协议书》申请仲裁,两份咨询协议上申请人没有签字盖章,是未生效的协议。被申请人是依据《出口业务服务协议书》申请仲裁。虽然《出口业务服务协议书》是一个框架性协议,但是依据该协议书是可以计算出来服务费用金额的。第二,申请人在仲裁案中不及时也未按照规定提起管辖权异议,并在仲裁庭上多次表示不认可该两份咨询协议,现在法院执行时又以咨询协议为依据向法院申请不予执行,涉嫌浪费司法资源,恶意拖延执行。(2)根据现行有效的《中国国际经济贸易仲裁委员会仲裁规则》(以下简称《仲裁规则》)第六条第四款的规定,"当事人对仲裁协议及/或仲裁案件管辖权的异议,应当在仲裁庭首次开庭前书面提出"。被申请人于2019年1月28日向中国国际经济贸易仲裁委员会申请仲裁立案,申请人于2019年3月18日向中国国际经济贸易仲裁委员会提交答辩书,又于2019年5月20日提交延期开庭申请,申请人一直未提交管辖权异议申请,申请人于开庭后(2019年5月29日)提交管辖权异议,显然不符合《仲裁规则》第六条第四款规定,也不符合仲裁法第二十条第二款的规定。(3)申请人申请不予执行仲裁裁决的主要依据是《出口业务咨询协议书》,申请人在仲裁庭明确表示不认可该协议内容,且申请人未盖章,故该协议书未经双方签字盖章,不具有法律效力,不能视为对管辖权的变更。综上,申请人申请不予执行仲裁裁决没有事实和法律依据,依法应予驳回其申请。

三、沧州中院审查情况

中粮公司与盈迈公司于2017年1月2日签订《出口业务服务协议书》,就双方开展业务合作初步约定,其中协议书中约定了仲裁条款,即双方发生争议应提交中国国际经济贸易仲裁委员会(CIEATC,以下简称中国贸仲)仲裁。此后,中粮公司与盈迈公司就两笔特定的代理货物出口业务分别于2017年9月19日和2017年10月26日另行签订了两份《出口业务咨询协议书》（公司对应合同号分别为2017CK07-16、2017CK08-18），签订的方式为中粮公司将两份《出口业务咨询协议书》邮寄给盈迈公司，由盈迈公司法定代表人签字并加盖公司印章后再邮寄给中粮公司。上述两份《出口业务咨询协议书》约定该两笔业务产生的争议由合同签订地法院裁决。后双方就上述协议书涉及的业务产生争议，盈迈公司于2019年1月28日向中国贸仲提起仲裁立案申请，仲裁请求为：（1）被申请人向申请人支付拖欠的服务费212271.20元；（2）被申请人向申请人支付逾期付款违约金人民币18365.06元（暂计算至2019年1月9日）；（3）被申请人向申请人支付律师费人民币2万元；（4）被申请人承担本案全部仲裁费。中国贸仲依法选定三名仲裁员组成仲裁庭并于2019年5月24日开庭审理该案。2019年8月29日，中国贸仲作出了（2019）中国贸仲京裁字第1315号裁决书，裁决内容如下：（1）被申请人向申请人支付服务费人民币212271.20元。（2）被申请人向申请人支付逾期付款违约金人民币18365.06元（暂计算至2019年1月9日）。（3）被申请人向申请人支付律师费人民币2000元。（4）本案仲裁费人民币50025元，全部由被申请人承担。鉴于该笔仲裁费已与申请人等额预缴的仲裁预付金相冲抵，被申请人应当向申请人支付人民币50025元，以补偿申请人代其垫付的仲裁费。

沧州中院处理意见：（1）关于中国贸仲管辖权的问题。本案中，盈迈公司向中国贸仲提请仲裁，该仲裁纠纷案件涉及双方当事人签订的三份协议书，即一份《出口业务服务协议书》和两份《出口业务咨询协议书》。虽然《出口业务服务协议书》约定了仲裁条款，但两份《出口业务咨询协议书》均明确载明"委托代理过程中发生纠纷，由双方协商解决，协商未果的，由合同签订地法院裁决"，明显该条约定排除了仲裁管辖。盈迈公司虽辩称案涉两份《出口业务咨询协议书》中没有中粮公司负责人签字、盖章，但该两份协议系中粮公司拟定后发送给盈迈公司的，协议书内容具体确定，权利义务明确，应视为中粮公司的要约，盈迈公司负责人签字并加盖公司印章后应视为承诺。依据合同法第二十五条规定"承诺生效时合同成立"，故上述两份《出口业务咨询协议书》已生效，该两份协议书中并没有约定仲裁条款，但中国贸仲径行作出仲裁。依照民事诉讼法第二百三十七条第二款规定"被申请人提出证据证明仲裁裁决有下列情形之一的，经人民法院组成合议庭审查核实，裁定不予执行（一）当事人在合同中没有订有仲裁条款或者事后没有达成书面仲裁协议的；……"据此，中国贸仲作出的（2019）中国贸仲京裁字第1315号仲裁裁决书并没有约定的仲裁条款作为前提，属于不予执行仲裁裁决的法定情形之一。

（2）关于异议人中粮公司提出的裁决的事项不属于仲裁协议的范围的问题。中粮公司和盈迈公司就《出口业务服务协议书》约定了仲裁，而该协议书为整体的框架协议，案涉两份《出口业务咨询协议书》约定的服务咨询项目、费用、违约责任等相关内容不在《出口业务服务协议书》范畴之内，双方也并未就该协议以外内容约定仲裁，而中国贸仲最终裁决中粮公司支付合同中并未约定的服务费、违约金和律师费，超出了仲裁协议的范围，属于民事诉讼法第二百三十七条第二款第二项规定的不予执行仲裁裁决的法定情形。

综上所述，（2019）中国贸仲京裁字第1315号仲裁裁决书存在民事诉讼法第二百三十七条第二款第一项、第二项应当裁定不予执行的法定情形。依照《最高人民法院关于仲裁司法审查案件报核问题的有关规定》第二条第二款规定，拟裁定对（2019）中国贸仲京裁字第1315号仲裁裁决书不予执行。

四、河北高院审查情况

河北高院对沧州中院查明的事实予以确认。

河北高院经审查认为，关于申请人中粮公司提出不予执行仲裁裁决是否符合民事诉讼法第二百三十七条第二款的情形。首先，中粮公司与盈迈公司于2017年1月签订一份《出口业务服务协议书》，该协议明确约定了仲裁条款。但在2017年9月、10月，双方又签订两份《出口业务咨询协议书》，该两份咨询协议约定了争议解决方式为"合同签订地法院裁决"。从三份协议的签订时间和内容看，服务协议书签订在先，内容相对框架性，而两份咨询协议书签订在后，内容相对具体，有合同单号、价款等。由于服务协议书与两份咨询协议书约定了不同的管辖，且两份咨询协议书约定在后，内容明确具体，亦与仲裁请求的内容相吻合，因此，可以认定双方签订的两份咨询协议书变更了服务协议书中的争议解决方式，排除了仲裁管辖的约定。

依据民事诉讼法第二百三十七条第二款第一项规定，当事人在合同中没有订有仲裁条款或者事后没有达成书面仲裁协议的，属于法院不予执行仲裁裁决的法定事由。该条款可理解为，在没有订有仲裁条款，或者签订后又变更的，即使被申请人在对方申请仲裁时应诉开庭，只要事后没达成书面协议，即不能以当事人应诉作为仲裁管辖的合法变更。如果仲裁后被申请人提出不予执行仲裁裁决，则属于民事诉讼法第二百三十七条第二款第一项规定的情形。中国贸仲作出的（2019）中国贸仲字第1315号仲裁裁决书认定被申请人未在首次开庭前提交管辖异议，从而适用仲裁法第二十条第二款、《最高人民法院关于适用〈中华人民共和国仲裁法〉若干问题的解释》第十三条第二款的规定，适用法律不当。上述规定是对仲裁协议效力提出异议的规定，而非对管辖的确认或变更。因此，仲裁庭对被申请人提出管辖异议申请不予支持的理由欠妥。

关于两份《出口业务咨询协议书》上没有中粮公司签字的问题。根据沧州中院报核材料和卷宗显示，该两份咨询协议书虽然未有中粮公司签字盖章，但该协议书系由中粮公司拟定后发至盈迈公司的，视为要约，盈迈公司负责人签字并加盖公司印章后视为承诺。因此盈迈公司负责人在两份《出口业务咨询协议书》上签字并加盖公司印章后合同成立。中粮公司与盈迈公司应当履行遵守两份咨询协议书上的权利义务及争议解决方式。

综上所述，中粮公司申请不予执行仲裁裁决的理由成立，根据民事诉讼法第二百三十七条第二款第一项、《最高人民法院关于人民法院办理仲裁裁决执行案件若干问题的规定》第十三条第三项之规定，拟同意沧州中院对（2019）中国贸仲京裁字第1315号裁决书不予执行的意见。

以上意见妥否，请审核。

最高人民法院
关于湖南六建机电安装有限责任公司申请不予执行仲裁裁决案的复函

2020 年 11 月 11 日　　　　　　　　　　（2020）最高法民他 258 号

湖南省高级人民法院：

你院（2020）湘执他 10 号《关于报请审核长沙中院拟裁定不予执行西安仲裁委员会西仲裁字（2018）第 2502 号裁决的请示》收悉。经研究，答复如下。

根据你院请示所述的事实，湖南六建机电安装有限责任公司以香河乐光光伏能源有限公司的两名委托代理人均是西安仲裁委员会现任仲裁员，仲裁员支某某任职于西安仲裁委员会秘书处，与上述代理人具有直接的管理与被管理的关系，申请仲裁员支某某回避。西安仲裁委员会对上述回避申请未予处理，违反法定程序，未能保障当事人在仲裁程序上的基本权利。故同意你院处理意见，即不予执行案涉仲裁裁决。

此复

附：

湖南省高级人民法院
关于报请审核长沙中院拟裁定不予执行西安仲裁委员会西仲裁字（2018）第 2502 号裁决的请示

2020 年 8 月 27 日　　　　　　　　　　　　（2020）湘执他 10 号

最高人民法院：

香河乐光光伏能源有限公司（以下简称香河乐光公司）因与湖南六建机电安装有限责任公司（以下简称湖南六建公司）合同纠纷一案，西安仲裁委员会于 2019 年 10 月 25 日作出西仲裁字（2018）第 2502 号裁决。该仲裁裁决生效后，香河乐光公司向湖南省长沙市中级人民法院（以下简称长沙中院）申请执行。长沙中院立案执行后，于 2019 年 11 月 18 日作出（2019）湘 01 执 2687 号执行裁定，将该案指定到长沙市天心区人民法院（以下简称天心区法院）执行。天心区法院立案执行后向湖南六建公司下达执行通知书和报告财产令。2020 年 3 月 20 日，湖南六建公司向天心区法院提交不予执行仲裁裁决申请书，请求不予执行西仲裁字（2018）第 2502 号裁决。长沙中院经审查拟裁定不予执行该仲裁裁决，根据《最高人民法院关于仲裁司法审查案件报核问题的有关规定》，于 2020 年 7 月 29 日向我院报请审核。我院经审核，同意长沙中院的意见，现将有关情况报告如下：

一、当事人的基本情况

申请人（被执行人）：湖南六建机电安装有限责任公司，住所地湖南省长沙市天心区劳动西路。

法定代表人：刘某某，董事长。

委托诉讼代理人：龙某某，该单位员工。

委托诉讼代理人：何某某，该单位员工。

被申请人（申请执行人）：香河乐光光伏能源有限公司，住所地：河北省廊坊市香河县安平镇 103 国道西侧西联建材城。

法定代表人：彭某，执行董事兼总经理。

委托诉讼代理人：宋某某、田某某，上海市锦天城（西安）律师事务所律师。

二、申请不予执行的理由及被申请人意见

申请人湖南六建公司认为：（1）仲裁裁决程序违法，确实影响本案公正裁决。第一，首席仲裁员的产生程序违法。本案西安仲裁委员会指定翟某某担任首席仲裁员并向湖南六建公司发布组庭通知后，湖南六建公司于 2018 年 10 月 22 日在首次开庭前申请首席仲裁员翟某某回避，后西安仲裁委员会直接向湖南六建公司发布通知，由来某某担任首席仲裁员，既未告知湖南六建公司决定原首席仲裁员翟某某回避的理由，也未告知湖南六建公司需重新选定或委托仲裁委员会主任指定首席仲裁员，在湖南六建公司毫不知情的情况下，直接通知首席仲裁员已由翟某某变更为来某某，并确定了仲裁庭首次开庭时间。西安仲裁委员会在重新确定首席仲裁员时直接由主任指定剥夺了湖南六建公司选择或推荐首席仲裁员的法定权利，明显违法。第二，本案仲裁的程序违法。庭审中，湖南六建公司向仲裁庭提出申请首席仲裁员来某某和仲裁员支某某回避。首席仲裁员来某某当即回复，是否回避由仲裁委员会主任决定。但仲裁庭未休庭处理回避事宜，而是直接要求双方当事人继续庭审进程至庭审结束。后西安仲裁委员会于 2019 年 9 月底向湖南六建公司邮寄了驳回对首席仲裁员来某某回避申请的决定书，但迄今为止未对仲裁员支某某的回避申请作任何答复和决定。仲裁员支某某是否享有仲裁权至今处于不确定状态，西安仲裁委员会无视这一明显的程序违法情形，径直作出裁决，损害了湖南六建公司的合法权益。第三，仲裁庭未组织对案涉工程已完成工程量进行鉴定属程序违法。湖南六建公司在仲裁过程中多次提出对已完成工程量进行司法鉴定，但仲裁庭未说明原因，拒绝对已完成工程量进行司法鉴定，仅在裁决书中表述造价鉴定结果对仲裁庭处理本案并无影响。仲裁庭恶意篡改双方陈述，无视众多无可争辩的书证，粗暴地拒绝鉴定，通过推测作出完全偏向香河乐光公司的已完成工程量认定，不但不具有专业性，且无视对涉及专门性问题须通过专业机构的专

业意见方可进行确定的法律规定，极大地损害了湖南六建公司的合法权益，属明显的程序违法。第四，田某某、宋某某在本案中不具有担任香河乐光公司委托代理人的资格。田某某律师、宋某某律师均为西安仲裁委员会现任仲裁员，依据《律师和律师事务所违法行为处罚办法》第七条的规定，均不具有在西安仲裁委员会担任香河乐光公司代理人的资格。湖南六建公司对此提出异议，并明确提出如仲裁庭认可该两位律师的代理资格，则西安仲裁委员会应当全会回避本案，但仲裁庭无视该法律规定驳回湖南六建公司异议。田某某律师、宋某某律师均具有西安仲裁委员会的仲裁员身份，与仲裁庭组成人员均为同事关系，该两位律师参加其任职的仲裁委员会的仲裁活动，造成了"既当运动员，又当裁判员"的事实。正是基于此种特殊身份关系，无论是形式上还是实际上，仲裁庭甚至整个西安仲裁委员会均已无法保持中立与公允，无法平等地对待各方当事人。（2）香河乐光公司向仲裁机构隐瞒了足以影响公正裁决的证据。第一，香河乐光公司隐瞒了屋顶租金的支付凭证未向仲裁庭提供，足以影响本案的公正裁决。第二，香河乐光公司隐瞒了外线工程土地占征费用支付凭证，足以影响本案的公正裁决。第三，香河乐光公司隐瞒了其已确认的完工工程量、材料设备、设计费审核文件，足以影响本案的公正裁决。（3）裁决结果属明显的枉法裁决行为所致。本案仲裁过程中，湖南六建公司提供了大量的最高人民法院裁判指明该案合同性质为建设工程合同，香河乐光公司一方按照中国现行法律解读该案合同的性质为承揽合同。但仲裁庭在审理过程中随意加重湖南六建公司方（承包人）的义务，减轻香河乐光公司（发包人）的义务，无视法律规定，导致本案裁决认定基本事实出现重大错误，给工程行业法律的适用形成重大误导，对工程行业适用关于招投标的法律强制性规定作出了严重错误的示范。仲裁裁决对于共建部分的工程量未作任何处理，如执行该仲裁裁决，后续将给湖南六建公司、香河乐光公司、屋顶出租方和土地出租方等利益相关各方带来巨大矛盾。西仲裁字（2018）第2502号裁决书符合民事诉讼法、仲裁法规定的人民法院可裁定不予执行的情形，向本院申请不予执行该仲裁裁决。

被申请人香河乐光公司辩称，（1）关于"仲裁裁决程序违法，确实影响本案公正裁决"的问题。第一，本案首席仲裁员产生程序合法。西安仲裁委员会受理本案后,香河乐光公司与湖南六建公司各选定了一名仲裁员,未共同选定也未委托其选定的仲裁员共同选定首席仲裁员,西安仲裁委员会按照仲裁法第三十二条、《西安仲裁委员会仲裁规则》第二十一条第四款的规定,指定了翟某某担任首席仲裁员。收到组庭通知后,湖南六建公司对翟某某提出了回避申请,西安仲裁委员会主任决定更换仲裁员,并于 2018 年 12 月 21 日指定来某某作为本案首席仲裁员,西安仲裁委员会于同日将组庭通知及开庭通知邮寄送达给湖南六建公司。湖南六建公司认为仲裁委主任重新指定来某某为首席仲裁员明显违法的观点错误:一是更换首席仲裁员正是基于湖南六建公司的回避申请作出的,湖南六建公司是知情的;二是本案仲裁庭已经组成,本次是对首席仲裁员的更换,并不是重新组庭;三是本案开庭庭审笔录显示,首次开庭(2019 年 1 月 14 日)时湖南六建公司已经表示"对截至目前所有的仲裁程序无异议"。第二,本案仲裁的程序合法。一是仲裁庭就湖南六建公司对来某某及支某某的回避申请的处理合法合规。首先,关于首席仲裁员来某某的回避申请。西安仲裁委员会指定来某某为首席仲裁员后将组庭通知送达湖南六建公司,湖南六建公司如对来某某的身份有异议,应当在首次开庭前提出回避申请。湖南六建公司不但未在第一次开庭前提出回避申请,反而在首次开庭时表示"对仲裁庭组成人员不申请回避"。后湖南六建公司以来某某与香河乐光公司代理人系西北政法大学的校友等存在可能影响本案公正裁决的利害关系,申请来某某回避,该事由湖南六建公司在首次开庭前就明知,不符合回避事由在首次开庭后知道的情形。湖南六建公司于 2019 年 7 月 29 日出具书面回避申请书再次对来某某申请回避,该书面申请是在最后一次开庭结束后提出的,并不符合相关规定。其次,关于仲裁员支某某的回避申请。仲裁员支某某在西安仲裁委员会仲裁员名册之列,显示职务为行政人员,湖南六建公司在首次开庭前就已知,但未在首次开庭前提出回避申请,后湖南六建公司又以仲裁员支某某是行政人员为由提出回避申请,不符合相关规定。2019 年 7 月 29 日,湖南六建公司提交的书面回避申请书并未对支某某申请回避。湖南六建公司未提出,仲裁委何以答复?故关于仲裁员支某某的回避申请,西安仲裁委员会的处理方式符合相关规定。最后,根据《西安仲裁委员会仲裁规则》第五十五条第五款的规定,湖南六建公司在首次开庭明确表示对仲裁庭组成人员不申请回避,但之后又提出回避,是属于"反悔",应有相反证据足以推翻其在首次开庭中关于不申请回避的陈述,湖南六建公司没有提出相反证据,反悔不成立。二是本案是民事仲裁案件,应按照民事仲裁程序进行,仲裁的开庭、休庭等相关程序应按照仲裁法及《西安仲裁委员会仲裁规则》的规定进行。且根据《最高人民法院关于人民法院办理仲裁裁决执行案件若干问题的规定》第十四条第一款的规定,对仲裁程序是否违反法定程序,应以仲裁法及《西安仲裁委员会仲裁规则》为限进行审查,湖南六建公司主张的仲裁程序违反民事诉讼法第四十五条第二款关于回避的规定,属于适用法律错误,不应得到支持。第三,是否对专门问题进行鉴定属于仲裁庭的权限,在裁决书中,对不予鉴定问题,已经作出了说明,因此,本案不鉴定不违反法定程序。第四,田某某、宋某某具有担任香河乐光公司委托代理人资格。本案关于代理人资格问题不应适用2010年司法部制定的《律师和律师事务所违法行为处罚办法》,而应适用2016年9月司法部修订的《律师执业管理办法》,田某某、宋某某在本案仲裁阶段的代理行为不违反司法部制定的《律师执业管理办法》有关规定,其具有担任香河乐光公司委托代理人资格。根据《最高人民法院关于人民法院办理仲裁裁决执行案件若干问题的规定》第十四条第一款对仲裁不予执行审查,关于仲裁的程序违反法定程序,应当以仲裁法及《西安仲裁委员会仲裁规则》为限,进行程序审查。田某某、宋某某担任香河乐光公司代理人并不违反上述规定。(2)关于"香河乐光公司向仲裁机构隐瞒了足以影响公正裁决的证据"的问题。香河乐光公司并没有向仲裁机构隐瞒了足以影响公正裁决的证据。一是湖南六建公司所主张的屋顶租金凭证、外线工程土地征占费用凭证及工程量等审核文件均不属于认定案件基本事实的主要证据;二是上述证据不是认定案件基本事实的主要证据,更何况,湖南六建公司在本案仲裁审理过程中,既未要求香河乐光公司出示,也未请求仲裁庭责令香河乐光公司提交上述证据,根据《最高人民法院关于人民法院办理仲裁裁决执行案件若干问题的规定》第十六条的规定,香河乐光公司不构成"向仲裁机构隐瞒了足以影响公正裁决的证据"的情形。(3)关于裁决结果属枉法裁决所致。《最高人民法院关于审理仲裁司法审查案件若干问题的规定》规定,仲裁法第五十八条第一款第六项和民事诉讼法第二百三十七条第二款第六项规定的仲裁员在仲裁该案时有索贿受贿，徇私舞弊，枉法裁决行为，是指已经由生效刑事法律文书或者纪律处分决定所确认的行为。本案湖南六建公司并未提供生效刑事法律文书或者纪律处分决定证明本案存在枉法裁决，其主张本案裁决结果属枉法裁决行为所致，没有事实和法律依据。综上所述，本案仲裁程序合法，不具有向仲裁机构隐瞒足以影响公正裁决的证据的情况，不存在枉法裁决等民事诉讼法第二百三十七条第二款规定的不予执行仲裁裁决的情形，湖南六建公司的不予执行仲裁裁决申请不应得到支持，请求依法裁定驳回湖南六建公司申请。

三、审查查明的事实

经审查查明，香河乐光公司因与湖南六建公司合同纠纷一案，向西安仲裁委员会申请仲裁，西安仲裁委员会于 2018 年 8 月 7 日受理该案后，湖南六建公司向西安仲裁委员会递交了书面的反请求申请书，西安仲裁委员会亦予以受理。2019 年 10 月 25 日，西安仲裁委员会作出了西仲裁字（2018）第 2502 号裁决：（1）申请人（反请求被申请人）香河乐光公司与被申请人（反请求申请人）湖南六建公司签订的《香河建材城 30MWP 分布式光伏发电项目 EPC 总承包合同》，基于双方合意，自本裁决生效之日解除；（2）湖南六建公司向香河乐光公司返还已付工程款 3003.285 万元；（3）湖南六建公司应当向香河乐光公司支付 30 万元律师费；（4）驳回香河乐光公司的其他仲裁请求；（5）湖南六建公司与香河乐光公司签订的《香河建材城 30MWP 分布式光伏发电项目 EPC 总承包合同》及《香河建材城 30MWP 分布式光伏发电项目 EPC 总承包合同之补充协议》合法有效；（6）香河乐光公司向湖南六建公司支付已完成工程量工程款 546 万元；（7）香河乐光公司向湖南六建公司支付 30 万元律师费；（8）驳回湖南六建公司的其他仲裁请求；（9）本案本请求仲裁费用 392876 元香河乐光公司已预交，由香河乐光公司承担 117863 元，由湖南六建公司承担 275013 元。本案反请求仲裁费用 175131 元湖南六建公司已预交，由湖南六建公司承担 157618 元，香河乐光公司承担 17513 元。双方冲抵后，湖南六建公司承担的部分在履行本裁决第二项、第三项款项时一并向香河乐光公司支付。本裁决第二项、第三项及第九项湖南六建公司应支付给香河乐光公司的款项与本裁决第六项、第七项香河乐光公司应支付给湖南六建公司的款项冲抵后，湖南六建公司应支付给香河乐光公司的款项，湖南六建公司自收到裁决书之日起十日内支付给香河乐光公司。如湖南六建公司逾期未付，应按照民事诉讼法第二百五十三条的规定处理。

2019年10月28日，西安仲裁委员会向湖南六建公司邮寄送达了仲裁裁决书。因湖南六建公司未在规定的期限内履行给付义务，香河乐光公司于2019年11月12日向长沙中院申请执行，该院于同日立案执行，执行案号（2019）湘01执2687号。2019年11月18日，该院作出（2019）湘01执2687号执行裁定：将该院执行的西仲裁字（2018）第2502号裁决即申请执行人香河乐光公司与被执行人湖南六建公司合同纠纷一案指定到天心区法院执行。天心区法院于2020年3月12日立案执行，执行案号为（2020）湘0103执1221号。2020年3月13日，天心区法院向湖南六建公司下达执行通知书和报告财产令。2020年3月20日，湖南六建公司向天心区法院提交不予执行仲裁裁决申请书，请求不予执行西安仲裁委员会作出的西仲裁字（2018）第2502号裁决。

四、长沙中院拟处理意见及理由

长沙中院审查认为，本案湖南六建公司申请不予执行西仲裁字（2018）第2502号裁决主要有四个方面的事由：一是认为仲裁庭的组成违法；二是仲裁裁决程序违法；三是香河乐光公司隐瞒了足以影响公正裁决的证据；四是裁决结果属明显的枉法裁决行为所致。

第一，关于仲裁庭的组成是否违法的问题。湖南六建公司认为仲裁庭的组成违法主要是指首席仲裁员产生程序违法。该院认为：根据仲裁法第三十二条的规定，当事人没有在仲裁规则规定的期限内约定仲裁庭的组成方式或者选定仲裁员的，由仲裁委员会主任指定。《西安仲裁委员会仲裁规则》第二十一条亦规定，当事人或者其委托的仲裁员未能共同选定首席仲裁员的，由本会主任指定。西安仲裁委员会受理香河乐光公司与湖南六建公司一案后，香河乐光公司选定支某某担任仲裁员，湖南六建公司选定廖某某为仲裁员，但双方当事人未共同选定或者委托其仲裁员共同选定首席仲裁员，西安仲裁委员会主任指定仲裁员翟某某担任首席仲裁员并向双方当事人发布了组庭通知，湖南六建公司在仲裁庭首次开庭前申请首席仲裁员翟某某回避，西安仲裁委员会主任决定仲裁员翟某某回避时，虽未向湖南六建公司下达书面决定并告知其回避的理由，程序上存在瑕疵，但西安仲裁委员会主任指定和决定更换仲裁员来某某担任首席仲裁员会后重新向湖南六建公司发布了通知，且指定仲裁员来某某担任首席仲裁员仍属于组庭程序的继续，故西安仲裁委员会主任指定来某某担任首席仲裁员并不违反《西安仲裁委员会仲裁规则》规定的程序。

第二，关于仲裁的程序是否违法的问题，主要涉及三方面内容：一是西安仲裁委员会对湖南六建公司申请首席仲裁员来某某及仲裁员支某某回避的处理是否合法；二是仲裁庭未组织对案涉工程已完成工程量进行鉴定是否合法；三是仲裁庭认可田某某、宋某某律师担任香河乐光公司代理人是否符合法律规定。

（1）关于西安仲裁委员会对湖南六建公司申请首席仲裁员来某某及仲裁员支某某回避的处理是否合法的问题。根据仲裁法第三十五条和第三十六条的规定，当事人提出回避申请，应当说明理由，在首次开庭前提出。回避事由在首次开庭后知道的，可以在最后一次开庭终结前提出。《西安仲裁委员会仲裁规则》第二十五条规定：当事人申请仲裁员回避应当在首次开庭前提出，并说明具体事实和理由。回避事由在首次开庭后知道的，可以在最后一次开庭终结前提出。仲裁员是否回避，由本会主任决定。基于上述规定，当事人只要在最后一次开庭终结前知道仲裁员有应当回避的事由就可以申请仲裁员回避，至于当事人申请仲裁员回避的理由是否成立，被申请回避的仲裁员应否回避，应当由仲裁委员会主任决定。仲裁员支某某系西安仲裁委员会行政管理人员，自1996年起在西安仲裁委员会秘书处任职，仲裁员支某某与香河乐光公司的两位代理人具有直接的管理与被管理的关系，支某某担任本案的仲裁员后，应主动披露这一信息。湖南六建公司委托代理人在2019年5月28日呈送给仲裁庭的《对已完成工程量进行造价鉴定申请和本案仲裁庭组成人员之间存在利益冲突的代理意见》中提出，组成仲裁庭的三名仲裁员与香河乐光公司的两名委托代理人均是西安仲裁委员会现任仲裁员，存在利益冲突。在仲裁庭2019年7月9日继续开庭时，湖南六建公司申请首席仲裁员来某某和仲裁员支某某回避，属于在法定期限内提出的回避申请，西安仲裁委员会对此应依法予以处理。西安仲裁委员会于2019年9月25日作出西仲决字（2018）第2502号决定书，驳回了湖南六建公司对首席仲裁员来某某的回避申请，但对湖南六建公司对仲裁员支某某回避申请未予处理，属于程序违法。

（2）关于仲裁庭未组织对案涉工程已完成工程量进行鉴定是否合法的问题。仲裁司法监督主要针对仲裁程序进行。虽然湖南六建公司在2019年1月14日仲裁庭首次开庭调查过程中，当庭提交了对已完成工程量进行鉴定的申请，仲裁庭也告知了鉴定费由鉴定申请人垫付。此后，湖南六建公司委托代理人在2019年5月28日呈送给仲裁庭的《对已完成工程量进行造价鉴定申请和本案仲裁庭组成人员之间存在利益冲突的代理意见》中再次阐明应对已完成工程量进行造价鉴定。但根据《西安仲裁委员会仲裁规则》第三十三条的规定，就案件涉及的专门性问题，当事人申请鉴定且经仲裁庭同意的，或者仲裁庭认为需要鉴定的，由仲裁庭通知当事人在仲裁庭限定的期限内共同选定仲裁司法鉴定机构或者鉴定人。因此，对于是否需要对已完成工程量进行造价鉴定，属于仲裁庭的裁量权限，仲裁庭在其作出的西仲裁字（2018）第2502号裁决书中，对不予支持湖南六建公司提出的工程造价鉴定请求的理由进行了阐述，符合法定程序。

（3）关于仲裁庭认可田某某律师、宋某某律师担任香河乐光公司代理人是否符合法律规定的问题。湖南六建公司提出，田某某律师、宋某某律师是西安仲裁委员会的现任仲裁员，依据《律师和律师事务所违法行为处罚办法》第七条的规定，不得以代理人身份承办西安仲裁委员会办理的案件，田某某、宋某某具有担任香河乐光公司委托代理人资格。本院认为，《律师和律师事务所违法行为处罚办法》是司法部2010年制定的现行有效的规章，该办法第七条对律师法第四十七条第三项规定的律师违法行为作了具体规定。2016年9月，司法部对《律师执业管理办法》进行了修订，该规章第六十二条明确，此前司法部制定的有关律师执业管理的规章、规范性文件与本办法相抵触的，以本办法为准。根据该规章第二十八条的规定，律师不得担任所在律师事务所其他律师担任仲裁员的案件的代理人，曾经或者仍在担任仲裁员的律师，不得承办与本人担任仲裁员办理过的案件有利益冲突的法律事务。因此，田某某、宋某某在本案仲裁阶段担任香河乐光公司委托代理人不违反《律师执业管理办法》的规定，仲裁庭认可田某某、宋某某的代理资格并无不当。

第三，关于香河乐光公司是否向仲裁机构隐瞒了足以影响公正裁决的证据的问题。湖南六建公司提出，香河乐光公司向仲裁机构隐瞒了屋顶租金凭证、外线工程土地征占费用凭证及其已确认的完成工程量、材料设备、设计费审核文件等足以影响公正裁决的证据。该院认为，根据《最高人民法院关于人民法院办理仲裁裁决执行案件若干问题的规定》第十六条的规定，人民法院认定为民事诉讼法第二百三十七条第二款第五项规定的"对方当事人向仲裁机构隐瞒了足以影响公正裁决的证据的"情形应当符合下列条件：（1）该证据属于认定案件基本事实的主要证据；（2）该证据仅为对方当事人掌握，但未向仲裁庭提交；（3）仲裁过程中知悉存在该证据，且要求对方当事人出示或者请求仲裁庭责令其提交，但对方当事人无正当理由未予出示或者提交。本案湖南六建公司并无证据证明其在仲裁过程中要求香河乐光公司提交上述证据或者请求仲裁庭责令香河乐光公司提交上述证据，本案不符合"向仲裁机构隐瞒了足以影响公正裁决的证据"的情形。

第四，关于本案裁决结果是否属枉法裁决所致的问题。《最高人民法院关于审理仲裁司法审查案件若干问题的规定》第十八条规定：仲裁法第五十八条第一款第六项和民事诉讼法第二百三十七条第二款第六项规定的仲裁员在仲裁该案时有索贿受贿，徇私舞弊，枉法裁决行为，是指已经由生效刑事法律文书或者纪律处分决定所确认的行为。本案湖南六建公司并未提供生效刑事法律文书或者纪律处分决定证明本案存在枉法裁决，其主张本案裁决结果属枉法裁决行为所致没有事实依据。

综上所述，西安仲裁委员会在本案中对湖南六建公司对仲裁员支某某回避申请未予处理，违反了仲裁法和《西安仲裁委员会仲裁规则》关于"仲裁员是否回避由仲裁委员会主任决定"的规定，可能影响案件正确裁决，属于仲裁法第五十八条规定的"违反法定程序"。湖南六建公司申请不予执行本案仲裁裁决的理由成立，该院拟依照民事诉讼法第二百三十七条的规定，裁定对西安仲裁委员会于2019年10月25日作出西仲裁字（2018）第2502号裁决不予执行。依照《最高人民法院关于仲裁司法审查案件报核问题的有关规定》第三条的规定，报请我院审核。

五、我院审核意见

我院审核认为,仲裁员支某某多年来担任西安仲裁委员会秘书处的行政管理人员,应当认定其与同时担任西安仲裁委员会仲裁员的香河乐光公司的两位代理律师之间具有直接的管理与被管理的关系,支某某未主动披露这一信息不当,西安仲裁委员会在本案中对湖南六建公司对仲裁员支某某回避申请未予处理,违反了仲裁法和《西安仲裁委员会仲裁规则》关于"仲裁员是否回避由仲裁委员会主任决定"的规定,可能影响案件正确裁决,属于仲裁法第五十八条规定的"违反法定程序"。湖南六建公司申请不予执行本案仲裁裁决的理由成立,根据民事诉讼法第二百三十七条第二款第三项、《最高人民法院关于人民法院办理仲裁裁决执行案件若干问题的规定》第十四条的规定,故同意长沙中院拟裁定不予执行西安仲裁委员会西仲裁字(2018)第2502号裁决的意见。

六、报请意见

依照《最高人民法院关于仲裁司法审查案件报核问题的有关规定》第三条的规定,报请贵院对长沙中院拟裁定不予执行西安仲裁委员会西仲裁字(2018)第2502号裁决的意见进行审核。

特此报告。

最高人民法院
关于王某申请不予执行仲裁裁决案请示的复函

2020 年 9 月 27 日　　　　　　　　（2020）最高法民他 257 号

贵州省高级人民法院：

你院（2020）黔执他 25 号《关于对毕节市中级人民法院拟对广州仲裁委员会（2019）穗仲裁字第 10731 号仲裁裁决书裁定不予执行一案的请示》收悉。经研究，答复如下：

本案系当事人申请不予执行我国内地仲裁机构作出的仲裁裁决案件。根据请示所述事实，广州市度尚文化传媒有限公司（以下简称传媒公司）提交且经仲裁庭审查的《艺人演艺经纪合同》记载了双方的基本信息，王某在该合同上签字捺印。王某主张该合同经过篡改，与其实际签订合同的内容不一致，但并未提供证据证明双方另行签订了其他合同。王某上述单方主张不足以证明传媒公司隐瞒了双方真实签订的合同，并进而影响仲裁庭作出公正裁决。此外，签约时王某为具备完全民事行为能力的成年人，其应当预见签约后违反合同约定所应承担的后果。传媒公司没有向王某提示违约金条款，并非民事诉讼法第二百三十七条规定的不予执行仲裁裁决的情形。案涉仲裁裁决应予执行。

此复

附：

贵州省高级人民法院
关于对毕节市中级人民法院拟对广州仲裁委员会（2019）穗仲裁字第10731号仲裁裁决书裁定不予执行一案的请示

2020年8月21日　　　　　　　　　　　（2020）黔执他25号

最高人民法院：

贵州省毕节市中级人民法院（以下简称毕节中院）拟对广州仲裁委员会2020年3月17日作出的（2019）穗仲裁字第10731号仲裁裁决书裁定不予执行，报我院审查。我院审查后，拟按多数同意毕节中院的意见。现按规定报请你院审核，该案情况报告如下。

一、案件基本情况

异议人（被执行人）：王某。

申请执行人：广州市度尚文化传媒有限公司，住所地：广东省广州市黄浦公园西路30号大湾区数字娱乐产业园。

法定代表人：梁某某，系该公司总经理。

广州市度尚文化传媒有限公司（以下简称传媒公司）与王某合同纠纷案，广州仲裁委员会2020年3月17日作出（2019）穗仲裁字第10731号仲裁裁决，裁决王某向传媒公司支付违约金200万元及律师费4万元、公证费1600元及仲裁费31530元。裁决书生效后，传媒公司向毕节中院申请执行。执行中，被执行人王某向毕节中院提出书面申请，请求不予执行该仲裁裁决。毕节中院审查后，拟作出裁定不予执行仲裁裁决书，遂向我院报核。

王某异议请求，裁定不予执行广州仲裁委员会（2019）穗仲裁字第10731号仲裁裁决。主要事实和理由：传媒公司以娱加娱乐传媒公司的名义与王某联系并签订《艺人演艺经纪合同》，因当时是在天津签订合同，传媒公司以需加盖公章为由将合同带回广州,但其并未将合同反馈给王某,现在其提交给仲裁的《艺人演艺经纪合同》中载明的收益分配为50%,与王某签订时载明的传媒公司75%,异议人25%不符。事实上,王某共收到传媒公司员工微信转账为52731元收益及部分奖金,根据民事诉讼法第二百三十七条第二款第五项的规定,仲裁因传媒公司提交了虚假的《艺人演艺经纪合同》中载明的收益按50%计算来认定王某所得金额为209330.5元与事实严重不符;另,王某从未收到过仲裁的通知,在王某未到庭的情况下,仲裁庭未认真审查合同的真实性实属错误。

传媒公司辩称,第一,传媒公司通过公司员工付某某向王某支付的报酬至少为59634.85元;第二,直播行业的特点就是由经纪公司设立"公会"进行统一的管理,本案中,王某除了签订纸质版的《艺人演艺经纪合同》外,还根据其本人意愿在线上与"娱加公会"签订了电子合同并加入直播平台,且王某已经自认搜索过"娱加娱乐传媒"的公众号,其在几个月的试播里也没有对直播提出过异议;第三,传媒公司隶属于娱加娱乐传媒公司,是广州娱加娱乐传媒公司的全资子公司,传媒公司是作为集团公司的子公司依托集团公司的资源优势进行品牌宣传和经营推广,不存在王某所说的伪造合同和隐瞒签约主体的问题;第四,向王某转账的金额与直播平台收益流水计算的数据是吻合的,即传媒公司按照双方签订的《艺人演艺经纪合同》的约定进行了收益分配,故传媒公司不存在"伪造证据"和"隐瞒了足以影响公正裁决的证据"情形。综上,故请求依法驳回申请人的申请。

毕节中院查明,2018年4月,网名为"勇往直前"的微信账号向王某推送了"娱加娱乐"的宣传资料,并与王某通过微信聊天的方式就加入"娱加娱乐"事宜进行协商。

仲裁裁决书查明,2018年6月5日,传媒公司与王某签订了《艺人演艺经纪合同》,合同第一条第一款约定,传媒公司在全球范围内独家担任王某演艺经纪公司,为更好地拓展王某演艺事业,传媒公司有权处理王某全面的演艺经纪事宜,唯一且排他地享有王某全部演艺事业的经纪权益。经纪范围包括但不限于代理一方的互联网演艺、线下演艺、商务经纪、明星周边等所有与王某演艺事业相关的活动及事务。合同第一条第三款约定,协议生效之日起,王某须以传媒公司指定的合作平台作为独家互联网直播演艺平台，未经传媒公司书面许可，王某不得直接或间接参与除传媒公司指定合作平台外的任何第三方平台进行互联网直播演艺活动。双方同意，王某的直播天数、直播时长、直播人气、直播收益等信息以传媒公司指定合作平台后台数据为准。合同第二条约定，合作期限为一年，自2018年5月4日至2019年5月3日止。协议期满，除非双方任何一方在协议期限届满前三个月向对方发出终止协议的书面通知，否则协议自动延续三年。合同第三条第一款约定，传媒公司应勤勉地为王某提供专业的演艺经纪服务，有权在全球范围内为王某接洽、安排、处理、策划所有与王某演艺事业相关的活动及事务。传媒公司有权全权代表王某与第三方签订演艺事业相关合约。第四条第十一款约定，王某应在传媒公司安排的互联网直播演艺平台进行互联网直播演艺，并保证：（1）每月在互联网直播演艺平台进行直播演艺的有效时长不低于六十小时；（2）每月在互联网直播演艺平台进行直播演艺的有效天数不低于二十二天；（3）未经传媒公司书面同意，不得到非传媒公司安排的互联网直播演艺平台进行互联网直播演艺；（4）未经传媒公司书面同意，不得到非传媒公司运营的公会、家族中进行互联网直播演艺。合同第七条第三款约定，发生下列情形之一的，王某同意向传媒公司支付违约金200万元，或者已履行协议期内近十二个月王某获得的月平均收入乘以剩余协议期限月份的总金额，以前述两者金额较高者为准。协议履行不足十二个月的，以实际履行期间的月平均收入计算：（1）自协议签订之日起，未经传媒公司书面同意，王某单方解除协议；（2）未经传媒公司书面同意，任意连续两个顺延月在传媒公司指定的互联网直播演艺平台进行直播演艺的有效时长少于六十个小时；（3）未经传媒公司书面同意，任意连续两个顺延月在传媒公司指定的互联网直播演艺平台进行直播演艺的有效天数少于十五天；（4）违反双方关于"未经传媒公司同意，不得到非传媒公司安排的互联网直播演艺平台进行互联网直播演艺"的约定；（5）违反双方关于"未经传媒公司同意，不得到非传媒公司运营的公会、家族中进行互联网直播演艺"的约定；（6）未经传媒公司同意，自行安排或擅自接受任何第三方安排的与王某演艺相关的活动。合同第八条第三款约定，双方同意，若发生仲裁，被裁决违约的一方需要承担案件仲裁费、律师费、取证费等。前述律师费承担的标准为纠纷争议总金额的10%。

传媒公司于 2019 年 8 月 15 日以王某作为被申请人向广州仲裁委员会申请仲裁,广州仲裁委员会根据《中国广州仲裁委员会仲裁规则》第十七条、第四十九条的规定,通过特快专递方式向王某的住所地、合同约定的王某联系地址、传媒公司提供的王某的其他联系地址寄送了仲裁通知书、仲裁申请书副本、《中国广州仲裁委员会仲裁规则》、仲裁员名册等资料。因上述材料无法送达给王某,根据《中国广州仲裁委员会仲裁规则》第五十一条的规定,于 2019 年 11 月 7 日在《南方日报》上刊登公告〔公告号为(2019)穗仲公字第 783 号〕告知王某受理案件情况、开庭时间、裁决作出时间及领取裁决书的时间,但在规定期限内王某并未提交书面答辩,因王某未到庭,仲裁庭于 2020 年 2 月 26 日根据仲裁法第四十二条第二款规定进行了缺席审理并作出(2019)穗仲裁字第 10731 号仲裁裁决书裁决:(1)王某向传媒公司支付违约金 200 万元;(2)王某补偿传媒公司为本案支出的律师费 4 万元、公证费 1600 元;(3)本案仲裁费 31530 元由王某承担(该费用已由传媒公司预缴,本会不予退回,由王某径付传媒公司)。

二、毕节中院拟处理意见

毕节中院认为,根据民事诉讼法第二百三十七条第二款第五项"被申请人提出证据证明仲裁裁决有下列情形之一的,经人民法院组成合议庭审查核实,裁定不予执行:……(五)对方当事人向仲裁机构隐瞒了足以影响公正裁决的证据的",《最高人民法院关于人民法院办理仲裁裁决执行案件若干问题的规定》第十六条第一款第一项"符合下列条件的,人民法院应当认定为民事诉讼法第二百三十七条第二款第五项规定的'对方当事人向仲裁机构隐瞒了足以影响公正裁决的证据的'情形:(一)该证据属于认定案件基本事实的主要证据"之规定,本案中,要约商谈的微信记录是认定双方签订合同是否属于无效或可撤销合同的关键证据;传媒公司向王某支付报酬的情况是其是否按照双方签订的《艺人演艺经纪合同》第六条约定的收益分配实际履约的重要依据,也是判定本案《艺人演艺经纪合同》是否真实成立的重要因素;而申请执行人传媒公司在仲裁程序中均未作为证据提交,属于《最高人民法院关于人民法院办理仲裁裁决执行案件若干问题的规定》第十六条规定的对方当事人隐瞒了足以影响公正裁决的证据的情形,故对王某申请不予执行的请求,依法予以支持。综上,依照民事诉讼法第一百五十四条第一款第十一项、第二百三十七条第二款、《最高人民法院关于人民法院办理仲裁裁决执行案件若干问题的规定》第十六条第一款之规定,裁定不予执行广州仲裁委员会(2019)穗仲裁字第10731号仲裁裁决。

三、我院审查意见

我院审查后,形成两种意见。

多数意见认为,本案争议焦点为传媒公司提交给仲裁庭的合同是否系双方商议签订的合同。首先,王某(当时就读大二)称双方商议签订合同时约定了底薪4000元,而仲裁依据的合同没有该约定,商议约定收益王某占25%,而仲裁依据的合同约定王某占50%,内容不一样,据此判断合同内容被篡改,不是商议约定的合同,传媒公司隐瞒了真实合同。对此,毕节中院组织双方听证,听证中,传媒公司提供合同复印件,且仅14页额骑缝章,不合常规。其次,传媒公司对签约时商议地点、磋商等情况含糊不清,即便按仲裁庭认定的合同来分析合同履行情况,王某收益与合同约定也存在不一致,从以上事实也可认定,传媒公司提交给仲裁庭的合同,不是双方商议签订的合同,其向仲裁庭隐瞒了足以影响公正裁定的证据。最后,传媒公司作出提供格式合同的一方,未就违约承担的200万元巨额违约金的重要条款,向当时还是在校大学生的王某提示,致使其未注意与其有重要利害关系的条款,有违公平原则,而仲裁缺席裁决,使王某失去辩解的机会,导致双方权利义务严重失衡。综上所述,依据民事诉讼法第二百三十七条第二款第五项、《最高人民法院关于人民法院办理仲裁裁决执行案件若干问题的规定》第十六条第一款第一项的规定,王某请求不予执行仲裁裁决的申请符合法律规定,拟同意毕节中院不予执行的意见。

少数意见认为,王某在合同上签名,传媒公司提供了王某部分履行合同及传媒公司履行合同的依据,王某认可合同已部分履行,收到其履行合同期间的收益,未对履行合同期间收益分配提出异议。王某提出其已通过微信解除合同,但未能提供证据。合同中止后,传媒公司向王某发送律师函,要求其继续履行合同或赔偿损失,王某认可收到该律师函,收到后,王某没有提出未与传媒公司签订过合同。从以上事实看,传媒公司没有隐瞒足以影响公正裁决的证据的事实。另,传媒公司申请仲裁的请求是王某违约,要求其承担违约责任,故裁决认定王某有违约行为,裁决其承担违约责任符合合同约定。传媒公司未提供支付王某收益的依据,不符合对方当事人向仲裁机构隐瞒了足以影响公正裁决的证据的情形。不同意毕节中院的报请意见。

经研究,我院采纳多数意见拟同意毕节中院意见裁定不予执行该仲裁裁决。

妥否,特呈报你院审核。

最高人民法院

关于云南省高级人民法院报请不予执行上海国际经济贸易仲裁委员会（上海国际仲裁中心）（2018）沪贸仲裁字第230号仲裁裁决案请示的复函

2020年11月24日　　　　　　　　（2020）最高法民他280号

云南省高级人民法院：

你院（2020）云执他1号《关于拟同意云南省昆明市中级人民法院不予执行上海国际经济贸易仲裁委员会（上海国际仲裁中心）（2018）沪贸仲裁字第230号仲裁裁决的报告》收悉。经研究，答复如下：

根据请示报告陈述的事实，《交接协议》第三条载明，各方对案涉《交接审阅报告》进行了审阅并予以认可。西南水泥有限公司在签订《交接协议》时，未对协议附件《交接审阅报告》的真实性提出异议，在仲裁时亦对《交接审阅报告》真实性予以认可，应对其行为承担相应责任。西南水泥有限公司主张《交接审阅报告》系伪造，但现有证据不足以得出案涉仲裁裁决所根据的《交接审阅报告》系伪造的结论。因此，不同意你院不予执行上海国际经济贸易仲裁委员会（上海国际仲裁中心）（2018）沪贸仲裁字第230号仲裁裁决的意见。

此复

附：

云南省高级人民法院
关于拟同意云南省昆明市中级人民法院不予执行
上海国际经济贸易仲裁委员会（上海国际仲裁中心）
（2018）沪贸仲裁字第 230 号仲裁裁决的报告

2020 年 9 月 2 日　　　　　　　　　　（2020）云执他 1 号

最高人民法院：

  云南省昆明市中级人民法院（以下简称昆明中院）受理的谭某某申请执行西南水泥有限公司仲裁裁决执行一案，执行依据是上海国际经济贸易仲裁委员会（上海国际仲裁中心）于 2018 年 6 月 26 日作出的（2018）沪贸仲裁字第 230 号仲裁裁决。在执行过程中，西南水泥有限公司向昆明中院申请不予执行该仲裁裁决，昆明中院经审查拟不予执行，向本院报核，本院经审查拟同意昆明中院不予执行上述仲裁裁决的意见，因当事人住所地跨省级行政区域，依据《最高人民法院关于仲裁司法审查案件报核问题的有关规定》第三条第一项的规定，特向你院报核。具体情况报告如下。

一、当事人基本情况

  申请执行人：谭某某，男，汉族，1956 年×月×日出生，住云南省丽江市永胜县。

  被执行人：西南水泥有限公司。住所地：中国（四川）自由贸易试验区成都高新区天府三街 218 号。

  法定代表人：常某某，系该公司董事长。

二、昆明中院审查的情况

  昆明中院查明，谭某某将其持有的云南永保特种水泥股份有限公司 100%的股份转让给西南水泥有限公司，后双方因股份转让款的支付产生纠纷，谭某某申请仲裁，上海国际经济贸易仲裁委员会（上海国际仲裁中心）于2018年6月26日作出（2018）沪贸仲裁字第230号仲裁裁决，西南水泥有限公司应于裁决生效之日起三十日内向谭某某支付股权转让余款430811048.61元、相应逾期付款损失以及仲裁费6602621.20元。仲裁裁决生效后，因西南水泥有限公司未履行相关义务，谭某某向昆明中院申请强制执行。后西南水泥有限公司向昆明中院申请不予执行该仲裁裁决，主要理由是仲裁裁决所依据的证据《交接审阅报告》是谭某某伪造的。

谭某某声称《交接审阅报告》系西南水泥有限公司委托天职国际会计师事务所有限公司出具。2020年2月28日，天职国际会计师事务所（特殊普通合伙）向昆明中院出具《回复函》，称：《交接审阅报告》并非天职国际会计师事务所（特殊普通合伙）或天职国际会计师事务所有限公司出具，因此，天职国际会计师事务所（特殊普通合伙）、天职国际会计师事务所（特殊普通合伙）成都分所或天职国际会计师事务所有限公司无法确认该《交接审阅报告》的真实性。天职国际会计师事务所（特殊普通合伙）是由天职国际会计师事务所有限公司改制而来，原天职国际会计师事务所有限公司的业务由天职国际会计师事务所（特殊普通合伙）继续经营，权利义务由天职国际会计师事务所（特殊普通合伙）承继。

昆明中院认为，上述仲裁裁决关于股份转让款项的计算援引了《交接审阅报告》的内容，天职国际会计师事务所（特殊普通合伙）否认出具过该报告，该报告不具有真实性，依据民事诉讼法第二百三十七条第二款第四项的规定，该仲裁裁决应当不予执行，后依据《最高人民法院关于仲裁司法审查案件报核问题的有关规定》第二条第二款的规定向本院报核。

三、本院审查的情况

本院查明，上述仲裁裁决书第15页载明：谭某某提交的证据6，《交接协议》，拟证明双方于2012年12月25日签订协议，对标的股份最终作价予以了确定。第16—17页载明：谭某某提交的证据17，《交接审阅报告》（节选），拟证明审阅报告作为《交接协议》的附件，明确在建生产线为3000T/D和4500T/D，明确截至交接基准日的流动资产及截至交接基准日的负债。本院对天职国际会计师事务所（特殊普通合伙）于2020年2月28日向昆明中院出具的《回复函》的内容予以确认。

本院另查明，2016年10月14日，云南省马龙县人民法院作出（2016）云0321刑初38号刑事判决，判决云南永保特种水泥股份有限公司（现为云南永保特种水泥有限责任公司）犯单位行贿罪，单处罚金四百万元；谭某某犯单位行贿罪，判处有期徒刑三年，缓刑四年；云南永保特种水泥股份有限公司实施行贿犯罪所用的现金5500万元予以没收，上缴国库。该判决确认的犯罪事实是：云南永保特种水泥股份有限公司虚增产值和利润，在审计署成都特派员办事处审计人员发现后，向审计人员行贿5500万元；为索要股份转让款（西南水泥有限公司向谭某某支付），向西南水泥有限公司的赵某某行贿310万元，共计5810万元，云南永保特种水泥股份有限公司的行为构成单位行贿罪。谭某某作为云南永保特种水泥股份有限公司的法定代表人，实施了上述行贿行为，构成单位行贿罪。

本院认为，民事诉讼法第二百三十七条第二款第四项规定，"被申请人提出证据证明仲裁裁决有下列情形之一的，经人民法院组成合议庭审查核实，裁定不予执行：……（四）裁决所根据的证据是伪造的"。《最高人民法院关于人民法院办理仲裁裁决执行案件若干问题的规定》第十五条规定，符合下列条件的，人民法院应当认定为民事诉讼法第二百三十七条第二款第四项规定的"裁决所根据的证据是伪造的"情形：（1）该证据已被仲裁裁决采信；（2）该证据属于认定案件基本事实的主要证据；（3）该证据经查明确属通过捏造、变造、提供虚假证明等非法方式形成或者获取，违反证据的客观性、关联性、合法性要求。本院将从以下三个方面加以说明。

1. 关于《交接审阅报告》是否已被仲裁裁决采信

仲裁委员会在查明事实部分确认了《股份转让协议》《交接协议》《股份转让补充协议》的主要内容，《交接审阅报告》是《交接协议》的附件，属于《交接协议》的组成部分。而且，《股份转让协议》《交接协议》多处出现《交接审阅报告》，约定以《交接审阅报告》的相关内容作为股份转让款相应名目计算的依据。由此，《交接审阅报告》已被仲裁裁决采信。

2. 关于《交接审阅报告》是否属于认定案件基本事实的主要证据

仲裁案件的争议焦点在于股份转让款具体金额的确定。仲裁委员会依据《股份转让协议》第3.2条和《交接协议》第5.1条进行了计算。《股份转让协议》第3.2条约定：甲方（谭某某）、乙方（西南水泥有限公司）双方同意，本次标的股份的股份转让价款按照以下公式计算：[非流动资产及待转为非流动资产的预付账款（27.3亿元）+截至交接基准日的流动资产-截至交接基准日的负债]×标的股份=股份转让价款。《交接协议》第5.1条约定：根据《股份转让协议》第3.2条的约定，股份转让价格计算如下：[非流动资产及待转为非流动资产的预付账款（27.3亿元）+截至交接基准日的流动资产-截至交接基准日的负债]×标的股份-盘亏资产扣除作价×标的股份-预付账款中和非流动资产相关款项×标的股份+审阅报告中多计提的社保费×标的股份+交接前收到的归属于老股东的补贴款×（1-25%）=（2730000000+190062815.5-641520325.84）×100%-0×100%-7212827.1×100%+4570967.5×100%+5550000×（1-25%）=2280063130.06（元）。仲裁委员会在后续计算中认为，非流动资产及待转为非流动资产的预付账款（27.3亿元）应当扣除应向主管部门缴纳的采矿权出让款4273000元；截至交接基准日的流动资产应当扣除西南水泥有限公司暂扣的目标公司应收债权款62633069.24元；扣除在建生产线的调整款项219673155.21元，仲裁委员会确认的股份转让款具体金额为：2280063130.06-4273000-62633069.24-219673155.21=1993483905.61（元）。西南水泥有限公司已经支付的款项为1562672857元，还应支付股份转让余款430811048.61元。在计算过程中，截至交接基准日的负债、审阅报告中多计提的社保费、交接前收到的归属于老股东的补贴款等数据，仲裁委员会均予以认可，这些数据均来自《交接审阅报告》。仲裁委员会虽然对截至交接基准日的流动资产作了扣减，但其基础数据也来自《交接审阅报告》。由此，仲裁委员会在计算股份转让款具体金额的过程中，作为计算依据的部分数据来自《交接审阅报告》，《交接审阅报告》属于认定案件基本事实的主要证据。

3. 关于《交接审阅报告》是否确属通过捏造、变造、提供虚假证明等非法方式形成或者获取，违反证据的客观性、关联性、合法性要求

谭某某声称《交接审阅报告》系西南水泥有限公司委托天职国际会计师事务所有限公司出具，由西南水泥有限公司副总裁刘某某送给其查看。而天职国际会计师事务所（特殊普通合伙）表示其由天职国际会计师事务所有限公司改制而来，承继天职国际会计师事务所有限公司的权利义务，《交接审阅报告》并非天职国际会计师事务所（特殊普通合伙）或天职国际会计师事务所有限公司出具。且《交接审阅报告》无会计师事务所和注册会计师的签章。由此，《交接审阅报告》系通过非法方式形成或者获取。

综上所述，仲裁裁决所根据的证据《交接审阅报告》是伪造的，经本院执行法官专业会议讨论，拟同意昆明中院不予执行上述仲裁裁决。本案中，西南水泥有限公司的住所地位于四川省，谭某某的住所地位于云南省，两位当事人住所地跨省级行政区域，依据《最高人民法院关于仲裁司法审查案件报核问题的有关规定》第三条第一项的规定，特向你院报核。

最高人民法院
关于肖某宏等申请不予执行仲裁裁决案的复函

2020 年 9 月 21 日　　　　　　　　（2020）最高法民他 172 号

江苏省高级人民法院：

　　你院（2018）苏执他 30 号《关于肖某宏、朱某辉与盐城市新易电子商务有限公司等申请不予执行仲裁裁决案的请示》收悉。经研究，答复如下。

　　根据你院请示，借款合同订立于 2011 年，仲裁裁决于 2012 年作出，故不宜参照你院近年形成的没有法定约束力的裁判规则来认定合同无效。你院认为，本案仲裁裁决认定专业的融资担保公司对外放贷行为有效，违反了法律的强制性规定，损害金融监管秩序，违背社会公共利益，应裁定不予执行。但仲裁司法审查中的社会公共利益，一般包括我国法律基本原则、国家主权、国家及社会公共安全、善良风俗等，而不能简单等同于法律的强制性规定和金融监管秩序。认定本案仲裁裁决违背社会公共利益的理据不足。

　　综上所述，不同意你院拟不予执行仲裁裁决的处理意见。

　　此复

附：

江苏省高级人民法院
关于肖某宏、朱某辉与盐城市新易电子商务
有限公司等申请不予执行仲裁裁决案的请示

2020 年 5 月 7 日　　　　　　　　　　　　（2018）苏执他 30 号

最高人民法院：

　　肖某宏、朱某辉与盐城市新易电子商务有限公司（以下简称新易公司）、张某晖、陈某春不予执行仲裁裁决案，江苏省盐城市中级人民法院（以下简称盐城中院）经审查，拟裁定不予执行涉案仲裁裁决，并就此报送我院审查。我院经审查后拟同意盐城中院的处理意见。根据《最高人民法院关于仲裁司法审查案件报核问题的有关规定》，现将该案有关情况向贵院报告如下。

　　一、当事人的基本情况

　　被执行人：肖某宏，男，住江苏省盐城市。
　　被执行人：朱某辉，男，住江苏省盐城市。
　　委托诉讼代理人：卢某中，江苏因果律师事务所律师。
　　被执行人：张某晖，男，住江苏省盐城市。
　　被执行人：陈某春，女，住江苏省盐城市。
　　申请执行人：盐城市新易电子商务有限公司（原名盐城新易担保有限公司）。住所地：盐城市开放大道 24 号。
　　委托诉讼代理人：刘某，该公司法律顾问。

　　二、当事人的诉辩主张

　　肖某宏、朱某辉异议请求，不予执行盐城仲裁委员会盐仲（2011）裁字第 727 号裁决书。事实和理由：（1）新易公司故意隐瞒事实和证据，导致仲裁结果明显错误。在 2017 年 4 月张某晖被公安机关抓获后，肖某

宏、朱某辉获悉，张某晖、陈某春曾于放贷当日向新易公司经办人冷某童汇付了4.7万元，此款应当被视为新易公司收回的本金。但是，新易公司在仲裁时未如实陈述，亦未出示凭据，导致仲裁裁决认定的借款数额存在错误。张某晖在收到借款后，出逃之前，曾多次向新易公司汇款。这些款项应当抵扣本金、利息，但是新易公司在仲裁过程同样隐瞒了上述事实。（2）新易公司对外放贷严重损害社会公共利益。该公司无放贷金融许可资质，新易公司对外放贷属于国务院发布的《非法金融机构和非法金融业务活动取缔办法》明令禁止的非法放贷行为，违反法律法规的强制性规定，严重破坏国家金融秩序。涉案借款利息高达148%，具有高利贷性质，且追债手段涉黑。（3）根据《江苏省高级人民法院关于当前宏观经济形势下依法妥善审理非金融机构借贷合同纠纷案件若干问题的意见》，新易公司放贷应认定为非法，涉案借款主合同无效，担保人只应对债务人不能偿还本金及利息部分承担三分之一的赔偿责任。请求依法维护肖某宏、朱某辉的合法权益。

新易公司辩称：（1）仲裁裁决已经是合法生效的裁决，即使肖某宏、朱某辉认为裁决结果错误，也已经丧失了申请撤销仲裁裁决的权利。仲裁裁决是经盐城中院立案审查后执行，至今已逾六年，人民法院即使受理执行异议，也应当依据民事诉讼法第二百三十七条规定进行审查，而不是对仲裁裁决的实体问题以及借款合同是否合法有效进行审查。（2）张某晖偿还的4.7万元，是偿还其之前的借款。肖某宏、朱某辉在仲裁庭审理时已经提出过该项主张，仲裁庭未予采纳。该事实与本案没有关联性。（3）新易公司的贷款行为是民间借贷，不构成非法放贷行为，是企业与公民之间的资金流通。虽然双方约定的利率过高，但仲裁庭已经进行了调整，因此仲裁裁决不存在违背公共利益的情况。

三、盐城中院查明的事实

2011年10月10日，张某晖向新易公司出具《自然人申请借款书》一份，主要内容为：现因还贷缺少资金，特向新易公司申请借款150万元，由肖某宏、朱某辉提供资信担保。此借款及费用保证在2011年10月31日前归还。逾期不还承担全责。同日，新易公司与张某晖、陈某春签订了《协议》一份，约定，张某晖因经营急需资金，向新易公司申请借款 150 万元，具体约定为：（1）张某晖、陈某春由肖某宏、朱某辉个人资信作为担保；（2）张某晖、陈某春承担利息 2000 元/天，按实际使用天数计算；（3）借款时间自 2011 年 10 月 10 日起至 10 月 31 日止，到期张某晖、陈某春的借款需一次性全额归还；（4）若提前还款，借款费用按实际占用时间计算；（5）若逾期不能归还借款，除按借款的正常费用支付外，追加逾期的费用 50%等；（6）肖某宏、朱某辉为张某晖、陈某春向新易公司的借款承担无限连带清偿责任；（7）本协议在借款归还后自行失效；（8）如发生纠纷，由盐城仲裁委员会裁决解决。后因张某晖、陈某春未能按期归还借款，新易公司索要未果，遂向盐城仲裁委员会申请仲裁。

2012 年 3 月 19 日，盐城仲裁委员会作出盐仲（2011）裁字第 727 号裁决：（1）张某晖、陈某春在收到裁决书之日起十日内向新易公司偿还借款 150 万元，并承担自 2011 年 10 月 10 日起至 2011 年 12 月 1 日止的利息（按借款本金 150 万元中国人民银行同期同类贷款利率的四倍计算）；（2）肖某宏、朱某辉对上述借款本息承担连带偿还责任；（3）本案仲裁费用 19380 元，保全费用 5000 元，合计 24380 元，由新易公司承担 464 元，张某晖、陈某春承担 23916 元。

另查明，新易公司系 2014 年 8 月由盐城新易担保有限公司变更名称而来。盐城新易担保有限公司的经营范围为：履约担保、诉讼保全担保、财产保全担保、仓储担保、运输担保、租赁担保（依法须经批准的项目，经相关部门批准后方可开展经营活动）。名称变更后的新易公司经营范围为：针纺织品、服装鞋帽、工艺品、玩具、生活日用品、体育用品及器材（除射击器材）、文具用品、农产品、陶瓷制品、橡胶制品、塑料制品、通用设备、金属材料、电线电缆、电子产品、五金产品批发、零售及网上销售。

另查明，2017 年 2 月 26 日，江苏省高级人民法院对建湖县华实房地产开发有限责任公司、盐城市信宇建筑工程有限公司与江苏凯顺投资担保有限公司、陈某民间借贷纠纷一案作出（2016）苏民终 234 号民事判决书。江苏省高级人民法院认为，江苏凯顺投资担保有限公司是专业的融资性担保公司，其经营范围未包括发放贷款，其权利能力只限于为融资提供担保，其对外发放贷款属于国务院发布的《非法金融机构和非法金融业务活动取缔办法》禁止的非法放贷行为，属于违反法律、行政法规的强制性规定。根据合同法第五十二条第五项规定,《合作协议》《融资借款担保合同》应认定为无效,并改判借款担保人对主债务人不能偿还本金及利息的部分承担三分之一的赔偿责任。

四、盐城中院的处理意见

本案中,新易公司在发放涉案贷款时,是专业的融资性担保公司,其经营范围未包括发放贷款,其权利能力只限于为融资提供担保,其对外发放贷款属于国务院发布的《非法金融机构和非法金融业务活动取缔办法》禁止的非法放贷行为,属于违反法律、行政法规的强制性规定的行为。结合江苏省高级人民法院生效判决对同类事实的认定,本案中的借款协议应认定为无效。担保人肖某宏、朱某辉应对主债务人张某晖、陈某春不能偿还本金及利息的部分承担三分之一的赔偿责任。由于担保公司向社会发放贷款涉及人员的面较为广泛,此类仲裁裁决可能导致担保公司的非法放贷行为合法化,破坏正常的社会金融秩序,应认定违背社会公共利益。综上,盐城中院合议庭一致意见为:支持肖某宏、朱某辉的申请,不予执行案涉仲裁裁决。

五、我院补充查明的事实

2017年5月17日,盐城中院作出(2017)苏09执异37号执行裁定,认定涉案仲裁裁决不违背社会公共利益,驳回了肖某宏、朱某辉不予执行涉案仲裁裁决的申请。

2017年12月26日,盐城中院经审判委员会讨论作出(2017)苏09执异37-1号民事裁定,撤销了前述裁定,继续审查涉案仲裁裁决。根据调取的盐城中院审判委员会讨论笔录,盐城中院审判委员会认为原裁定违反法定程序,通知书告知当事人的合议庭成员,与听证时的合议庭成员不同,决定提起再审。

在江苏法院套路贷虚假诉讼智能预警系统中,新易公司只有民间借贷一审案件3件,风险较低。但是,在江苏省法院执行系统中,新易公司有15件执行案件。

六、我院的审查意见

根据民事诉讼法第二百三十七条第三款规定,人民法院认定仲裁裁决违背社会公共利益的，裁定不予执行。新易公司作为融资担保公司，对外发放贷款违反法律、行政法规的强制性规定，破坏金融监管秩序。涉案仲裁裁决认定新易公司签订的借款合同有效，违背社会公共利益，应裁定不予执行。

第一，新易公司向张某晖、陈某春出借款项违反金融监管规定，应认定为无效。在我院（2016）苏民终234号一案中，我院认为，融资性担保公司的经营范围并不包括发放贷款，其权利能力只限于为融资提供担保，其对外发放贷款属于国务院《非法金融机构和非法金融业务活动取缔办法》禁止的非法放贷行为，属于违反法律、行政法规的强制性规定，应认定为无效。最高人民法院针对该案作出（2017）最高法民申3921号民事裁定。最高人民法院认为，《最高人民法院关于适用〈中华人民共和国合同法〉若干问题的解释（一）》第十条规定："当事人超越经营范围订立合同，人民法院不因此认定合同无效。但违反国家限制经营、特许经营以及法律、行政法规禁止经营规定的除外。"《银行业监督管理法》第十九条规定："未经国务院银行业监督管理机构批准，任何单位或者个人不得设立银行业金融机构或者从事银行业金融机构的业务活动。"《非法金融机构和非法金融业务活动取缔办法》第五条第一款规定："未经中国人民银行依法批准，任何单位和个人不得擅自设立金融机构或者擅自从事金融业务活动。"金融活动关系国计民生，专业的融资性担保公司，应严格按照法律关于金融监管的要求，开展金融业务活动。融资性担保公司在明知上述法律、行政法规的限制性规定的情况下，仍违反国家特许经营的规定，超出经营范围，与当事人订立借款合同，出借款项，故该合同依法应认定无效。而且，《江苏省高级人民法院关于当前宏观经济形势下依法妥善审理非金融机构借贷合同纠纷案件若干问题的意见》也规定，融资性担保公司对外发放贷款的合同无效。根据上述案例，金融担保公司对外放贷行为违反法律法规的强制性规定，破坏金融监管秩序。

第二，新易公司构成职业放贷人。根据《江苏省高级人民法院关于建立疑似职业放贷人名录制度的意见（试行）》第六条的规定，经审查，原告确系职业放贷人或其实际控制的关联关系人，且放贷行为属于《银行业监督管理法》第十九条规定的"不得设立银行业金融机构或者从事银行业金融机构的业务活动"情形的,相应的借贷合同认定无效。根据上述意见第一条、第二条的规定,职业放贷人是指未取得金融监管部门批准,不具备发放贷款资质,但向社会不特定对象出借资金以赚取高额利息,出借行为具有营业性、经常性特点的单位,以及以放贷为其重要收入来源,经常性向不特定对象放贷并赚取高额利息的个人。同一出借人及其实际控制的关联关系人作为原告一年内在全省各级人民法院起诉民商借贷案件5件以上的,该出借人应当纳入疑似职业放贷人名录。本案中,从全省法院执行系统中,查到新易公司因借款纠纷执行案件15件,说明新易公司对外放贷较多,可能构成职业放贷人。

综上所述,涉案仲裁裁决认定新易公司对外放贷行为有效,并据此作出裁决。涉案仲裁裁决认定专业的融资担保公司对外放贷行为有效,违反了法律的强制性规定,损害金融监管秩序,违背社会公共利益,应裁定不予执行。依据《最高人民法院关于仲裁司法审查案件报核问题的有关规定》第三条第二项规定,特向钧院请示,请予批复。

最高人民法院
关于呼伦贝尔市中级人民法院拟不予执行仲裁裁决案请示的复函

2020 年 9 月 24 日　　　　　　（2020）最高法民他 232 号

内蒙古自治区高级人民法院：

你院（2020）内执他 190 号《关于呼伦贝尔市中级人民法院拟不予执行北京仲裁委员会（2019）京仲裁字第 0368 号裁决报核一案的请示》收悉。经研究，答复如下。

根据你院请示，本案主要问题是案涉仲裁裁决是否违背社会公共利益。社会公共利益在不同领域、不同国家和不同历史时期，有不同的含义。民事诉讼法第二百三十七条第三款所称社会公共利益，一般包括我国法律基本原则、国家主权、国家及社会公共安全、善良风俗等。请示所述案涉工程系市政工程项目、约定的付款方式与 BT 模式存在根本冲突、案件存在非法利益输送等理由，尚不足以构成上述法律所规定的违背社会公共利益以致无法为我国法律秩序所容忍的情形。故不同意你院不予执行案涉仲裁裁决的意见。

此复

附：

内蒙古自治区高级人民法院
关于呼伦贝尔市中级人民法院拟不予执行
北京仲裁委员会（2019）京仲裁字
第 0368 号裁决报核一案的请示

2020 年 6 月 15 日　　　　　　　　　　　　（2020）内执他 190 号

一、当事人基本情况

申请执行人：青岛固名投资控股有限公司，住所地山东省青岛市市南区延安三路。

法定代表人：陈某，执行董事。

委托代理人：杨某，北京市兰台律师事务所律师。

委托代理人：卢某，北京达达律师事务所律师。

被执行人：新巴尔虎右旗工业园区管理委员会，住所地内蒙古自治区呼伦贝尔市新巴尔虎右旗阿拉坦额莫勒镇。

负责人：苏某某，主任。

二、案件来源

呼伦贝尔市中级人民法院（以下简称呼伦贝尔中院）在执行青岛固名投资控股有限公司（以下简称青岛固名公司）与新巴尔虎右旗工业园区管理委员会（以下简称新右旗管委会）合同纠纷仲裁裁决一案中，认定执行北京仲裁委员会（2019）京仲裁字第 0368 号裁决书违背社会公共利益，拟不予执行该仲裁裁决。根据《最高人民法院关于仲裁司法审查案件报核问题的有关规定》第三条第二款的规定，向本院报请核准，本院受理后，依法组成合议庭进行审查，现已审查终结。

三、仲裁审查情况

(一) 青岛固名公司的仲裁请求和新右旗管委会的答辩

青岛固名公司申请仲裁称，新右旗管委会系新巴尔虎右旗人民政府授权及派出的机构。2012年8月，新右旗管委会名下的"新巴尔虎右旗敖尔金基础设施建设项目"（以下简称敖尔金项目）因缺乏建设资金，向青岛固名公司提出3000万元融资请求，希望青岛固名公司作为项目承包方进行施工。2012年9月5日，双方签订本案合同，约定由青岛固名公司为新右旗管委会敖尔金项目向基金公司融资3000万元，新右旗管委会应按照本案合同附件4《新巴尔虎右旗敖尔金基础设施项目融资本息还款明细》（以下简称本息还款表），在两年内分期向青岛固名公司偿付融资本息合计3700万元（本金3000万元，利息700万元）。2013年2月5日，新巴尔虎右旗人民政府（以下简称旗政府）向旗人大常委会递交《关于对旗敖尔金工业园区基础设施建设项目融资工作进行审议的请示》称："2012年，旗政府通过青岛固名公司引进投资方北京国民信和投资基金有限公司（以下简称北京基金公司），融资3000万元实施了敖尔金工业园区基础设施建设项目。经旗政府研究，决定自2012年10月起，利用两年时间，按照2013年还款本金1000万元，2014年还款本金2000万元，分季度偿还利息的方式，偿还上述融资资金。"2013年3月1日，旗人大常委会针对上述请示批复同意。本案合同及其附件签署后，青岛固名公司按约履行了融资义务，为敖尔金项目向北京基金公司融资3000万元。按照合同约定，截至2014年10月，新右旗管委会应偿付全部融资本金及利息共计3700万元。但新右旗管委会除偿付500万元利息之外，尚余3200万元本息至今未还。故请求：（1）裁决新右旗管委会向青岛固名公司支付融资本金及利息共计3200万元（其中融资本金3000万元，利息200万元）；（2）裁决新右旗管委会支付已欠付的3200万元利息8825600元（以欠付的3200万元为基数按照年利率14%自2014年11月1日暂计算至2016年10月20日，实际计至清偿完毕全部欠款之日止）；（3）裁决新右旗管委会承担全部仲裁费用。

新右旗管委会答辩称：第一，青岛固名公司请求支付3200万元融资本金及利息没有事实及法律依据，应予驳回。本案合同性质为由青岛固名公司建设—移交，由新右旗管委会验收回购。但是，青岛固名公司在合同签订后长达三年时间只完成了三分之一道路建设，该工程并未按照合同约定履行义务。双方约定由青岛固名公司融资建设新右旗管委会开发园区工程，青岛固名公司至今未履行融资交付义务，同时，该融资款也未交付给新右旗管委会确认，如有融资应用于工程建设，新右旗管委会至今未收到融资款项，且为该工程垫付资金1000余万元，表明融资款未到位。第二，青岛固名公司在无证据支持情况下随意请求仲裁，应予驳回。双方虽有融资意向，但青岛固名公司未履行融资行为，仅凭几份无关证据无法显示其融资款到位，并用于工程项目，也无证据显示新右旗管委会占有使用该款项。第三，青岛固名公司仲裁主体不适格。依据合同约定，融资投资方为北京基金公司而非青岛固名公司。在本次仲裁申请人中并未体现投资方，故其代位请求无依据。第四，依据第三方监理公司出证表明，青岛固名公司所完成工作量，仅系工程一小部分，依据双方合同约定新右旗管委会有权单方面解除合同，因青岛固名公司停工的行为导致工期严重滞后达90天以上，已构成解除条件，故新右旗管委会申请仲裁机构依据合同性质确定双方构成解除合同条件。综上，请求仲裁机构在查明事实的基础上，驳回其全部仲裁请求。

（二）新右旗管委会的仲裁反请求及青岛固名公司的答辩

新右旗管委会提出仲裁反请求称：本案合同约定青岛固名公司负责本案合同项下工程的投融资和建设，在工程建成竣工后移交给新右旗管委会或其指定的管护单位，新右旗管委会按照本案合同约定向青岛固名公司支付工程回购价款。青岛固名公司在本案合同中还进一步承诺，保证工程在两年内完工。该工程于2012年9月开工，2014年10月停工至今，截至本案仲裁提起日，仅完成部分工程，且已完成工程质量存在严重缺陷。由于青岛固名公司未取得建筑施工企业资质，无权总承包本案合同项下工程。同时，青岛固名公司将所承包工程违法转包给乌兰察布市华海高科技投资发展有限公司（以下简称华海公司），该公司也没有建筑施工企业资质。合同履行过程中，新右旗管委会已经向青岛固名公司支付了工程款合计1564.8655万元，应在据实造价鉴定后的总工程款中扣减,予以多退少补。鉴于青岛固名公司不具备建筑施工企业的资质,违法承包并转包工程,违反建筑法第十三条、第二十六条第一款、第二十八条及《最高人民法院关于审理建设工程施工合同纠纷案件适用法律问题的解释》第一条的规定,严重扰乱建设工程市场的管理秩序,给被申请人造成巨大的损失。在无法协商解决的情况下,新右旗管委会为维护自身合法权益,依法提出仲裁反请求:(1)裁决确认本案合同无效;(2)裁决新右旗管委会向青岛固名公司依法据实结算已完成工程的工程款;(3)裁决青岛固名公司向新右旗管委会赔偿损失500万元;(4)裁决青岛固名公司承担本案全部仲裁费用。

青岛固名公司答辩称:第一,本案合同并非无效合同。本案合同为复合合同,包含双重法律关系,既包括建设工程法律关系,也包括借款关系。根据合同法第五十六条的规定,合同部分无效,不影响其他部分效力的,其他部分仍然有效。建设工程需要资质,但借款关系的成立和生效无须资质;即使建设工程部分法律关系无效,也不影响借款关系的效力。新右旗管委会于2013年10月18日作出的《关于申请敖尔金产业基地基础设施融资款的报告》,系合同签订后独立的还款承诺,更不受建设工程法律关系效力的影响。所以,无论建设工程法律关系是否无效,青岛固名公司均有权根据本案合同附件4本息还款表及旗政府和新右旗管委会的还款承诺,要求新右旗管委会偿付融资借款本息。退而言之,即使借款法律关系也无效,新右旗管委会仍应基于借款关系无效的法定后果还本付息。第二,青岛固名公司与新右旗管委会之间具有明确的借款关系,青岛固名公司已经举证证明借款事实的发生。包括本案合同附件明确约定双方借款关系和还款证明,旗政府和新右旗管委会在本案合同履行过程中出具多份还款承诺,青岛固名公司将近3000万元融资借款投入本案合同项目建设,履行了融资借款义务,呼伦贝尔市纪委的调查报告也确认近3000万元融资借款已投入本案项目建设。2013年10月,新右旗管委会盖章出具的承诺,明确认可了借款关系和借款事实,请求旗政府拨款用以偿还借款。第三,新右旗管委会主张通过工程款结算取代偿还借款的义务,缺乏根据。新右旗管委会主张的损失赔偿,也缺乏根据。此外,就新右旗管委会仲裁反请求涉及事项和主张,青岛固名公司不认可新右旗管委会对已完成部分工程的价值主张;关于新右旗管委会已付款金额仅认可收到1300万元，不认可新右旗管委会主张的另两笔代付款，不认可新右旗管委会主张的损失及赔偿主张。

（三）本案合同工程造价鉴定和双方质证意见

根据新右旗管委会的申请，结合本案审理情况，仲裁庭于2016年11月委托北京莫非工程顾问有限公司（以下简称北京莫非公司）对本案合同建设工程进行造价鉴定。2018年3月2日，仲裁庭收到北京莫非公司来函称，因青岛固名公司持续上门干扰鉴定工作，多次于晚间时段追至其员工家庭住址敲门，故决定退出本案的造价鉴定工作，放弃全部鉴定费用，并声明不得使用其在本案中形成的鉴定报告材料。仲裁庭未收到青岛固名公司关于北京莫非公司所述情况的否定性或相关说明等回复材料。

鉴于审理需要，2018年3月5日，仲裁庭委托北京泛华国金工程咨询有限公司（以下简称北京泛华咨询公司）对本案工程进行造价鉴定。鉴定意见包括如下两部分内容：（1）对已施工工程按照市场价计算的金额为15981351元。鉴定机构结合双方材料、现场勘验、施工期工程所在地造价信息及内蒙古市政工程相关规定，对已施工工程的鉴定金额为15981351元；其中：1号路东西路5955534元，2号路南北路5981991元，现场签证3830827元，已采购未安装的材料0元，建设工程其他费（可研报告编制费）213000元。（2）在已施工鉴定金额基础上的待定调整内容及金额。在上述已施工鉴定金额15981351元的基础上，分别结合新右旗管委会审价报告的工程量、材料价、青岛固名公司合同价、监理签字工程量确认单，对于相关鉴定子项的价格进行了分别核算，并补充了青岛固名公司已采购未安装材料的核算价值，一并供仲裁庭结合案件审理参考使用。

双方认可鉴定意见的真实性、合法性和关联性。青岛固名公司对部分工程量和材料价的计取有异议，新右旗管委会对于鉴定金额没有异议。

（四）仲裁裁决认定事实

在本案合同签订之前，青岛固名公司与旗政府于2011年3月15日签订《合作框架协议书》（以下简称2011年合作框架协议），约定借款、基础设施建设工程、节能改造亮化等内容；其中，关于借款事宜，约定青岛固名公司向旗政府提供借款，以实际借款金额为准，借款利息5.81%；借款期限为2011年4月至2011年12月31日；旗政府在2012年6月30日前全部还清等；关于敖尔金项目工程，约定旗政府将工程交由青岛固名公司全额垫资实施；旗政府按照旗审计部门审计的工程价款向青岛固名公司结算，2011年5月开工建设，付款时间为2011年5月至2012年12月31日；工程由青岛固名公司的下属公司承接实施。

根据2011年合作框架协议的约定，青岛固名公司安排乌兰察布市集宁区市政工程建设有限公司（以下简称乌兰察布市政公司）承建1号路东西路施工。2011年7月31日，乌兰察布市政公司作为承包人，与新巴尔虎右旗财政局、新巴尔虎右旗敖尔金牧场以及新右旗管委会共同作为发包人，签订关于新巴尔虎右旗敖尔金产业基地一公里道路（1号路东西路）道路、照明及管网工程的《建设工程施工合同》（以下简称2011年施工合同）。合同总价1680万元，工程于2011年8月开工。合同履行中，青岛固名公司委托华海公司参与工程实施。

在2011年施工合同履行期间，本案双方当事人同意将敖尔金工业基地主干道路（2号路南北路）和正在进行施工的1号路东西路均纳入本案合同，一并交由青岛固名公司负责投资建设施工。为此，青岛固名公司作为乙方（承包单位），与新右旗管委会作为甲方（发包单位），于2012年9月5日订立敖尔金项目《BT模式投资建设施工合同》（以下简称本案合同或BT合同）。经双方当事人代表签字并盖章。

本案合同序言显示，新右旗管委会就敖尔金项目（详见附《工程项目一览表》）进行BT（Build-Transfer）模式招标（采用竞争性谈判方式），申请人参与竞争性谈判并中标（合同序言2）。

本案合同第1.3条约定，BT模式为英文Build-Transfer的缩写，在本案合同中的中文意思即建设—移交；双方认可的BT模式是指青岛固名公司按本案合同的约定负责项目投融资、工程建设全过程的组织和管理，并承担期间的风险。在青岛固名公司按约定将本案工程建成竣工移交给新右旗管委会及其指定的管护单位后，青岛固名公司按BT回购价款收回投资。第2.1.1条约定，本案工程项目采用约定的BT模式实施。第2.4条约定，青岛固名公司确保在具备开工条件后的两年内全部完工，但因新右旗管委会原因不能按时开工的，完工时间应顺延。第3.1条"回购价款"约定，本案合同回购价款为3860万元，由建筑工程费、资金占用费等组成，具体如下：第3.1.1条，建筑工程费按本案合同第4条规定原则确定的预算执行，金额不低于3860万元，若工程量增加，则工程预算相应增加。第3.1.4条，回购期及付款方式：本合同签订后青岛固名公司开工前，新右旗管委会向青岛固名公司拨付回购款的40%，开工后再支付30%，工程竣工后支付25%，余5%质保金工程竣工之日起一年内支付。2014年12月31日前，若新右旗管委会到期不能支付回购价款，申请人可用回购款冲抵应缴纳的税费（包括但不限于城市基础设施配套费、规划综合费、人防异地建设费、营业税、建安税、不动产销售税、契税、教育附加税等），回购价款以工程合同金额、经审计后的增减金额、新右旗管委会掌握使用的费用及利息组成。第3.2条"工程款的支付"约定，青岛固名公司应根据本合同及与相关单位签订的合同，按照合同约定向工程相关单位支付工程款，届时若青岛固名公司拖欠工程款，新右旗管委会有权在支付给青岛固名公司的总合同价款中作相应的扣减。遵照北京基金公司要求，由新巴尔虎右旗固名国信投资有限公司（以下简称固名国信公司）开设结算账户，北京基金公司、青岛固名公司和新右旗管委会三方对此账户进行监管。第5.1条约定，本工程施工由青岛固名公司按国家有关规定组织实施。第6.3条约定，旗人大常委会为新右旗管委会的回购款出具人大决议及纳入同期财政还款预算。第7.2.2条约定，（申请人）根据相关合同约定向本工程相关单位支付合同款。第12.1.1条约定，新右旗管委会未能按本合同约定向青岛固名公司支付款项时，回购款延付部分的资金，回购期利息在年化14%的基础上加一个百分点计算。

本案合同履行中，青岛固名公司将本案工程施工全部交由华海公司承建（华海公司又将部分施工交由实际施工人孙某某承担），将LED路灯照明等货物交由乌兰察布市固名光电科技有限公司（以下简称固名光电公司）供应。青岛固名公司和华海公司均没有建筑工程施工企业资质。本案工程于2012年10月开工，于2014年陆续停工。青岛固名公司以新右旗管委会未及时付款为由，于2015年全面停止本案工程施工。本案工程未完成全部施工，也未进行竣工验收、移交或投入使用。因本案工程停工，青岛固名公司有部分已经采购未交付至现场进行施工安装的路灯、苗木等订购货物，述称具备交付条件。

双方确认，因存在签订、履行在先的 2011 年合作框架协议和 2011 年施工合同，故而本案工程中，1 号路东西路存在本案合同签订前已经实施、后纳入本案合同范围的部分前期施工（以下简称前期施工）。双方就前期施工的具体施工方存在分歧：青岛固名公司述称，由华海公司组织施工，因资质问题曾确认由乌兰察布市政公司挂名签约；新右旗管委会述称，青岛固名公司先找到乌兰察布市政公司，后者又找到乌兰察布市鑫塬建筑有限公司（以下简称乌兰察布鑫塬公司），乌兰察布鑫塬公司施工时又包给齐齐哈尔城建市政工程有限责任公司（以下简称齐齐哈尔市政公司）。

青岛固名公司在本案合同下成立项目公司固名国信公司，但没有按照合同约定将相关权利义务转让给固名国信公司，也没有设立三方共管账户。固名国信公司对融资款，进行了部分收转支付。此外，负责为本案工程供货的固名光电公司，为青岛固名公司及其法定代表人持股的子公司；负责本案工程施工的华海公司，与青岛固名公司存在个别自然人股东重合的情况。

对于合同约定的融资方北京基金公司，未涉及本案合同履行。本案相关的实际融资方为北京华信九鼎投资中心（有限合伙）（以下简称华信九鼎）。

双方当事人确认，本案合同价款与 2011 年合作框架协议约定的借款事宜没有关系。

青岛固名公司于 2012 年 9 月和 12 月，从华信九鼎获得两笔融资款，共计 2974 万元。青岛固名公司自 2013 年 8 月至 11 月，通过项目公司固名国信公司，分数笔向华海公司支付 2310.7 万元；自 2012 年 10 月至 2013 年 10 月直接向固名光电公司分十数笔支付共计 5146797 元，并于 2013 年 2 月向孙某某支付 100 万元。

新右旗管委会就本案工程（包括前期工程）先后向青岛固名公司支付或向第三方垫付了数笔价款。双方就新右旗管委会具体已付金额存在分歧。新右旗管委会主张，自 2011 年 12 月至 2016 年，分别向华海公司、青岛固名公司、固名国信公司、齐齐哈尔市政公司、内蒙古北疆律师事务所（以下简称北疆律所）及内蒙古冠胜律师事务所（以下简称冠胜律所）（代孙某某）支付的共计15648655元，均为本案工程已付款。青岛固名公司认可上述自2011年12月至2013年10月新右旗管委会向青岛固名公司、华海公司、固名国信公司支付的1300万元为本案合同及工程价款，不认可向齐齐哈尔市政公司支付的1598655元和向孙某某支付的105万元为本案工程垫付的价款。

本案合同关于新右旗管委会付款有不一致的约定，包括按照第3.1条回购价款为3860万元及开工后支付至70%即合计2702万元，以及本息还款表约定2014年10月支付本金及收益共计3700万元等。但是，不论按照本案合同约定的哪一种支付时间进度看，新右旗管委会均存在支付时间上的明显延后。新右旗管委会对于其支付时间没有给予合理的解释和理由，仲裁庭据此认定青岛固名公司因新右旗管委会支付违约而停工的主张成立。

此外，2013年1月31日，华海公司与孙某某就本案工程施工达成《工程款结款协议书》，华海公司确认孙某某已完成1100米长、宽24米的路基等工程，结算价2639064元，并同意向孙某某支付100万元，余款在2013年5月开工前由双方协商分批付款。青岛固名公司向孙某某支付了上述100万元，未提交向孙某某支付其余价款的证据。孙某某向呼伦贝尔中院起诉青岛固名公司、华海公司及旗政府，法院于2013年12月立案受理。2014年4月，孙某某与青岛固名公司及旗政府达成庭外和解协议，各方确认青岛固名公司应付孙某某施工余款1639064元，同意由旗政府从应支付青岛固名公司的本案工程资金中拨付，资金直接支付至北疆律所的银行账户。2014年5月法院准许孙某某撤回起诉。

（五）仲裁裁决认为

围绕本案双方的仲裁请求和反请求事项，双方形成五个主要争议焦点：一是本案合同是否无效；二是是否仅依据本息还款表和新右旗管委会及相关机构支付安排文件，即应支持青岛固名公司关于支付融资本息的请求；三是新右旗管委会已经支付金额的认定；四是本案工程造价的认定；五是双方请求的合同欠款和损失赔偿是否成立。

焦点一：本案合同是否无效。

仲裁庭认为，依法应认定本案合同全部无效。

第一，本案合同不属于分别包含"建设工程"和"借款"双重法律的复合合同。本案合同约定BT模式，不等同于双方当事人在本案合同中建立了可拆分的"直接借款"和"工程建设施工"两个并列的法律关系。根据本案合同关于BT模式的约定，青岛固名公司在本案工程项目实施中负责项目投融资，在工程建成后移交给新右旗管委会，同时，青岛固名公司按照约定获得全部回购价款。本案合同并未约定青岛固名公司将一定金额的款项出借给新右旗管委会，也未约定新右旗管委会向青岛固名公司借款并进行还款，不符合借款关系的基本特征。青岛固名公司将客观上有融资和垫资效果的BT模式，直接解释为建设工程和借款法律关系，缺乏合同或法律依据。

第二，本案合同以BT模式投资建设约定工程，按照合同约定，本案合同承包单位即青岛固名公司，在负有为工程建设进行投融资义务的同时，其主体性的合同义务是完成本案工程的施工建设。按照建筑法规定，建设施工单位应具备施工企业资质。本案中，青岛固名公司及华海公司均不具备施工企业资质，青岛固名公司作为本案工程项目的承包单位签订本案合同，将本案工程项目发包给华海公司和孙某某个人实际施工，违反了法律相关效力性的强制性规定。具体而言，青岛固名公司作为承包单位签署本案合同后，在本案工程项目实施中，除路灯供货交由固名光电公司承担外，将土石方、路基、路面等施工内容均交由华海公司和孙某某个人承担，违反建筑法第十三条、第二十六条第一款、第二十八条的强制性规定，根据合同法第五十二条的规定，本案合同应认定无效。

关于双方当事人对于合同无效的责任，仲裁庭注意到，本案工程未经公开招标交由不具备施工企业资质的青岛固名公司实施，与旗政府在2011年合作框架协议中向青岛固名公司借款并承诺将本案工程交由申请人全额垫资实施有关。考虑到对于启动实施本案工程项目，以及如何依法选择哪些承包单位签订合同，新右旗管委会及其所属的旗政府显然处于能够起决定性作用的优势地位，而新右旗管委会也未提供证据证明青岛固名公司对新右旗管委会的该种选择和决定，存在何种误导或者应当承担共同责任的情形，所以，对于本案合同的无效，仲裁庭认为，新右旗管委会应承担主要责任。同时，考虑到青岛固名公司知晓自身及实际施工企业没有施工资质等事实,并应当知晓相关法律规定,仲裁庭认为,对因缺乏施工资质违法导致本案合同无效,青岛固名公司也应承担次要责任。

焦点二:是否仅依据本息还款表和新右旗管委会及相关机构支付安排文件,即应支持青岛固名公司关于支付融资本息的请求。

仲裁庭认为,青岛固名公司的主张不成立,不应仅依据本息还款表和新右旗管委会及相关机构支付安排文件支持青岛固名公司关于支付融资本息的请求。

第一,申请人关于新右旗管委会及相关机构支付安排文件系本案合同签订后独立的还款承诺,从而应被遵守的主张不成立。假设如青岛固名公司所主张,双方当事人之间存在借款合同关系,仲裁庭认为,新右旗管委会承担还款义务的基础条件是,青岛固名公司已经向新右旗管委会实际提供了借款。本案中,青岛固名公司为实施项目向华信九鼎进行融资,但是,青岛固名公司并非将融资款直接出借给新右旗管委会,而是基于工程建设需要向实际施工方和供货商进行支付,这些均不构成青岛固名公司向新右旗管委会的支付借款行为。而支付安排文件仅显示回购款款源安排、支付承诺和新右旗管委会的请款事实,甚至其关于外部融资方的表述,也与实际情况不符。仲裁庭认为,这些文件均不能证明青岛固名公司直接向新右旗管委会提供了借款,也不构成新右旗管委会应据此还款的约束性文件。

第二,鉴于仲裁庭已认定本案合同无效,本息还款表作为本案合同附件,不应成为新右旗管委会应付款金额及期限的确定性依据。同时,该附件内容与合同正文关于回购价款及支付的约定存在明显不一致,结合合同其他条款约定及本案合同目的,即使合同有效也不足以认定为关于付款的确定性合同依据。具体而言,本案合同第3条约定,回购价款不低于3860万元,由建筑工程费、资金占用费等组成,审计后还可能有增减;并约定了按照本案合同签订、开工、工程竣工、质保期满等不同的支付里程碑事件时点进行支付。而本息还款表显示的本息总额、支付时间,与合同正文约定明显不一致,也不符合本案合同关于BT模式定义。对于这些存在不一致乃至矛盾的合同约定,需要进行合同解释。就双方签约时既已约定的本息还款表,使之有意义的合理解释是,其系双方当事人结合本案合同约定及对本案工程建设施工的预期，对新右旗管委会将要发生的融资偿还义务进行的预估性安排，同时，本息还款表上列明具体金额和支付年月，方便新右旗管委会进行回购款款源及支付程序的安排。在没有其他相关佐证的情况下，本息还款表可以显示新右旗管委会对于本案工程项目债务金额和支付时间的预估，但不足以证明新右旗管委会存在对于青岛固名公司仅附期限的确定债务。

第三，除双方在本案审理中确认的前期工程外，本案合同中未显示存在青岛固名公司不需要履行约定义务即已拥有的既有债权。本息还款表和新右旗管委会及相关机构支付安排文件，虽然从不同侧面反映出新右旗管委会在就本案工程项目的支付进行不同时间段、不同金额的还款计划，但是，这些证据不足以证明青岛固名公司实际存在对于新右旗管委会的具体债权。所以，仲裁庭无法仅依据这些证据支持青岛固名公司的请求金额。

与青岛固名公司主张欠款相关的是，仲裁庭注意到，本案合同为BT模式投资建设施工合同，青岛固名公司于2012年开工后，已经进行了融资，部分工程施工及货物采购等建设活动；而新右旗管委会存在支付延迟，导致青岛固名公司停工。仲裁庭认为，本案工程虽然未竣工验收移交，但是，因新右旗管委会不仅应对本案合同无效承担主要责任，而且本案工程停工系因新右旗管委会不按时支付价款，所以，对于青岛固名公司因本案工程投入的价值和遭受的损失，应根据已完成工程的造价，由新右旗管委会进行已实施工程的折价补偿，并结合青岛固名公司融资建设本案工程的特点，合理赔偿其所遭受的损失。

焦点三：新右旗管委会已经支付金额的认定。

除青岛固名公司认可的1300万元之外，对于新右旗管委会向齐齐哈尔市政公司支付的1598655元和向孙某某支付的105万元，仲裁庭认为，应计入本案工程已付款金额。

第一，双方均认可前期施工随着1号路东西路纳入本案工程，均同意对本案工程进行造价鉴定时，包括2011年施工合同中由乌兰察布市政公司负责施工的工程价值。

第二，关于新右旗管委会向齐齐哈尔市政公司支付的1598655元，其提供证据证明，乌兰察布市政公司于2014年1月17日出具授权乌兰察布鑫塬公司进行前期工程结算手续,乌兰察布鑫塬公司于2014年1月26日出具授权齐齐哈尔市政公司进行前期工程拖欠工人工资的支付授权,以及齐齐哈尔市政公司相关工人工资表,与本案工程前期工程由乌兰察布市政公司施工,形成关于2号路东西路(仲裁裁决笔误,应为"南北路")前期工程款支付的证据链条。青岛固名公司虽然否认该支付,但是,就其关于乌兰察布市政公司仅为前期工程挂名的主张,未提供相关证据,且未提供已向乌兰察布市政公司付款的证明。

第三,关于向孙某某支付的105万元,新右旗管委会说明是对孙某某和解协议确认总额1639064元的减额支付;而1639064元正是华海公司在孙某某结款协议中确认的总价2639064元,与青岛固名公司已付100万元金额的差额(1639064=2639064-1000000),其支付也与孙某某和解协议约定一致。仲裁庭认为,结合双方证据,足以认定新右旗管委会支付的该款项为代付的工程款。

综上所述,仲裁庭认定,在本案工程项下,新右旗管委会已经向青岛固名公司支付的总金额为15648655元。

焦点四:本案工程造价的认定。

青岛固名公司对鉴定机构的鉴定意见书提出异议,鉴定机构经审阅出具复议意见书,青岛固名公司依然持有部分异议,鉴定机构出具了异议回复。新右旗管委会对于鉴定意见书和复议意见书均无异议。结合出席本案庭审情况,鉴定机构出具鉴定补充意见书。双方均认可鉴定意见的真实性、合法性和关联性。结合青岛固名公司异议所称少算或漏算的内容,以及鉴定意见、新右旗管委会意见及本案其他相关证据材料,仲裁庭认为,对于鉴定机构的两部分鉴定内容,考虑设计费、水泥、中粗砂等材料差额、水费、换填砂砾、人行道土方、已采购未交付材料费事实和理由,已施工工程按照市场价计算金额15981351元的基础上,可以部分待定调整内容调增金额,确定本案工程造价为19457067元(15981351+35000+2884802+35738+515465+4711=19457067)。

焦点五:双方请求的合同欠款及损失赔偿是否成立。

青岛固名公司主张其为本案工程融资并实际投入约3000万元,新右旗管委会应支付合同欠款3200万元,并赔偿融资本金及利息的利息损失;对于工程造价鉴定价值,还主张应全额包括已采购未交付货物金额,由新右旗管委会予以赔偿。新右旗管委会主张在按照工程造价据实结算工程款的同时，反对工程造价纳入青岛固名公司已采购未交付货物金额，并主张青岛固名公司应赔偿500万元损失。

仲裁庭认为，第一，因本案合同无效且新右旗管委会应承担主要责任，新右旗管委会应按照上述本案工程造价，支付青岛固名公司本案工程造价金额19457067元。扣除仲裁庭认定已付工程款15648655元，新右旗管委会还欠付3808412元。

第二，对于青岛固名公司已采购未交付货物的材料费损失，新右旗管委会基于其对合同无效以及拖延付款的责任，应赔偿该项合同支出损失。结合上述费用估算价值，考虑到正常货物存储必然发生仓储、保管等费用支出，以及2012年签约采购货物的价值损耗和养护、LED灯等商品近数年市场价格下跌明显导致的转卖价低等因素，仲裁庭认为，可酌定青岛固名公司已采购未交付货物的材料费损失为310万元。至于青岛固名公司关于全额支持其已采购未交付货物的材料款损失的主张，因青岛固名公司对于本案合同无效也负有次要责任，且应当清楚知悉并分担关于合同约定存在明显矛盾或粗疏的风险，仲裁庭认为，不予支持该项主张。

第三，考虑本案合同约定了BT的融资建设等交易安排，新右旗管委会明知青岛固名公司承担融资的负担，以及本案合同明确约定了回购期之日起、按照年利率14%计算回购期利息，仲裁庭认为，按照诚信原则，即使本案合同因青岛固名公司施工资质问题而无效，新右旗管委会还应参照年利率10%的标准，赔偿利息损失。

第四，对于被新右旗管委会欠付时间及利息损失的起算日期，如前所述，仲裁庭注意到，尽管本案合同存在前后矛盾的约定，但是，至迟至2014年10月新右旗管委会已经发生了按照合同约定的支付迟延。综合考虑本案基本情况，按照公平合理原则，仲裁庭认为可确定为2014年11月1日。

第五，对于新右旗管委会主张赔偿其损失500万元，仲裁庭认为，不仅本案合同无效的主要责任在于新右旗管委会，本案工程停工源于新右旗管委会迟延支付约定价款，而且新右旗管委会也未能证明其主张的损失系由青岛固名公司造成，故仲裁庭不予支持。

（六）关于仲裁请求和仲裁反请求

对于青岛固名公司的仲裁请求和新右旗管委会的仲裁反请求，仲裁庭综合意见如下。

第一，关于本案合同效力，对于新右旗管委会反请求裁决确认本案合同无效，如前所述，仲裁庭认为，根据建筑法第十三条、第二十六条第一款、第二十八条的规定以及合同法第五十二条的规定，结合青岛固名公司及其委托实际施工的华海公司均没有施工企业资质的事实，依法应裁决认定本案合同无效。结合本案合同签约背景和双方当事人情况等事实，仲裁庭认为新右旗管委会应对合同无效承担主要责任。

第二，关于青岛固名公司请求裁决新右旗管委会支付融资本金及利息以及新右旗管委会反请求裁决依法据实结算已完成工程的工程款。如前所述，仲裁庭认为，参考双方本案合同约定，结合青岛固名公司为本案工程实际投入和遭受损失的情况，扣除新右旗管委会已付工程款15648655元后，还应支付并赔偿青岛固名公司6908412元（19457067-15648655+3100000=6908412），并赔偿青岛固名公司自2014年11月1日起以6908412元为基数，按年利率10%计算至实际支付之日止的利息，暂计算至2016年10月20日为1362755.24元（6908412×10%×720/365=1362755.24）。关于依法据实结算已完成工程的工程款的仲裁反请求，鉴于仲裁庭已就工程造价进行认定，对于该项仲裁反请求，仲裁庭不再支持。

第三，关于新右旗管委会反请求裁决青岛固名公司赔偿损失500万元。如前所述，仲裁庭认为，考虑本案合同无效的主要责任在于新右旗管委会，且新右旗管委会不及时付款导致本案工程停工，以及新右旗管委会未能证明青岛固名公司导致其遭受500万元损失，故仲裁庭不支持新右旗管委会的该项仲裁反请求。

第四，关于本案鉴定费用和仲裁费用的承担。根据《北京仲裁委员会仲裁规则》第五十一条的规定，仲裁庭认为，本案工程的鉴定费用430000元，结合本案审理情况，应由青岛固名公司全部承担。本案仲裁本请求的仲裁费用，应由青岛固名公司承担40%，新右旗管委会承担60%；仲裁反请求的仲裁费用，应由青岛固名公司承担20%，新右旗管委会承担80%。

（七）仲裁裁决

依据上述事实和理由，经合议，仲裁庭依法作出裁决如下：（1）确认本案合同无效；（2）新右旗管委会向青岛固名公司支付6908412元，并赔偿自2014年11月1日起以6908412元为基数按年利率10%计算至实际支付之日止的利息（暂计算至2016年10月20日利息为1362755.24元）；（3）驳回青岛固名公司的其他仲裁请求；（4）驳回新右旗管委会的其他仲裁反请求；（5）本案鉴定费用43万元（已由新右旗管委会全部预缴），全部由青岛固名公司承担，青岛固名公司应直接向新右旗管委会支付鉴定费用43万元；（6）本案仲裁本请求的仲裁费用250852.4元（已由青岛固名公司全部预缴），由青岛固名公司承担100340.96元，新右旗管委会承担150511.44元，新右旗管委会应直接向青岛固名公司支付仲裁费用150511.44元；本案仲裁反请求的仲裁费用261950元（已由新右旗管委会全部预缴），由青岛固名公司承担52390元，新右旗管委会承担209560元，青岛固名公司应直接向新右旗管委会支付仲裁费用52390元；上述两项费用经折抵后，新右旗管委会还应向青岛固名公司支付仲裁费用98121.447元。

四、新右旗管委会申请撤销仲裁裁决的情况

新右旗管委会不服该仲裁裁决结果，向北京市第四中级人民法院（以下简称北京四中院）提出撤销仲裁裁决申请，2019年4月19日北京四中院立案审查。

新右旗管委会撤销仲裁请求称：仲裁审查中的五个焦点问题，其中两个即"四、工程造价的认定；五、双方请求的合同欠款及损失赔偿是否成立"均与青岛固名公司声称的已采购未交付的材料费有关，而青岛固名公司隐瞒了与材料采购有关的证据。在仲裁庭审中，青岛固名公司仅提交了合同标的为603万元的《购货合同》，新右旗管委会在仲裁庭审中要求其进一步提供付款凭证、付款方式及发票信息，但青岛固名公司拒绝提供。对于未交付的货物材料，新右旗管委会有理由质疑《购货合同》实际履行的真实性，青岛固名公司故意隐瞒相关证据足以影响仲裁

庭的公正裁决,侵害了新右旗管委会的合法财产权益。另外,新右旗管委会认可北京泛华咨询公司出具的《工程造价鉴定意见书》和《工程造价鉴定复议意见书》,但仲裁庭选择性地采用新右旗管委会提交的审价报告中的部分数据,没有法律依据。据此申请撤销(2019)京仲裁字第0368号裁决书。

青岛固名公司答辩称:新右旗管委会申请撤销仲裁的理由不成立。一是关于已采购但未安装部分的材料损失,其不仅提供了《购货合同》,还提供了相关的付款凭证、发票、施工合同、材料堆放的照片,部分工程验收单及验货单,不存在隐瞒证据的事实;二是新右旗管委会主张的这些证据,只是用来加强仲裁庭认定采购事实存在的证据,不属于隐瞒影响公正裁决的证据;三是新右旗管委会认为仲裁庭选择性地使用鉴定意见,不属于申请撤销仲裁的理由。

北京四中院审查认为,新右旗管委会申请撤销仲裁裁决的事由为青岛固名公司隐瞒了足以影响公正裁决的证据,根据《最高人民法院关于人民法院办理仲裁裁决执行案件若干问题的规定》第十六条规定:"符合下列条件的,人民法院应当认定为民事诉讼法第二百三十七条第二款第五项规定的'对方当事人向仲裁机构隐瞒了足以影响公正裁决的证据的'情形:(一)该证据属于认定案件基本事实的主要证据;(二)该证据仅为对方当事人掌握,但未向仲裁庭提交;(三)仲裁过程中知悉存在该证据,且要求对方当事人出示或者请求仲裁庭责令其提交,但对方当事人无正当理由未予出示或者提交。"本案中,新右旗管委会未提交其在仲裁程序中曾要求青岛固名公司出示或请求仲裁庭责令青岛固名公司提交付款凭证、付款方式及发票信息等证据,亦不能证明青岛固名公司故意隐瞒该证据而拒绝提交,故该项撤裁请求不符合《最高人民法院关于人民法院办理仲裁裁决执行案件若干问题的规定》第十六条规定"对方当事人向仲裁机构隐瞒了足以影响公正裁决的证据"的情形。对于新右旗管委会提出的仲裁庭对鉴定意见采用不当问题,属仲裁庭就本案实体问题处理范围,法院不予审查。综上所述,驳回了新右旗管委会的申请。

五、孙某某与青岛固名公司、旗政府诉讼案件

按照2014年4月孙某某与青岛固名公司及旗政府达成的庭外和解协

议，新右旗管委会于 2014 年 5 月至 2016 年 7 月，向孙某某的代理律师支付工程款共计 105 万元，因剩余工程款未支付，孙某某向新巴尔虎右旗人民法院提起诉讼，要求青岛固名公司支付拖欠的工程价款 600499 元，并支付逾期付款利息，旗政府承担连带责任。2019 年 11 月 1 日，新巴尔虎右旗人民法院作出（2019）内 0727 民初 420 号民事判决书，判决青岛固名公司向孙某某支付工程价款 589064 元及利息，旗政府给付孙某某在本院交纳的案件受理费 11435 元。

六、案件执行情况

青岛固名公司申请执行新右旗管委会合同纠纷一案，呼伦贝尔中院于 2019 年 6 月 10 日立案，同年 6 月 13 日向被执行人送达了执行通知书、报告财产令。分别于 2019 年 7 月 9 日、7 月 10 日查封被执行人名下丰田汽车一辆，并冻结被执行人银行存款账户（因账户和户名不符，未能成功冻结）。申请执行人提出对被执行人限制消费、限制出境、纳入失信的申请。因被执行人未按照执行通知书履行义务，呼伦贝尔中院于 2019 年 7 月 16 日将被执行人的法定代表人限制消费。执行中，被执行人提出分期履行，并要求申请执行人就已收到的工程款 15648655 元开具发票。10 月 25 日，新右旗管委会按照《关于计划上缴被执行工程款的报告》中分期履行的计划，将首期执行款 200 万元汇入呼伦贝尔中院执行专户。

2019 年 11 月 1 日，该院合议庭发现双方当事人签订的 BT 合同存在 BT 模式与工程款付款方式冲突的问题。2019 年 11 月 5 日，合议庭接待双方当事人准备就分期付款问题进行调解，并就该问题询问了双方当事人。申请执行人的代理律师认为北京仲裁委的仲裁裁决已经生效，且经北京四中院驳回了被执行人撤销仲裁裁决的申请，故本案无争议，应继续执行，无须审查。当日，合议庭就该问题向旗政府发函核实，要求其书面答复双方签订的 BT 合同中预付工程款方式否定 BT 模式的依据及理由。2019 年 11 月 18 日，呼伦贝尔中院收到旗政府回函。

七、呼伦贝尔中院查明的情况

除仲裁裁决认定的事实外，呼伦贝尔中院另查明，按照《新巴尔虎右旗工业园区总体规划（2016—2030）》，新巴尔虎右旗工业园区属呼伦贝尔市级工业园区，敖尔金绿色产业基地是园区内两大产业基地之一。基地对外交通主要连接满洲里市和新巴尔虎右旗S203省道。按照涉案工程的施工设计，1号路东西路按城市道路主干路Ⅱ级标准设计，2号路南北路按城市道路主干路Ⅰ级标准设计。资金全部使用国家财政拨款。

又查明，本案相关公司华信九鼎、青岛固名公司、华海公司、固名光电公司、固名国信公司为关联公司，2012年至2013年上述公司的实际控制人均是王某。

关于本案工程的融资款，仲裁裁决第16页表述为"申请人于2012年9月和12月，从华信九鼎获得两笔融资款，共计2974万元。申请人自2013年8月至11月，通过项目公司固名国信公司，分数笔向华海公司支付2310.7万元；自2012年10月至2013年10月直接向固名光电公司分十数笔支付共计5146797元，并于2013年2月向孙某某支付100万元。"仲裁庭尚有486203元融资款未查实支付情况。

经核实，青岛固名公司通过固名国信公司向华海公司支付的2310.7万元中，有500万元为新巴尔虎右旗财政局在2013年11月1日支付给固名国信公司的工程款，剩余融资款中，155.3万元用于偿还华海公司银行贷款，1370万元回流至青岛固名公司账户，202万元支付给青岛固名公司职员赵某岩，843092.1元支付给李某龙，123693.2元支付给江苏大汉建设实业集团有限责任公司，63602.4元支付给江苏开元太阳能照明公司。

2011年12月2日，新右旗管委会就1号路东西路支付给华海公司的500万元工程款，未用于工程建设，用于偿还了华海公司银行贷款。

再查明，在本案合同签订前，即2012年9月5日前，新右旗管委会分别于2011年12月12日、2011年12月27日、2012年1月2日、2012年7月6日向华海公司、青岛固名公司支付1号路东西路工程款800万元。而经仲裁庭委托鉴定，1号路东西路已施工工程价款为5955534元。旗政府对本院函询的BT合同预付工程款方式改变BT模式的依据及理由，未正面答复，指出1463万元是支付给1号路东西路的工程款。

八、呼伦贝尔中院不予执行仲裁裁决的理由

经执行审查，北京仲裁委员会（2019）京仲裁字第0368号裁决存在以下问题。

（一）不经工程质量鉴定直接裁决工程款金额

本案中，仲裁庭认定青岛固名公司以及实际施工人均不具备施工企业资质，本案合同因违反合同法第五十二条而无效，但仲裁庭驳回了新右旗管委会关于对本案工程质量进行鉴定的申请，仅对本案已完成工程进行造价鉴定，并据此裁决应支付的工程款数额。该院认为，建设工程具有特殊性，基于合同无效双方当事人返还财产无法在建设工程施工中实现，故《最高人民法院关于审理建设工程施工合同纠纷案件适用法律问题的解释》第二条、第三条确定了参照无效合同约定支付工程价款的原则，即建设工程经竣工验收合格的，支持承包人请求参照合同约定支付工程价款，已经完成的建设工程质量不合格的，承包人有修复义务，修复后的建设工程经竣工验收不合格的，不支持承包人关于支付工程价款请求。本案工程未竣工验收，为未完工的市政工程，且承包单位和实际施工人均无施工企业资质，对实际施工人进行折价补偿的前提应为已完成部分工程质量合格。在已完成工程质量不明的情况下，直接依据工程造价鉴定金额裁决新右旗管委会支付工程款，于法无据。

（二）仲裁庭认定事实有误

本案中，仲裁庭认定青岛固名公司依合同约定融资 2974 万元，并基于工程建设需要向实际施工方和供货商进行了支付。但在仲裁表述融资款支付中，有 486203 元未交代是否用于本案工程，且已经支付的融资款中有 500 万元为新巴尔虎右旗财政局支付的工程款。故在仲裁庭审理中，青岛固名公司隐瞒了 5486203 元的支付去向。同时仲裁庭认定新右旗管委会已经向青岛固名公司支付工程款 1564.8655 万元，则双方当事人对本案工程的投入金额的认定达 4538.8655 万元（2974 万元+1564.8655 万元），这与仲裁庭委托的已施工工程造价金额 15981351 元相矛盾，投入与产出明显不对等。经初步核实，融资款基本未用于本案工程建设，已付工程款中有 500 万元也未用于本案工程。仲裁庭认定的事实有误。青岛固名公司对仲裁庭隐瞒了案件主要事实，仲裁庭在案件事实未查清的情况下作出自相矛盾的事实认定，其作出的违约责任认定及责任分配，缺乏事实依据。

（三）仲裁结果使无效合同当事人获得额外利益

仲裁庭已经认定青岛固名公司及实际施工人无施工企业资质，本案合同无效，且工程未完工，工程质量待定，即使进行工程结算，也应按照实际发生的工程价款向实际施工人支付。青岛固名公司作为承包单位和违法转包人，不应从中获得额外收益。根据仲裁庭查明的事实，2号路为一级公路，由孙某某实施，其完成工程总结算价263万元。对比1号路为二级公路，该路设计标准低于2号路，且依据仲裁庭委托的工程造价鉴定结果，两条路工程价款相当，故1号路建设中实际支出的工程款金额亦不会高于263万元。本案仲裁庭委托的工程造价鉴定金额15981351元已高于实际工程发生额，仲裁庭又在鉴定机构已经明确驳回的事项中进行裁决调增3475716元，即已施工工程造价金额19457067元。仲裁庭据此确定新右旗管委会应欠付的工程款差额，远高于本案工程实际已发生的工程款。如执行该结果，必将使青岛固名公司因无效合同获得额外利益，无法律依据，违背了仲裁公平公正的审理原则。

（四）支付延迟违约的认定依据不足

本案合同为BT模式的合同，双方在合同中既对BT模式作了明确的约定，约定青岛固名公司负责项目投融资、工程建设全过程的组织和管理，并承担期间的风险，在本案工程建成竣工移交给政府后，青岛固名公司按BT回购价款收回投资。同时又约定了开工即付70%的回购款的支付方式。付款方式的约定不符合本案合同关于BT模式定义，两者存在根本的冲突。如支持付款方式，则不符合双方约定的建设—移交的BT模式，而BT模式是双方进行竞争性谈判而未公开招投标的基础；如支持BT模式，则仲裁裁决认定的新右旗管委会承担迟延支付工程价款的损失赔偿责任缺乏事实依据。仲裁庭未经查明BT模式下改变付款方式的依据，对条款冲突不加以确认、排除，即对违约责任进行分担，缺乏事实依据。

此外，仲裁庭审理程序违法。青岛固名公司仲裁请求是偿还借款3200万元本金及利息，新右旗管委会仲裁反请求为据实结算已完成工程的工程款并由青岛固名公司赔偿损失 500 万元。仲裁裁决新右旗管委会给付青岛固名公司工程款和已采购未支付材料费损失共计 6908412 元并以此为基数支付利息，超出双方当事人的仲裁请求，违反了不告不理的审理民事法律纠纷的基本原则。

综上所述，本案工程为呼伦贝尔市级工业园区内的市政道路建设项目，根据国家发展和改革委员会有关规定，该工程应为关系社会公共利益和公众安全的基础设施项目。该项目资金全部使用国家财政拨款，不仅关系政府利益，也关系当地民众的利益，关系一个地区的经济社会发展及本地区居民生活。而双方当事人虽为平等民事主体，但其签订 BT 合同中付款方式与 BT 模式存在根本冲突，不仅不符合建筑市场关于建设工程价款的一般结算原则，更违背政府启动基础设施项目建设签订 BT 模式的初衷，不能排除在市政道路工程发包中存在利益输送的合理怀疑。青岛固名公司承揽工程后，不依法招投标，开展工程建设，而是违法转包，并将约定的融资款以及工程款挪作他用，对仲裁庭隐瞒了融资款、工程款使用情况等案件主要事实，导致仲裁庭作出错误的事实认定。新右旗管委会作为合同相对方，不履行应尽的监督义务，放任融资资金、工程款滥用，政府主管部门不尽监管职责，致使政府的市政道路工程不能如期完工，财政资金支出后不能获取同等回报。仲裁庭不围绕当事人请求审理，认定事实不清、责任分担不当，其裁决结果违背公平原则。如执行该仲裁裁决，将造成国家财政不应有的损失，纵容市政工程承揽中的非法操作以及扰乱正常的建筑市场秩序和地区经济秩序的行为，损害政府、仲裁以及司法公信力，为避免社会公共利益进一步受损，该院依据民事诉讼法第二百三十七条第三款之规定，认定执行北京仲裁委员会（2019）京仲裁字第 0368 号裁决违背社会公共利益，决定不予执行。

九、本院查明的事实

本院查明的事实与呼伦贝尔中院查明的事实一致，本院予以确认。

另查明，2019 年 11 月 18 日，呼伦贝尔中院收到旗政府回函。回函内容：（1）BT 合同签订情况。2011 年 3 月 15 日，旗政府根据 2009 年 9 月 15 日旗政府会议纪要第十期"要求建设园区基础设施"的精神，与青岛固名公司签订了 2011 年合作框架协议。根据该协议约定，青岛固名公司向旗政府提供借款，以实际借款金额为准，地方财政为其提供担保，由地方财政局向青岛固名公司开具正式借款收据。同时，旗政府将敖尔金基础设施建设交由青岛固名公司投资建设，基础道路建设工程交由青岛固名公司全额垫资实施，并由青岛固名公司下属合作公司承接。2011年7月31日，新右旗管委会与乌兰察布市政公司（青岛固名公司下属公司）签订了2011年施工合同，约定修建东西长1公里、宽17米的道路，总造价1680万元，于2011年8月16日开工建设，2011年10月25日停工至今，仅完成工程总量的60%—70%。新巴尔虎右旗工业园区（以下简称旗工业园区）计划新建南北道路。经旗政府同意，2012年9月5日，旗工业园区与青岛固名公司签订BT合同，由北京基金公司负责融资事宜。同时，双方约定将2011年7月31日签订的2011年施工合同项下的施工道路纳入BT合同范围内。敖尔金项目工程回购价为3860万元。工程范围包括土石方工程、路基工程、路面工程、人行道及相关附属工程、路灯、管网（排水、污水、管涵工程）软基处理等建设内容，建筑工程费按照甲乙双方委托中介机构编制工程预算执行。（2）BT合同工程款支付情况。因BT合同将2011年施工合同的工程吸收进来，故上述1463万元实际支付的是2011年施工合同项下的工程款。（3）对于BT合同履行过程中所出现的工作人员违纪行为的处理情况。经呼伦贝尔市纪律检查委员会调查后，责令新巴尔虎右旗监察局作出新右监决字〔2017〕3号监察决定书，认为新右旗管委会作为监管方之一，对工业园区基础设施项目融资资金使用及偿还情况掌握不清、监管工作不到位，对工业园区基础设施建设实际工程完成量不知情，对管委会主任给予记过处分。（4）对于北京仲裁委员会裁决书认定事实的异议。第一，裁决书依法认定本案BT合同全部无效是错误的。本案中BT合同是混合模式合同，是将2011年工程合同（东西路）纳入了2012年签订的BT合同（南北路）中。根据合同法相关规定，合同部分无效并不影响合同有效部分的履行。第二，青岛固名公司知晓自身无施工资质等事实及相关法律规定的前提下，签订BT合同的行为是欺诈行为，青岛固名公司应承担全部法律责任，并承担赔偿损失责任。第三，青岛固名公司所述融资款2974万元，由华信九鼎汇入新右旗青岛固名公司，后转出至青岛固名公司，未形成共管账户，未汇入园区、财政账户，根据BT合同约定，三方应监管，该融资款至今无法查明是否用于工程。综上，青岛固名公司未履行融资交付义务，融资款也未交付给新右旗管委会确认，青岛固名公司属于欺骗、违约行为。第四，北京仲裁委员会裁定的310万元采购款实际未交付货物。旗工业园区认为不应将未交付的货物纳入支付工程款的范围。第五，青岛固名公司的仲裁请求应予驳回。双方虽有融资意向，但青岛固名公司未履行融资行为，仅凭几份无关证据无法显示其融资款到位，并用于工程项目，也无证据显示新右旗管委会占有使用该款项。第六，青岛固名公司仲裁主体不适格。依据合同约定，融资投资方为北京基金公司，而非青岛固名公司。在本次仲裁中青岛固名公司并未体现投资方，故其代为请求无依据。

十、需要说明的问题

第一，本案在执行过程中，双方当事人已达成分期履行协议，且新右旗管委会已将第一笔执行款汇入呼伦贝尔中院账户。即本案被执行人有履行意愿，执行法官依职权审查，认为执行该仲裁裁决可能违背社会公共利益。该院召开过专业法官联席会议，均同意合议庭不予执行的意见，院领导不同意合议庭意见。

第二，在呼伦贝尔中院向本院报核前，申请执行人青岛固名公司向自治区人大反映呼伦贝尔中院消极执行，本院办公室以内高法办督〔2019〕44号《关于青岛固名投资控股有限公司与新巴尔虎右旗工业园区管委会仲裁裁决执行案的督办函》，督办此案。在本案报核审查期间，青岛固名公司一直向各级领导反映呼伦贝尔中院违法审查仲裁裁决，不予执行的问题。

第三，青岛固名公司答辩意见中，仲裁裁决有"呼伦贝尔市纪委调查报告，也确认近3000万元融资借款已投入本案项目建设"的记载。但与呼伦贝尔中院承办人调查的银行流水严重不符，故该院未将案件再移交纪检监察部门。纪委的调查报告也一直未能获取。

十一、审查后处理建议

合议庭少数服从多数意见，即认为执行北京仲裁委员会（2019）京仲裁字第0368号裁决可能会产生违背国家利益或出卖国家利益情形，一且执行，会产生违背社会公共利益的可能性，故对呼伦贝尔中院报请的拟不予执行北京仲裁委员会（2019）京仲裁字第0368号裁决一案予以核准，依《最高人民法院关于仲裁司法审查案件报核问题的有关规定》第三条第二款的规定，报最高人民法院核准。理由如下：

第一，本案工程为呼伦贝尔市市级工业园区的市政工程项目建设，按照国家发改委的相关规定，本案工程是关系社会公共利益、公众安全的基础设施建设项目，资金全部由国家财政支付，不仅关系政府利益，也关系当地民众的利益及地区发展。双方当事人虽为平等民事主体，但本案合同为BT合同，约定的付款方式与BT模式存在根本冲突，不仅不符合建筑市场关于建设工程价款的一般结算原则，更违背政府启动基础设施项目建设签订BT合同的初衷，涉案工程明显涉嫌损害、出卖国家利益，违反建筑法、税收征管法及招标投标法的相关规定，不能排除在工程发包中存在非法利益输送的合理怀疑。且工程未竣工验收，承包单位和实际施工人均无施工企业资质，对实际施工人进行折价补偿的前提应为已完成部分工程质量合格。在仲裁裁决时，新右旗管委会曾提出对已完工工程质量鉴定的申请，但被仲裁庭驳回。在已完成工程质量不明的情况下，仲裁庭直接依据工程造价鉴定金额裁决新右旗管委会支付工程款，于法无据。

第二，青岛固名公司承揽工程后，不依法招投标，而是违法转包给无施工资质的关联公司，并将约定的融资款以及工程款挪作他用，对仲裁庭隐瞒了融资款、工程款使用情况等案件主要事实，导致仲裁庭作出错误的事实认定。新右旗管委会作为合同相对方，不积极履行应尽的监督义务，放任融资资金、工程款滥用，政府主管部门不尽监管职责，致使市政道路工程不能如期完工，且1号路和2号路基本工程量大体相当，但1号路的裁决金额远高于2号路的数倍，如按该仲裁裁决内容执行，青岛固名公司将获得额外利益，明显存在损害或出卖国家利益的可能性。

第三，仲裁庭不围绕当事人仲裁请求审理，裁决结果超越当事人诉讼请求，违背不诉不理原则，且仲裁庭认定事实不清、责任分担不当，裁决结果违背公平原则。如执行该仲裁裁决，将造成国家财政不应有的损失，且纵容市政工程承揽中的非法操作以及扰乱正常的建筑市场秩序和地区经济秩序的行为，损害政府、仲裁以及司法公信力。

第四，新右旗管委会提出撤销该仲裁裁决时，不积极行使有利抗辩权，抗辩理由避重就轻，不排除在签订履行合同过程中有非法利益输送的可能，如执行该仲裁裁决，可能产生利用法院的强制执行权，掩盖非法行为或违法犯罪的目的。

综上所述，执行北京仲裁委员会（2019）京仲裁字第 0368 号裁决将违背社会公共利益，故依据民事诉讼法第二百三十七条第三款之规定，对呼伦贝尔中院报请的拟不予执行北京仲裁委员会（2019）京仲裁字第 0368 号裁决一案予以核准，依《最高人民法院关于仲裁司法审查案件报核问题的有关规定》第三条第二款的规定，报最高人民法院核准。

【优秀裁判文书选登】

"章公祖师"肉身坐佛追索案

中华人民共和国福建省三明市中级人民法院
民事判决书

（2015）三民初字第 626 号

原告：福建省大田县吴山乡阳春村民委员会。住所地：中华人民共和国福建省三明市大田县吴山乡阳春村。

法定代表人：林某安，该村委会主任。

委托诉讼代理人：徐某洁，北京市京师律师事务所律师。

委托诉讼代理人：范某宝，福建永杭律师事务所律师。

原告：福建省大田县吴山乡东埔村民委员会。住所地：中华人民共和国福建省三明市大田县吴山乡东埔村。

法定代表人：林某丁，该村委会主任。

委托诉讼代理人：徐某才，广东亨信律师事务所律师。

委托诉讼代理人：刘某，北京京禧律师事务所律师。

被告：奥斯卡，荷兰王国国籍。

委托诉讼代理人：金某，国浩律师（南京）事务所律师。

委托诉讼代理人：曾某梅，国浩律师（南京）事务所律师。

被告：设计及咨询私人有限公司。住所地：荷兰王国阿姆斯特丹市PC霍夫特大街。

代表人：奥斯卡，该公司董事。

委托诉讼代理人：金某，国浩律师（南京）事务所律师。

委托诉讼代理人：曾某梅，国浩律师（南京）事务所律师。

被告：奥斯卡凡公司。住所地：荷兰王国阿姆斯特丹市 PC 霍夫特大街。

代表人：奥斯卡·凡·奥沃雷姆，该公司总经理。

委托诉讼代理人：金某，国浩律师（南京）事务所律师。

委托诉讼代理人：曾某梅，国浩律师（南京）事务所律师。

原告福建省大田县吴山乡阳春村民委员会（以下简称阳春村委会）、福建省大田县吴山乡东埔村民委员会（以下简称东埔村委会）与被告奥斯卡、设计及咨询私人有限公司（以下简称设计咨询公司）、奥斯卡凡公司物权保护纠纷一案，本院于 2015 年 12 月 11 日立案受理，依法适用普通程序，于 2018 年 7 月 26 日、10 月 12 日两次公开开庭进行了审理。原告阳春村委会的法定代表人林某安及其委托诉讼代理人徐某洁、范某宝，东埔村委会的法定代表人林某丁及其委托诉讼代理人徐某才，被告奥斯卡、设计咨询公司、奥斯卡凡公司的共同委托诉讼代理人金某、曾某梅到庭参加诉讼；东埔村委会的委托诉讼代理人徐某军参加了第一次庭审，后委托诉讼代理人徐某军变更为刘某，刘某参加第二次庭审。本案现已审理终结。

原告阳春村委会、东埔村委会向本院起诉，请求判令被告奥斯卡、设计咨询公司、奥斯卡凡公司返还章公祖师肉身佛像、停止侵害，并支付精神损害赔偿金人民币 20 万元。

事实和理由：（1）章公祖师肉身坐佛，自宋朝年间坐化以来，就由原告村民先人造房看护，馈食供奉，四时洒扫，香火不断，数百年极尽监护之道，是原告的保护神和亲人，事实上与原告形成了相当于法律上的"拟制血亲"关系。章公祖师肉身坐佛于 1995 年 12 月 15 日被盗，原告报案，但未能破案。2015 年 3 月，在该佛像于匈牙利进行公开展览期间，媒体作了报道，被原告发现，并被证明和被盗坐佛同属一物。原告曾尝试多种方法与被告进行交涉，但均告失败。被告或在考虑将其转卖，则涉案标的物可能再次下落不明，原告对此甚为担心。（2）章公祖师肉身坐佛既非一般文物，也非单纯遗体，具有一定的物质意义，更具有充分的精神意义和深厚的伦理意义。被告拒不返还，不仅侵害了原告的财产权益，且对原告的精神损害将是长期的、持续的、不可逆转的。第一，章公祖师坐化以来，原告先人为其建造普照堂，塑成金身，冠冕袈裟，精心看护，其金身具有一定的文物和财产价值，应受法律保护，被告非法持有，应予返还。第二，章公祖师像系被盗的宋代文物，依法禁止出口，被告不可能获得中国相关部门的许可出口凭证，实际上亦未取得出境许可。被告从无权处分人处购买佛像时也没有审查出境凭证等表明其来源合法的文件，未尽到注意义务，具有重大过失，显非善意。并且，被告提供的证据亦无法证明其在购买章公祖师像时支付了合理的价款。因此，根据物权法的规定，被告不构成善意取得，不能取得涉案佛像的所有权。第三，被告侵害了原告的人身权益和精神权利。被告将章公祖师遗体进行非法转让，违背原告的意志公开展示，毁坏遗体进行体内窥探，违背礼仪和通常的供奉形式将其置放，既侵害了章公祖师遗体延续的身体权和一般人格权益，更侵害了原告的人身权益和精神权利。第四，被告侵害当地的公共秩序。鉴于原告当地具有悠久的祖师崇拜文化，章公祖师坐化以来，一直被原告村民不间断监护和管理，并被当地不特定多数人顶礼膜拜，每到章公祖师寿诞，四面八方的万千民众齐聚"普照堂"，锣鼓喧天，鞭炮齐鸣，此地民众坚信章公祖师是他们的保护神，每家每户都有受到章公祖师保护的证明，业已形成长期的、稳定的文化秩序和生活秩序，此公共秩序应该受到法律的特别保护。综上所述，被告不仅侵害了原告的财产权，而且侵害了村民的人身权益和精神权利，同时也侵害了当地的公共秩序，请求法院支持原告的所有诉讼请求。

第二次庭审中，原告东埔村委会向本院申请变更及增加诉讼请求，请求判令被告支付精神损害赔偿金数额为50万欧元、实现债权费用5万欧元，欧元与人民币的兑换比例按照判决的当日确定。其后，原告东埔村委会撤回判令被告支付精神损害赔偿金50万欧元的诉讼请求，仍坚持原来支付精神损害赔偿金人民币20万元的诉讼请求。

被告奥斯卡、设计咨询公司、奥斯卡凡公司共同答辩称：（1）本案为涉外诉讼，根据中华人民共和国涉外民事关系法律适用法第三十七条的规定，当事人可以协议选择动产物权适用的法律。当事人没有选择的，适用法律事实发生时动产所在地法律。根据该规定判断被告奥斯卡是否对佛像享有合法所有权和处分权，均应适用荷兰民法。（2）原告未提供其对讼争标的拥有所有权的证据。尽管在本案中原告描述了历史上村民们对章公祖师肉身坐佛的供奉、看护情况，其也对村民长期供奉坐佛的行为及其虔诚的信仰表示尊重,但法律上并不能认定原告基于此就当然拥有其所有权。(3)涉案佛像来自中国,内部的肉身僧侣出生地和祖先地是中国福建省,但福建省内多地有肉身佛像。原告无实质证据证明其主张返还的标的物与被告曾经拥有的佛像为同一物,其主张应予驳回。就原告所举证据而言,均为传来证据、间接证据以及非官方情况说明,在有限的文字说明中,均系对文字描述和图片比对作出的主观判断,无合法有效的鉴定报告。根据《中华人民共和国民事诉讼法》第六十三条第二款和第六十四条的规定,证据必须查证属实,才能作为认定事实的根据;当事人对自己提出的主张有责任提供证据。被告持有的涉案佛像左手虎口处无小孔、颈部无松动迹象,可见与阳春村委会和东埔村委会供奉的章公祖师像不具有同一性。因此,原告应当进一步举证证明其要求返还的讼争标的物与被告奥斯卡曾有的佛像为同一物,否则即为诉讼请求指向不明,应当予以驳回。(4)被告奥斯卡合法取得该佛像所有权。被告奥斯卡于1996年在荷兰阿姆斯特丹依法买受取得该佛像。假设原告能够证明其主张返还的标的物与被告曾经拥有的佛像为同一物,被告奥斯卡也将因荷兰民法典规定的善意取得以及占有取得的法律规定而取得讼争标的所有权。非因法定事由,该所有权不得被剥夺。(5)被告设计咨询公司、奥斯卡凡公司系根据荷兰法律合法成立的荷兰公司,被告奥斯卡为自然人,三者在法律上均彼此独立,各自在法律上享有权利、履行义务以及承担责任。被告设计咨询公司、奥斯卡凡公司均未参与购买过程,更未参与标的物的保管、持有、交易等任何环节,与本案无关。原告在未提交任何证据的情况下将设计咨询公司、奥斯卡凡公司列为本案共同被告,无事实与法律依据。被告奥斯卡目前已通过以物易物将该佛像交易给第三方,不再占有该佛像,不存在返还基础,故被告奥斯卡也非适格被告。综上,原告的诉讼请求无事实与法律上的依据,请求法院判决驳回原告诉请。

原告阳春村委会、东埔村委会围绕诉讼请求向本院提交了下列32份证据材料。

证据1. 两村村民代表会议纪要。拟证明:2015年9月,阳春村和东埔村分别经村民代表大会表决通过,进行追索章公祖师像的诉讼活动。

证据2. 大田县人民政府《关于东埔村区划的说明》《关于普照堂归

属的证明》。拟证明：（1）东埔村原为阳春村的一个自然村，1961年始设为独立建制村。（2）普照堂及供奉的章公祖师像等财物为两村集体所有。

证据3.《阳春林氏族谱》、佛像坐垫照片。拟证明：（1）《阳春林氏族谱》载"独普照堂一观与庄家之屋犹存"与荷兰、匈牙利展出佛像坐垫上"本堂普照"字样吻合。"普照者乃章公佛号，堂以佛名也。""普照堂"正是供奉章公祖师的林氏家族宗祠。（2）《阳春林氏族谱》载"普照乃章公祖师显化于宋时建"，证实章公祖师于宋代坐化，章公祖师享年三十七载，与匈牙利所展出佛像科学研究的年龄相当。（3）匈牙利展出佛像背上有"嘉番""重新塑金"等文字，而在《阳春林氏族谱》上确有林嘉番其人。林嘉番是1947年重修族谱的董事之一，约出生于1911年，卒于1984年。（4）被告持有佛像就是普照堂供奉的章公祖师像，且为原告所有。

证据4.《大田县公安局关于章公祖师坐佛被盗案情况说明》（2015年11月13日）。拟证明：（1）章公祖师像于1995年12月14日在阳春村普照堂内被盗。（2）村民林某永作为村民代表于1995年12月26日向大田县公安局报案，章公祖师像被盗案于当日立案侦查。

证据5. 福建省文物鉴定中心《证明》（2017年6月26日），《福建省文物鉴定中心专家意见书》（2018年11月12日）。拟证明：被告奥斯卡持有的肉身佛像正是阳春村1995年被盗遗失的宋代章公祖师像。

证据6. 光明网报道《匈牙利展出肉身坐佛突然被撤疑为中国文物》（2015年3月22日）。拟证明：（1）记者根据阳春村提供的肉身佛细节信息前往匈牙利实地近距离观察，经过认真比对佛垫上的"本堂普照章公六全祖师"的文字记载，该展出佛像正是阳春村的被盗佛像。（2）2015年3月20日，在当地侨团敬拜章公祖师仪式完毕不到一个小时，佛像立即被撤展，包装后运回荷兰。（3）匈牙利自然科学博物馆表示，如果佛像确为盗自中国，希望最终回到它原属的地方。

证据7. 照片（4张，2015年4月）。拟证明：（1）2015年3月肉身坐佛在匈牙利展出后，匈牙利华侨、华人即展开希望章公祖师回归故里的呼吁，且未中断。（2）这组照片显示在阿姆斯特丹博物馆广场呼吁章公祖师回归活动。章公祖师像紧紧系着村民的信仰和精神寄托，也关系到作为中华民族子孙的民族尊严。

证据 8. 荷兰收藏家被告奥斯卡邮件。拟证明：奥斯卡承认佛像来自中国福建并称愿意归还，之后对返还佛像态度反复而未兑现承诺。

证据 9. 阳春村民林某居于 1989 年以及律师于 2015 年拍摄的"条幅照片"。拟证明：章公祖师像前条幅上有"显化六全章公"字样，与荷兰、匈牙利展出佛像坐垫上"章公六全祖师"对应。

证据 10. 装供品的竹筐。拟证明：（1）匈牙利展出佛像背部"重新"二字，与该竹筐的"庚寅梅夏重新"墨书字样，为阳春村民林某俊（现已故）一人所书写。（2）匈牙利展出佛像正是 1995 年阳春村普照堂失窃的章公祖师像。

证据 11. 阳春村民林某居于 1989 年拍摄的章公祖师照片。拟证明：（1）将阳春村民林某居 1989 年拍摄的照片与荷兰、匈牙利及《环球日报》等媒体记者近距离拍摄匈牙利展出坐佛的视频、图片进行仔细比对，无论从头部弧度、面部表情、袈裟左上的哲那环黑色系带、胸口领子的弧度、黑边及隐约可见的纹饰等多个外形物件、形体特征均一致。（2）匈牙利展出佛像正是 1995 年阳春村普照堂失窃的章公祖师像。

证据 12. 章公祖师佛衣。拟证明：（1）章公祖师像失窃时，头上的五佛冠、身上的佛衣未被盗走，衣服上有"公元一九五三年""章公祖师""一九七七年"等字样。村民将章公祖师衣物保存至今。（2）匈牙利展出的佛像未戴任何头冠、着袈裟等佛装，显然与佛教僧徒坐像着装惯例相背离。（3）匈牙利展出佛像正是 1995 年阳春村普照堂失窃的章公祖师像。

证据 13. 木坐轿一件。拟证明：阳春村尚有木坐轿一件，为当年游神仪式时章公祖师像所乘。轿宽 61 厘米，深 71 厘米。

证据 14. 阳春村村民许某诗与阳春村的协议。拟证明：许某诗自 20 世纪 80 年代以来即成为阳春村普照堂的道士，负责供奉章公祖师像及打理普照堂事务。

证据 15.《遥望章公》歌词、演唱视频。拟证明：（1）章公祖师在世时造福乡里乡亲，善德造福之举促使后人纷纷传颂吟唱，而今章公祖师像流失海外，村民日夜祈祷早日回归普照堂。（2）村民对章公祖师的崇拜信仰至今依然坚定且从未疏远，章公祖师像的回归成为村民老少对亲人般的深切期盼。

证据 16. 匈牙利华侨总会秘书长李震的文章《章公六全祖师肉身佛像解密》。拟证明：（1）匈牙利华侨总会秘书长、阳春村追讨章公祖师肉身佛像海外民间联系人李震搜集了国外对章公六全祖师肉身佛像的情况。（2）在荷兰乌特勒支大学，科研人员通过碳–14 同位素放射性定年法测定这个肉身僧侣过世的时间应在公元 1022 年至 1155 年，也就是中国北宋时期。与《阳春林氏族谱》记载的"普照乃章公祖师显化于宋时"一致。（3）荷兰东方佛教文化学者艾力克·布鲁因在曼海姆医院为佛像做了 CT 扫描，并发现在骨骼里面塞进去一些写有中国文字的报纸，证实这一佛像实属国为中国。（4）原计划肉身坐佛在匈牙利展览后的下一站是卢森堡，但在媒体称这尊佛像有可能是中国福建被盗的章公祖师像后，被告通过展览合作方德伦特博物馆在 2015 年 3 月 20 日突然提前撤展并将佛像速运回荷兰，这一事实证明被告在主观上存在隐瞒事实、逃避返还责任的恶意。（5）匈牙利展出佛像坐垫上的汉字清晰地写着"本堂普照章公六全祖师"的字样。章公祖师俗名章七三，法名普照，"六全"指的是身手四肢俱全的意思；证实坐垫系原告普照堂章公祖师之物。（6）佛像坐垫显示章公祖师像的重塑时间是"至元贰十玖年五月朔"，即元代初年世祖忽必烈至元二十九年岁次壬辰五月初一，时间可以准确无误地推算为公元 1292 年 5 月 18 日。据《王林家谱·普照堂记》中的记载判断，章公祖师 37 岁时坐化，这个时间段为公元 1086 年至 1094 年，比元初重修时的坐垫年代早 198 年至 206 年，这个年代与荷兰科学方法测定的早 200 年左右的结果完全相符。（7）从匈牙利展出佛像衣服纹饰看，应该是在万历年间塑造，与当地族谱记载万历年间林氏重修普照堂完全吻合。（8）通过种种细节和公开研究的结果证实匈牙利展出佛像正是原告失窃流失近二十年之久的普照堂章公六全祖师像。

证据 17. 阳春村村民许某诗证言、许某诗视听资料。拟证明：（1）许某诗于 1984 年子承父业成为阳春村普照堂的道士，包括其父也曾看护章公祖师，视章公祖师为恩主、亲人，满怀恩情。（2）章公祖师像在左手虎口部位有一个小洞，后来用漆涂补上了。新华社记者发现在匈牙利展出的佛像虎口处的确有一个不规则的圆形点，呈淡粉色，其色彩与周围明显不一致。（3）章公祖师像左手虎口处的小洞里面是麻布做的衣服，章公祖师像的手是赤红色的,像干肉一样。(4)许某诗道士向律师哭诉章公祖师像失窃的痛心与早日回归普照堂的夙愿,望在有生之年能看到章公祖师像回归故里,死而无憾。

证据18. 阳春村村民林某明证言。拟证明:1995年农历十月廿三晚上12点左右,林某明看到一辆灰色小面包车、红毛毯及两个中年男人,以为拉病人看病,第二天才得知章公祖师像被盗。

证据19. 阳春村村民林某仁证言。拟证明:(1)林某仁的父亲林某新曾参与重修佛像工作,当时重修佛像的还有林某俊、林嘉番等人。(2)放置供品的竹篮的提壁上有"庚寅梅夏重新",在佛像背后亦有"重新"二字,都是林某俊一人所写。(3)与上述竹筐等证据印证两佛像同属一尊。

证据20. 阳春村村民林某永证言。拟证明:1995年12月14日发现章公祖师像被盗后,林某永作为村民代表向大田县公安局报案。

证据21. 阳春村村民林某他证言。拟证明:1995年12月14日佛像被盗后,发现普照堂后墙有一个小洞,人不可能出入,但普照堂门依旧锁着,发现佛像被盗后村民悲痛不已。

证据22. 阳春村村民林某总证言。拟证明:章公祖师在村民心中有着至高无上的崇敬地位,被村民视为亲人,并早已成为村民老少的精神寄托与支柱。

证据23. 视听资料(腾讯视频及其转播中央电视台新闻频道的报道)。拟证明:(1)匈牙利展出佛像与1995年阳春村失窃佛像同属一尊,被告应当返还,并立即停止科学研究、拆卸及窥探、商业等一切侵害行为。(2)上述种种行为严重伤害了原告村民的情感、崇高信仰以及中华民族的文化传统。

证据24. 阳春村委会、东埔村委会制作的《章公祖师像被盗流失调查报告》。拟证明:章公祖师像被盗后,村民报案、律师介入追索及章公祖师像的前世今生,与上述所有证据印证荷兰、匈牙利展出佛像即阳春村失窃的章公祖师像。

证据25. 国家文物局阅批件《关于章公祖师像有关问题的说明》(传真件,2016年5月13日),《国家文物局关于章公祖师像有关问题说明的函》(2016年5月20日),拟证明:(1)1995年普照堂失窃的章公祖师像为非法出境。(2) 被告应当依法无偿返还。(3) 失窃章公祖师像属于宋代文物,具有重要的历史及宗教价值。

证据 26. 被告在荷兰诉讼中提交的答辩状及证据敏德尔医学中心放射科医生本·赫海尔曼出具的《关于佛像 CT 扫描分析结果的声明》等。拟证明:(1) 荷兰、匈牙利送展的肉身佛像系被告奥斯卡持有;(2) 送展前被告奥斯卡对肉身佛像进行了医学检查、窥探。

证据 27. 荷兰《鹿特丹报》新闻报道。拟证明:奥斯卡承认其收藏的佛像来自中国福建并愿意归还。

证据 28. 柱础神龛照片。拟证明:自宋代至今,普照堂供奉章公祖师像近千年。

证据 29. 历代捐献功德榜、我国台湾地区捐献功德榜的照片。拟证明:众人对于章公祖师的功德捐献,亦为公共秩序保留的证据。

证据 30. 章公糕点、章公茶、木像替代佛像。拟证明:原告将章公祖师像作为保护神和亲人供奉,被告应赔偿原告精神损害赔偿金。

证据 31. 匈牙利展出肉身佛像的视听资料。拟证明:(1) 原告提供的有关照片来源于由被告送展肉身佛像的匈牙利博物馆;(2) 匈牙利展出佛像即章公祖师像。

证据 32. 新闻报道(2015 年 3 月)。拟证明:新华社荷兰分社、《鹿特丹报》等权威新闻机构采访被告奥斯卡的报道,被告奥斯卡均承认如肉身佛像来自中国福建,表示愿意归还。

被告奥斯卡、设计咨询公司、奥斯卡凡公司为证明其答辩主张,向本院提交了下列 22 份证据材料。

证据 1. 奥斯卡的基本情况,设计咨询公司、奥斯卡凡公司商业登记册摘要。拟证明:(1) 三被告主体资格;(2) 设计咨询公司、奥斯卡凡公司的设立时间晚于被告奥斯卡取得佛像的时间,经营范围不涉及艺术品收藏及交易业务。

证据 2.《福建省文化厅关于福建省文物管理委员会文物鉴定小组更名为福建省文物鉴定中心的通知》[闽文认(2013)216 号]。拟证明:该鉴定中心的主要职责是进行科学严谨的鉴定,原告证据 5《证明》属该鉴定中心的主观意见,违背其基本职能,应不予认可。

证据 3.《林氏宗族族谱和普照寺翻修历史——第二部分》。拟证明:

佛像年代早于林氏家族，原告不可能对标的物拥有所有权，原告无诉讼利益。

证据4.《阳春林氏族谱》。拟证明：林氏族谱晚于佛像年代，原告对标的物无所有权，原告无诉讼利益。

证据5. Blank & Partners B.V. 会计师事务所《关于保管记录的法律义务》，内容为：针对被告奥斯卡、设计咨询公司、奥斯卡凡公司在荷兰的劳务管理和财务管理处理过程中所需的数据和信息，适用关于保留记录的七年期法律义务，相关规定见《荷兰国税总法案》第8章第52节第4条，七年期满后，该记录照例销毁。

证据6.《荷兰国税总法案》（2002年4月1日生效）第8章第52节第4条。拟证明：根据荷兰法律规定，账簿和记录等数据载体的保留期为七年。

证据7. 荷兰阿姆斯特丹法院于2018年1月作出的判决。拟证明：在荷兰平行诉讼中，法院判决驳回该案原告的附加诉讼请求，包括要求该案被告提供佛像购买、转手交易的相关文件。

上述证据5—7拟共同证明：奥斯卡依法购买佛像及委托运输的行为发生于二十余年前，根据《荷兰国税总法案》，其本人及运输公司无法定义务保留超过七年的发票、凭据等，荷兰诉讼的判决亦印证该情况。

证据8. 敏德尔医学中心放射科医生本·赫海尔曼出具的《关于佛像CT扫描分析结果的声明》。拟证明：（1）佛像的左手无小孔。（2）佛像的颈部并无松动。

证据9. CT照片。拟证明：佛像内有支撑物贯穿脊椎直至脑部，使头颅、骨骼牢固地固定在躯干上。

证据10.《VISIONS》（2015年7月刊）的文章《计算机断层扫描3D重建木乃伊》。拟证明：在德国曼海姆医院对佛像进行CT扫描的过程。

证据11. 东芝欧洲国际市场开发经理罗伊·沃蓝的证明，内容为：肉身佛的左手在拇指和食指之间持平处未显示存在钻孔（无论是填补或未填补过）。拟证明：佛像的左手无小孔。

证据12.《纽约时报》记者Amy Qin致被告奥斯卡的邮件。拟证明：（1）村民关于佛像的表述存在诸多不确定性。（2）佛像的左手有小孔。

证据13. 福建省其他肉身佛像的照片。拟证明：福建省存在多个相似的肉身佛像。

证据 14. 中国存在多家普照寺/堂的清单。拟证明：有多个寺庙名为"普照"或曾经名为"普照"。

证据 15. 夏威夷火奴鲁鲁艺术学院的照片《佛像》。拟证明：涉案佛像的左肩有黑色飘带并非其特有，不能作为独特的识别标识。

证据 16. 作者为 Erik Bruijn 的文章《一具宋代"肉身佛"》。拟证明：对佛像形成的年代、外在特征及内部结构进行的学术研究。

证据 17. 佛像修复后的照片。拟证明：佛像的膝部、肘部存在长期接触性磨损，与村民陈述及其提供照片中穿着衣冠的情况存在矛盾。

上述证据 8—17 拟共同证明：本案标的物与奥斯卡曾经占有的佛像并不具有同一性。

证据 18. Blank & Partners B. V. 会计师事务所的信函。拟证明：（1）被告奥斯卡的职业及学位情况。（2）被告奥斯卡的职业是室内装饰设计师和建筑师，文物收藏只是他的个人爱好。（3）中国艺术品收藏也只是其个人爱好。

证据 19. 亚洲艺术顾问 Hugo E. Kreijger 对于香港文物交易环境的分析。拟证明：20 世纪 90 年代至今，香港地区对文物并没有限制进出口。

证据 20. Kortmann 公司的函件。拟证明：被告奥斯卡购买佛像的地点为荷兰。

证据 21. 亚洲艺术品修复师 Carel Kools 的信函。拟证明：（1）被告奥斯卡购买佛像的过程。（2）佛像修复前和修复后的实际状况。（3）被告奥斯卡购买时并不知道佛像内部有肉身。

上述证据 18—21 拟共同证明：被告奥斯卡取得佛像的经过。

证据 22. Classicus Private 保险公司的信函。拟证明：佛像已经易手，被告奥斯卡不再占有佛像。

诉讼中，本院根据原告阳春村委会、东埔村委会的申请，依职权到福建省三明市大田县公安局调取了该局关于大田县吴山乡阳春村章公祖师坐佛被盗一案的卷宗材料，包括刑事案件立案报告表、询问笔录 5 份、现场勘查等共 15 页。

本院组织双方当事人进行了证据交换和质证。

被告奥斯卡、设计咨询公司、奥斯卡凡公司对原告阳春村委会、东埔村委会的证据质证认为，对证据1、2的真实性、合法性、关联性无异议；对证据3、4、10、12、13、14、15、25-2、26、27、28、29、30、31、32的真实性、合法性无异议，但对关联性有异议，不能证明涉案坐佛具有同一性；对证据5福建省文物鉴定中心《证明》，认为不是鉴定意见，对其真实性、合法性、关联性不认可，不予质证；对证据17—22证人证言，因证人未出庭作证，亦不予质证；对证据6、7、8、9、11、16、23、24、25-1的真实性、合法性、关联性均有异议；对法院调取的卷宗材料的真实性、合法性予以认可，但对关联性有异议，原告要举证涉案坐佛具有同一性的前提下才有可能用到该份证据去判定失窃时间。

原告阳春村委会、东埔村委会对被告奥斯卡、设计咨询公司、奥斯卡凡公司的证据质证认为，对证据1、2、3、4、9、13、14、15、16、17的真实性、合法性无异议，但对关联性有异议，不能达到对方的证明目的；对证据5、6、7、8、10、11、12、18、19、20、21、22的真实性、合法性、关联性均有异议。上述证据均不能否认涉案佛像的同一性。原告阳春村委会、东埔村委会对法院调取的证据材料真实性、合法性、关联性无异议。

另外，在第二次庭审中，证人林某团、林某居出庭作证，陈述下列内容：（1）阳春村、东埔村村民在每年农历正月初五、十月初五都要举行章公祖师相关祭拜活动、迎佛巡游活动。（2）在祭拜活动时，村民会触摸章公祖师的膝部。（3）在1995年章公祖师像被盗后，村民们希望早日找回章公祖师像。

经审理查明：

1. 案涉的普照堂坐落在中国福建省大田县吴山乡阳春村洋中自然村。清乾隆十八年（1753年）修、"民国"三十六年（1947年）重修的《阳春林氏族谱》记载："计普照，乃章公显化于宋时所建，年久将倾。我祖十三公兄弟鼎构而新之。中厅奉章公祖师像，左厅塑公兄弟三像……美荣祠宇再建于万历初年……（十三公）承父业，建宇于楼，又念父祖未曾建一组堂，以奉高曾爱。倡首与二弟重兴普照堂，中奉章公祖师像，而左厅立祖先。"即开基阳春的林氏先人在宋代为供奉恩主章公祖师像而建普照堂。明代前期，林氏族人林森（十三公）兄弟重修普照堂。明代万历年间（注：公元1573—1620年），林氏族人在原址重修普照堂，供奉章公祖师像与其祖先像，普照堂作为林氏宗祠，一直受到当地民众供奉崇拜，延续至今。

2. 2009年，阳春村村民再次在原址上重修普照堂。东埔村原为阳春村的自然村，于1961年始设为独立建制村。普照堂及所供奉的章公祖师像属于阳春村和东埔村集体所有财产。

3. 祖师信仰是中国福建闽南地区宗教信仰的重要组成部分，始于唐宋时期，元明清以后持续发展，至今仍拥有众多的信仰者。祖师一般生前修身养性，扶危济困，坐化时经过特殊处理，将祖师遗体塑成肉身像并进行供奉是福建闽南地区的习俗。章公祖师，俗名章七三，约出生于公元11至12世纪。据民间传说，章公祖师幼时对佛法悟道极有天赋，二十几岁出家并经高僧指点之后到周边诵经，行医问药，免费为百姓治病。在大田县屏山当地留下许多关于他诵经修行的地方，现今仍有遗迹尚存。章公祖师后期到阳春青龙山道庵修行并坐化，享年三十七载。其坐化后真身不腐，四肢身首俱全，遂号六全祖师，又称七三禅师、章六全、章公六全。

4. 1995年12月26日，阳春村村民林某永到大田县公安局刑侦大队报案。大田县公安局《刑事案件立案报告表》在"案件简记"中记载，"林某永报案称：放在该村普照堂大厅内的一尊宋代章公祖师肉身佛像12月14日晚被盗，要求立案查处"。大田县公安局于12月27日同意立案侦查，但至今未破案。现场遗留章公祖师像的衣物，载有"章公祖师""公元一九五三年""一九七三年"文字。此外，阳春村还留有木坐轿一件，为当年游神仪式时章公祖师像所乘，轿宽61厘米、深71厘米。

5. 1996年中，奥斯卡在荷兰阿姆斯特丹买受取得涉案佛像，但未提供佛像来源的相应交易凭证。

6. 荷兰乌特勒支大学于1997年7月1日对涉案佛像进行碳-14测验显示，佛像源自中国宋代（公元960—1279年），可追溯至公元1013—1173年；佛像装饰图案源自中国明代（公元1368—1644年）。佛像内部坐垫（麻布文卷）可追溯至公元1290—1406年，比佛像本身晚约200年。佛像背部文字可追溯至20世纪40年代。

7. 2014年，奥斯卡买受的涉案佛像在荷兰德伦特博物馆展出，展览图录显示佛像如下特征：该佛像神态安详，头部微向下倾，盘腿端坐，身着僧衣。

8. 2015年3月3日至20日，匈牙利自然科学博物馆展出一尊中国宋代肉身佛像，由佛像持有人即本案被告奥斯卡许可送展。2015年3月20日佛像撤展，被运回荷兰。

9. 新华社驻布达佩斯记者在匈牙利自然科学博物馆展览现场拍摄的照片显示佛像具有如下特征：（1）通体漆金，身上满布龙纹、缠枝莲纹等纹饰，袈裟左上哲那环有黑色系带，胸口衣领呈V形，有黑边；（2）佛像背面有"嘉番""经手""重新""塑金"等墨书；（3）展出的佛像坐垫上的文字载明："本堂普照章公六全祖师自显化后，历经年载不记，其详始缘自□□誓镇斯堂迨今。大元丙子，岁劫一至，人物零丁，香火不兴，灾难屡至，始得本里劝首林章新、世兴等，运心抄愿当坊众户宝钞，卜择壬辰年、乙巳月、壬辰日、乙巳时，重塑祖师宝相，装饰一新。祝愿乡间肃静，人物康安，雨畅时若，百谷丰成，子孙旺盛，灾难潜消，凡有祷祈，立符心愿，太岁属吉。至元贰拾九年五月朔，住普照堂一崇谨题，流传后世观记耳。"结合中国干支纪年、皇帝年号等因素，上述文字中的"大元丙子"是指元世祖忽必烈大元丙子年即1276年，"壬辰年""至元贰十九年"是指1292年。

10. 阳春村村民林某居1989年拍摄的照片中，章公祖师像前条幅上有"显化六全章公"字样；章公祖师像后的幔帐尚有"普照堂"字样。

11. 《阳春林氏族谱》上查到"嘉番"其人，该人系林嘉番，是1947年重修族谱的董事之一，出生于1911年，卒于1984年。

12. 2016年5月13日，中国国家文物局出具《关于章公祖师像有关问题的说明》，内容为："关于荷兰德伦特博物馆2014年展出，后来在匈牙利展出的章公祖师像有关问题的进一步说明。一、据中国史籍记载、专家研究报告和阳春村与东埔村村民陈述，争议佛像是中国福建章公肉身祖师像。它是宋代文物（约公元1100年），章公祖师像内部的肉身是特殊的人类遗骸，在中国的文化中具有重要的历史及宗教价值。二、文物保护法第六十条规定，'国有文物、非国有文物中的珍贵文物和国家规定禁止出境的其他文物，不得出境；但是依照本法规定出境展览或者因特殊需要经国务院批准出境的除外'。第六十一条规定，'文物出境，应当经国务院文物行政部门指定的文物进出境审核机构审核。经审核允许出境的文物，由国务院文物行政部门发给文物出境许可证，从国务院文物行政部门指定的口岸出境。任何单位或者个人运送、邮寄、携带文物出境，应当向海关申报；海关凭文物出境许可证放行'。依据上述规定，如相关人士拟运送、邮寄、携带章公祖师像出境，必须依法申请办理文物出境审核和申报程序。但据我局核实，我局指定的全国19家文物进出境审核机构从未收到章公祖师像的出境审核申请，也从未为章公祖师像核发过文书出境许可证。三、原文化部发布的《关于文物出口鉴定标准的几点意见》（自1960年7月12日起施行）规定，出口文物年限根据文物的类别分为两个：一部分以1795年为限，凡1795年以前的一律不准出口；一部分以1911年为限，凡1911年以前的一律禁止出口。该标准的雕塑类别分则进一步规定，包括各种质料雕塑的人像、佛像、鸟、兽、山子等，1795年以前的一律不出口。国家文物局发布的《文物出境审核标准》（自2007年6月5日起施行）规定，凡在1949年以前（含1949年）生产、制作的具有一定历史、艺术、科学价值的文物，原则上禁止出境，其中，1911年以前（含1911年）生产、制作的文物一律禁止出境。该标准的雕塑类别分则进一步规定，人像、佛像、动植物造型及摆件等，1911年以前的禁止出境，其中具有重大历史、艺术价值，产生广泛社会影响的，一律禁止出境。依据上述规定，即使相关人士申请办理章公祖师像的出境审核手续，也不符合上述文物出境标准，因此不可能获得文物出境许可证。总言之，根据文物保护法和1960年意见以及2007年标准，章公祖师像从未被允许出境，也从未获得过相关出境许可。因此，章公祖师像是在未经中国政府许可的情况下非法出口到国外的。"

13. 2018年11月12日，福建省文物鉴定中心出具《专家意见书》，内容为："2015年3月，匈牙利自然科学博物馆展出一尊中国佛像，经媒体报道后，福建省三明市大田县吴山乡阳春村村民认为佛像是其村普照堂1995年被盗的章公六全祖师肉身像。根据福建省文物局指示，福建省文物鉴定中心组织专家赴大田县吴山乡阳春村进行实地调查。专家意见如下：（1）媒体公布的展出佛像照片与阳春村村民所保存的普照堂章公六全祖师坐像照片对比，两者的面相、服饰、纹饰等存在高度的相似性。（2）展出佛像坐垫上'本堂普照，章公六全祖师自显化后''大元丙子''壬辰年''重塑祖师宝相'等文字，结合中国干支纪年、皇帝年号等因素判断，展出佛像应为宋末元初重塑供奉于普照堂的章公六全祖师坐像。（3）展出佛像坐垫上'本堂普照''章公六全祖师'等文字与阳春村村民林某居1989年拍摄的照片中条幅和幔帐上的'显化六全章公''普照堂'等字样吻合；同时与《阳春林氏族谱》'计普照，乃章公显化于宋时所建'等记载相符。（4）阳春村所在的闽南地区自唐宋以来流行将坐化祖师遗体塑成肉身并进行供奉的习俗。综上所述，我们认为匈牙利展出的肉身佛像应是三明市大田县吴山乡阳春村1995年被盗流失的宋代章公六全祖师坐像。"福建省文物鉴定中心在《专家意见书》加盖公章，并由陈丽君、程珮等专家签名。

14. 被告设计咨询公司的设立日期及注册证日期为1997年3月29日，经营范围为禁入市场的投资基金，被告奥斯卡为公司独资股东。被告奥斯卡凡公司的设立日期为1990年2月1日，法人实体成立日期及注册证日期为1997年3月29日，经营范围为通信和平面设计、室内设计，设计咨询公司为该公司独资股东。

15. 本案原告于2016年5月31日向荷兰阿姆斯特丹法院提起诉讼，被告奥斯卡在该案中提交了答辩状和证据，证明以下事实：（1）在荷兰、匈牙利送展的肉身佛像系被告奥斯卡持有；（2）送展前被告奥斯卡对肉身佛像进行了医学检查、窥探；（3）荷兰阿姆斯特丹法院于2018年1月24日在附带诉讼针对原告要求被告奥斯卡等人提供佛像购买协议、购买收据和出处、互换协议以及第三方身份证明的诉讼请求，作出程序问题决定，内容为决定在附带诉讼中驳回原告诉请，由阳春村委会等承担附带诉讼费用452欧元等。

16. 2018年12月12日，荷兰阿姆斯特丹法院作出最终判决，认为根据荷兰法律，只有自然人和法人具有民事案件的诉讼主体资格，而阳春村委会等不具有诉讼主体资格，故该院不作实体审理，判决驳回阳春村委会等的起诉，并由其支付本案诉讼费用，以及截至目前被告奥斯卡等已安排的预算费用3061.5欧元，该诉讼费用可强制执行。

17. 本案庭审过程中，本院要求被告奥斯卡提供其买受涉案佛像的交易详情，其代理人拒绝提供，称依据荷兰法律规定，无义务保留七年以上的交易单据，涉案佛像已经通过以物易物的方式转让给案外人，但拒绝透露案外人身份。涉案佛像目前在何地由何人持有，处于不明状态。

18. 出庭证人林某团、林某居的证言以及许某诗等多位村民的书面证言，阳春村、东埔村村民传唱的《遥望章公》歌词、演唱视频显示，当地村民对于在世时造福乡亲的章公祖师有崇拜信仰并有相关祭拜活动。阳春村、东埔村村民在每年农历十月初五要举行章公祖师庆诞仪式，在正月初五举行迎佛巡游活动，在夏至举行守土保收等祭祀活动。

另查明，2005年，荷兰王国政府向新西兰归还了一具毛利人的头骨。2009年，荷兰王国政府向加纳共和国归还了阿汉塔部族国王的头骨。

本院认为，本案系原告阳春村委会、东埔村委会请求被告奥斯卡、设计咨询公司、奥斯卡凡公司返还佛像而产生的纠纷，被告奥斯卡、设计咨询公司、奥斯卡凡公司分别系荷兰王国的公民和法人，故本案系涉外物权保护纠纷。根据《中华人民共和国民事诉讼法》（以下简称民事诉讼法）第四条以及第二百五十九条的规定，本案诉讼程序适用法院地法即中国法律，并优先适用民事诉讼法第四编"涉外民事诉讼的特别规定"。被告奥斯卡、设计咨询公司、奥斯卡凡公司未提出管辖异议，并在法定答辩期内依法应诉答辩，根据民事诉讼法第一百二十七条第二款应诉管辖之规定，本院作为受诉人民法院对本案依法具有管辖权。

本案争议焦点为：（1）被告奥斯卡送展的涉案佛像与原告阳春村委会和东埔村委会供奉的章公祖师像是否为同一佛像；（2）解决本案纠纷的准据法应为中国法还是荷兰法；（3）被告奥斯卡是否应当向原告阳春村委会和东埔村委会返还涉案佛像；（4）被告设计咨询公司、奥斯卡凡公司应否承担法律责任；（5）原告阳春村委会和东埔村委会主张的精神损害赔偿金等诉请应否予以支持。

（一）被告奥斯卡送展的涉案佛像与原告阳春村委会和东埔村委会供奉的章公祖师像是否为同一佛像

原告阳春村委会和东埔村委会主张在涉案佛像于匈牙利展出期间，其村民辨认出该佛像是其长期供奉并于1995年被盗的章公祖师像。被告奥斯卡则否认涉案佛像是章公祖师像。

本院认为，奥斯卡送展的涉案佛像与原告阳春村委会和东埔村委会供奉的章公祖师像为同一佛像，理由如下。

第一，双方当事人对奥斯卡送展的涉案佛像系来源于中国福建的祖师佛像并无争议。祖师信仰是中国福建闽南地区宗教信仰的重要组成部分,始于唐宋时期,元明清以后持续发展,至今仍拥有众多的信仰者。祖师一般生前修身养性,扶危济困,坐化时经过特殊处理,其遗体塑成肉身像,由信众进行供奉,此为中国福建闽南地区的习俗。被告奥斯卡送展的涉案佛像经CT扫描,发现内部藏有肉身,被告奥斯卡对于佛像来源于中国福建亦予以认可。

第二,被告奥斯卡作为涉案佛像的持有人,在庭审中经本院要求提供涉案佛像的转让交易的情况以及佛像所在地,但拒予提供。由于在本案起诉前被告奥斯卡将涉案佛像转让给案外人,且拒绝披露受让人姓名及涉案佛像所在地,导致目前本案客观上不具备实物比对和鉴定的条件,故本案应当依据现有证据予以认定。结合双方当事人的陈述、举证、质证及出庭证人林某团、林某居的证言等,具体分析如下。

1. 形象比对。将匈牙利展出佛像的视听资料以及新华社记者拍摄的匈牙利展出佛像照片与阳春村民林某居1989年拍摄的章公祖师像照片进行比对后,可以看出涉案佛像神态安详,头部微下倾,盘腿端坐,身着僧衣,其外形、坐姿、头部的弧度、面相、袈裟左上的哲那环黑色系带、胸口领子的弧度、黑边、纹饰等与章公祖师像存在高度的相似性。

2. 文字研究。涉案佛像坐垫上有"章公六全祖师""本堂普照"字样,与阳春村民林某居拍摄的章公祖师像照片中的条幅"显化六全章公"、幔帐上的"普照堂"等文字相吻合。涉案佛像背部有"嘉番""重新塑金"字样,而《阳春林氏族谱》载"独普照堂一观与庄家之屋犹存",并记载1947年林嘉番董事重修族谱,与涉案佛像背部字样及表述能够相对应。

3. 遗物核查。章公祖师像失窃时,遗留了头上所戴五佛冠、佛衣等,佛衣上有"章公祖师"等字样。村民留存的章公祖师像所乘木坐轿的轿宽61厘米,深71厘米,与涉案佛像的底径50—55厘米能够相匹配。

4. 年代研究。从《阳春林氏族谱》记载和涉案佛像的年代测定报告对比情况看,被告奥斯卡持有的涉案佛像经过碳-14同位素放射性定年法测定该肉身僧侣过世的时间可追溯至公元1013—1173年,以及通过骨质检测该僧侣去世的年龄为30至40岁。《阳春林氏族谱》载"普照乃章公祖师显化于宋时所建",证明章公祖师坐化于宋代(公元960—1279年),享年三十七载。因此,两者所涉及的去世时间及去世年龄相当。根据涉案佛像坐垫上"大元丙子""壬辰年""重塑祖师宝相"等文字，结合中国干支纪年、皇帝年号等因素判断，该展出佛像于元代初期重塑并供奉于普照堂。此外，佛像的装饰图案源自中国明代（公元1368—1644年），与阳春村明代重修普照堂的时间相当。

5. 专家意见。福建省文物鉴定中心《专家意见书》及《证明》，认为匈牙利自然科学博物馆展出的涉案肉身佛像为大田县吴山乡阳春村于1995年被盗流失的章公祖师像。《国家文物局关于章公祖师像有关问题说明》指出，据中国史籍记载、专家研究报告和阳春村与东埔村村民陈述，在荷兰德伦特博物馆与匈牙利自然科学博物馆展出的肉身佛像是中国福建章公肉身祖师像；该章公祖师像是宋代文物（约公元1100年），内部的肉身是特殊的人类遗骸，在中国的文化中具有重要的历史及宗教价值。

6. 报案记录。大田县公安局的报案记录表明章公祖师像于1995年12月14日在阳春村普照堂内被盗，与被告奥斯卡称其于1996年买受涉案佛像的时间亦能衔接。

第三，被告奥斯卡等提交CT扫描图像以及东芝欧洲公司说明，主张涉案佛像左手虎口处无小孔及颈部无松动迹象，故涉案佛像与章公祖师像不具有同一性。然而，涉案佛像虎口无小孔、颈部无松动，并不能排除是章公祖师像流失后为转售而修复所致，故不足以否定涉案佛像与章公祖师像具有同一性。被告奥斯卡等称《阳春林氏族谱》年代晚于佛像年代，然而《阳春林氏族谱》系林氏历代先人对佛像供奉情况的记录，在后的记录未与佛像坐化年代同时期形成，符合日常生活经验，不能以此否定林氏先人供奉佛像的事实。被告奥斯卡等称依据荷兰法律无义务保留超过七年的交易单据，但此并不能免除其作为买受人在本案诉讼中如实陈述当时取得涉案佛像的交易详情的义务。被告奥斯卡等认为涉案佛像与章公祖师像不具有同一性，但其既不能证明福建省内有与涉案佛像高度相似的其他祖师佛像，也不能提供福建省内同期有其他祖师佛像流失海外的证据。综合被告奥斯卡等提供的反驳证据，本院认为尚不足以推翻同一性的认定，对其抗辩主张不予采信。

综上所述，根据《最高人民法院关于适用〈中华人民共和国民事诉讼法〉的解释》第一百零八条第一款的规定，对负有举证证明责任的当事人提供的证据，人民法院经审查并结合相关事实，确信待证事实的存在具有高度可能性的,应当认定该事实存在。综合原告阳春村委会和东埔村委会所提交的历史文献、文字研究、形象比对、遗物核查、报案记录、出庭证人证言、专家意见书、文物部门的文件、展出佛像的视频和照片等证据,本院认定阳春村委会和东埔村委会已完成举证责任,证明被告奥斯卡送展的涉案佛像与1995年福建省大田县吴山乡阳春村普照堂内被盗流失的宋代章公祖师像具有同一性。

(二)关于解决本案纠纷所应适用的准据法问题

本案系涉外物权保护纠纷,原告阳春村委会、东埔村委会主张本案应当适用中国法律;被告奥斯卡等主张适用荷兰民法判断被告奥斯卡对涉案佛像是否具有合法所有权和处分权。双方当事人未就适用法律达成一致。

本院认为,应当适用中国法律解决本案纠纷,具体理由如下。

第一,本案应当参照适用《中华人民共和国涉外民事关系法律适用法》(以下简称涉外民事关系法律适用法)第三十七条的规定确定准据法。涉案佛像被盗后跨境流转至被告奥斯卡的一系列涉外民事关系均发生在涉外民事关系法律适用法实施以前。《最高人民法院关于适用〈中华人民共和国涉外民事关系法律适用法〉若干问题的解释(一)》第二条规定:"涉外民事关系法律适用法实施以前发生的涉外民事关系,人民法院应当根据该涉外民事关系发生时的有关法律规定确定应当适用的法律;当时法律没有规定的,可以参照涉外民事关系法律适用法的规定确定。"《中华人民共和国民法通则》(以下简称民法通则)第一百四十二条规定"涉外民事关系的法律适用,依照本章的规定确定",但没有规定动产物权准据法,故本案参照适用涉外民事关系适用法的规定。该法第三十七条规定:"当事人可以协议选择动产物权适用的法律。当事人没有选择的,适用法律事实发生时动产所在地法律。"本案应当依照该条规定确定涉案佛像的物权准据法。

第二,关于涉案佛像物权准据法的确定。本院认为,涉案佛像物权应适用偷盗事实发生时佛像所在地法律,而不应适用被告奥斯卡买受事实发生时佛像所在地法律。

1. 考虑涉案佛像的性质。根据中国国家文物局的认定,章公祖师像是宋代文物(约公元1100年),内部的肉身是特殊的人类遗骸,在中国的文化中具有重要的历史及宗教价值。故涉案佛像并非普通动产，而是性质为文物的文化财产。文化财产作为动产物，并不像不动产那样具有固定的所在地，在跨国流转过程中涉及多个法律事实，从而形成多个所在地，包括文物被盗地、出口地、首次买受地、最后交易地、展出地、诉讼时物之所在地等。显然，适用不同的法律事实发生时动产所在地法律，将形成不同的物权认定规则，故有必要对何为"法律事实发生时动产所在地法律"进行解释。

2. 考虑物权返还请求权的产生原因。1987年1月1日施行的《最高人民法院关于贯彻执行〈中华人民共和国民法通则〉若干问题的意见（试行）》在"七、涉外民事关系的法律适用"的第一百七十八条中首次明确了"法律事实"的概念，即能够产生、变更或者消灭民事权利义务关系的客观事实。本案系物权保护纠纷，原所有权人因被盗而丧失对动产物的占有，即产生物权返还请求权，因此偷盗事实是产生物权返还关系的法律事实。

3. 考虑文化财产国际条约的宗旨和目的。文化财产以物质的形式，记载不同时代国家与民族的历史档案与人文信息，具有不可复制、不可再生的特点。对于文化财产之跨境保护问题，受到国际社会的高度重视。联合国教育、科学及文化组织于1945年成立以来，一直致力于加强文化财产的保护，推动制定文化财产返还领域的国际公约。1970年，联合国教育、科学及文化组织制定了《关于禁止和防止非法进出口文化财产和非法转让其所有权的方法的公约》（以下简称1970年公约）。1995年，国际统一私法协会制定了《关于被盗或者非法出口文物的公约》（以下简称1995年公约）。1970年公约规定，"各国有责任保护其领土上的文化财产免受偷盗、秘密发掘和非法出口的危险"。1995年公约规定，"在文物的返还和归还方面制定共同的、最低限度的法律规范，以期促进为所有各方的利益而保存和保护文物""本公约旨在便利文物的返还和归还"等。可见，上述国际条约的宗旨和目的在于保护文化财产、促进文物返还。中国分别于1989年和1997年加入上述两项国际条约。由于1970年公约未涉及私主体请求返还文化财产问题、1995年公约因荷兰签署后尚未批准，故该两项国际条约不适用于本案纠纷的解决。但中国作为缔约国，在解释涉外民事关系法律适用法第三十七条时，应作与国际条约宗旨和目的相符的一致解释，而不能与之相背离。适用偷盗事实发生时物之所在地法，有利于原所有权人合理预见到其权利受保护的法律，也会对盗赃文化财产的购买人施加"溯源"查明准据法的义务，从而有助于遏制文化财产的非法跨境流转，促使文化财产市场更加透明、合法化和持续发展。反之，如果解释为交易时物之所在地法，则客观上会助长文化财产跨境非法交易，即盗窃者以及中间交易链条的销赃者将文化财产偷运出境后，可以通过挑选冲突规范，寻找在文化财产交易管理最为宽松的国家交易，进而适用交易时物之所在地法使盗赃文化财产的交易"合法化"。此种解释不仅使原所有权人主张权利时，可能面临文化财产多次交易时需适用多个物之所在地法的困境，难以寻求救济，而且不利于原创国对文化财产的保护和出口管制，故此种解释结果将背离国际条约保护文化财产、便利文物返还的宗旨和目的。

综上所述，涉案佛像形成、供奉、管理于中国福建省大田县的普照堂，于1995年被盗而流失中国境外，偷盗时涉案佛像位于中国境内，本案应当适用偷盗事实发生时物之所在地法即中华人民共和国法律。被告奥斯卡、设计咨询公司、奥斯卡凡公司主张适用荷兰民法即涉案佛像交易地法，理由不能成立，本院不予支持。

（三）被告奥斯卡是否应当向原告阳春村委会和东埔村委会返还涉案佛像的问题

该问题涉及三个子问题：一是原告阳春村委会和东埔村委会是否对其供奉的章公祖师像享有所有权；二是被告奥斯卡是否因买受行为而取得涉案佛像的所有权；三是被告奥斯卡是否负有返还义务。

1. 关于章公祖师像的所有权问题。根据《国家文物局关于章公祖师像有关问题说明》的认定，章公祖师像是宋代文物。《中华人民共和国文物保护法》（以下简称文物保护法）于1982年11月19日第五届全国人民代表大会常务委员会第二十五次会议通过，1991年6月29日第一次修正，2002年10月28日修订，2007年12月29日第二次修正，2013年6月29日第三次修正，2015年4月24日第四次修正，2017年11月4日第五次修正。章公祖师像于1995年被盗流失，根据文物保护法（1991年修正）第四条"中华人民共和国境内地下、内水和领海中遗存的一切文物，属于国家所有。古文化遗址、古墓葬、石窟寺属于国家所有。国家指定保护的纪念建筑物、古建筑、石刻等，除国家另有规定的以外，属于国家所有。国家机关、部队、全民所有制企业、事业组织收藏的文物，属于国家所有"以及第五条"属于集体所有和私人所有的纪念建筑物、古建筑和传世文物，其所有权受国家法律的保护"的规定，中国文物的所有权分为国家所有、集体所有和私人所有，其中集体所有的文物中包括传世文物，即由历代先人祖传下来的文物。

阳春村和东埔村的林氏先人自宋代建造普照堂供奉章公祖师像，延续至今，现普照堂已成为阳春村和东埔村集体所有的林氏宗祠。阳春村委会和东埔村委会自成立后一直依法管理集体所有的普照堂，长期保管、供奉章公祖师像。《中华人民共和国物权法》（以下简称物权法）第五十九条第一款规定："农民集体所有的不动产和动产，属于本集体成员集体所有。"章公祖师像作为普照堂内的传世文物，由阳春村、东埔村的集体成员集体所有。对此事实，有多位村民包括普照堂道士许某诗的证言、视听资料、公安机关刑事立案材料以及大田县人民政府的有关证明、说明等证据予以证明。

集体所有权是指集体组织以及集体组织全体成员对集体财产享有的占有、使用、收益和处分的权利，其特点在于集体所有权必须由集体组织的成员进行民主管理，并且依照法定程序行使。物权法第六十条第一项规定了农民集体所有权的行使，"属于村农民集体所有的，由村集体经济组织或者村民委员会代表集体行使所有权"。因此，原告阳春村委会、东埔村委会有权依法代表村民集体行使章公祖师像的所有权。

在原告阳春村委会、东埔村委会代表行使集体所有权时，涉及村委会的诉讼主体资格问题，本院认为亦有必要在此作一说明。《中华人民共和国村民委员会组织法》（以下简称村民委员会组织法）第二条规定，"村民委员会是村民自我管理、自我教育、自我服务的基层群众性自治组织"，村民委员会作为基层群众性自治组织，有完善的组织机构和一定财产，能够独立承担民事责任，具有诉讼主体资格。《最高人民法院关于适用〈中华人民共和国民事诉讼法〉的解释》第六十八条亦明确规定："村民委员会或者村民小组与他人发生民事纠纷的，村民委员会或者有独立财产的村民小组为当事人。"原告阳春村委会、东埔村委会主张涉案佛像归其所有并诉请被告奥斯卡等返还，是本案的适格当事人。2017 年 10

月1日施行的《中华人民共和国民法总则》第一百零一条第一款进一步明确了村民委员会属于中国法下特别法人中的基层群众自治组织法人，但此并不意味着该法实施前原告阳春村委会、东埔村委会没有诉讼主体资格。

2. 关于被告奥斯卡是否因买受而取得涉案佛像所有权的问题。该问题核心在于被告奥斯卡的买受行为是否适用中国物权法的善意取得制度。本院认为，被告奥斯卡买受涉案佛像，不适用善意取得制度，具体理由如下。

第一，偷盗后贩卖的文物不应适用善意取得制度。物权法第一百零六条第一款规定的善意取得制度内容为："无处分权人将不动产或者动产转让给受让人的，所有权人有权追回；除法律另有规定外，符合下列情形的，受让人取得该不动产或者动产的所有权：（一）受让人受让该不动产或者动产时是善意的；（二）以合理的价格转让；（三）转让的不动产或者动产依照法律规定应当登记的已经登记，不需要登记的已经交付给受让人。"善意取得制度作为适应现代商品经济发展需要而产生的一项法律规则，旨在保护交易安全、维护市场交易秩序的安定，规定对无处分权人将动产或不动产转让给受让人，如果受让人取得该财产时出于善意，则可以依法取得对该财产的所有权或其他物权。但是，物权法没有规定盗赃文物是否适用善意取得，故需结合相关法条进行系统解释。该法第一百零七条规定："所有权人或者其他权利人有权追回遗失物。该遗失物通过转让被他人占有的，权利人有权向无处分权人请求损害赔偿，或者自知道或者应当知道受让人之日起二年内向受让人请求返还原物，但受让人通过拍卖或者向具有经营资格的经营者购得该遗失物的，权利人请求返还原物时应当支付受让人所付的费用。权利人向受让人支付所付费用后，有权向无处分权人追偿。"第一百一十四条规定："拾得漂流物、发现埋藏物或者隐藏物的，参照拾得遗失物的有关规定。文物保护法等法律另有规定的，依照其规定。"也即，物权法对于拾得遗失物和漂流物、发现埋藏物或者隐藏物，均规定原则上不适用善意取得制度，且文物保护法等法律有特别规定的，从特别规定。由于偷盗文物违背文物原始所有权人的意思表示，导致原始所有权人丧失对文物的占有，相较遗失物、埋藏物、隐藏物、漂流物等脱离原始所有权人占有的情形而言，该种情形对原始所有权人的损害更大，保护买受人法益的必要性相应更低，根据"举轻以明重"的法理，在遗失物、埋藏物、隐藏物、漂流物不适用善意取得制度的情况下，盗赃文物亦不应适用善意取得制度。

第二，涉案佛像属于禁止出售给外国人、禁止出境的文物。文物保护法（1991年修正）第二十四条规定："私人收藏的文物可以由文化行政管理部门指定的单位收购，其他任何单位或者个人不得经营文物收购业务。"第二十五条规定："私人收藏的文物，严禁倒卖牟利，严禁私自卖给外国人。"根据上述规定，文物被分为博物馆、图书馆等收藏的馆藏文物和民间收藏的私人文物，对于后者法律明确规定禁止私自出售给外国人。第二十七条规定："文物出口和个人携带文物出境，都必须事先向海关申报，经国家文化行政管理部门指定的省、自治区、直辖市文化行政管理部门进行鉴定，并发给许可出口凭证。文物出境必须从指定口岸运出。经鉴定不能出境的文物，国家可以征购。"《文化部关于文物出口鉴定标准的几点意见》（自1960年7月12日起施行）规定，凡1795年以前的文物一律不准出口。阳春村普照堂所供奉的章公祖师像形成于宋代，属于1795年以前的文物。从本案证据看，经营文物拍卖资质的企业没有在中国境内公开市场拍卖过章公祖师像，章公祖师像从未被允许出境，也从未获得过相关出境许可。被告奥斯卡亦不能举证证明其买受的涉案佛像曾向中国海关申报并取得许可出口的凭证，故涉案佛像是在未经中国政府许可的情况下非法出口到国外的。被告奥斯卡作为外国公民，非法买受没有合法出境证明的涉案佛像的交易行为，被文物保护法的规定所禁止，属于非法交易，不应适用善意取得制度。

第三，章公祖师像属于人类遗骸之文化财产，不适用善意取得制度，亦有其道德伦理基础。章公祖师像内部的肉身是特殊的人类遗骸，并非普通的有形财产。章公祖师像由当地村民长期供奉，具有重要的历史意义及特殊的宗教价值，承载了当地村民集体的永久记忆。作为人类遗骸的文化财产，对于收藏者而言，固然有一定的经济和审美价值，但是对于历代供奉其的原始所有权人以及原属社群有着特殊的情感、文化、宗教和历史价值。因此，在解释物权法的善意取得制度是否适用于人类遗骸时，必须考虑这一文化财产对于原始所有权人以及原属社群的精神信仰和文化价值。人类遗骸归还原属地，具有深厚的道德伦理基础，2006年国际法协会《保护与转移文物的合作原则》即规定，拥有人类遗骸的博物馆与其他机构确认其重视此类物质的圣洁性,同意在请求方提供证据证明其与遗骸间存在可论证的紧密联系情况下,向其转移此类文物。反之,如将适用于普通财产的善意取得制度用于调整人类遗骸之特殊文化财产,则此种法律解释的结果将割裂人类遗骸与原属地的紧密联系,亦与道德伦理相悖。具体到本案,祖师信仰是中国闽南地区宗教信仰的重要组成部分,章公祖师坐化后受到当地民众供奉。阳春村、东埔村村民在每年农历十月初五要举行章公祖师庆诞仪式,在正月初五举行迎佛巡游活动,在夏至举行守土保收等祭祀活动。从当地村民传唱的《遥望章公》歌词、演唱视频可以看出,当地村民对于在世时造福乡亲的章公祖师有坚定的崇拜信仰,其在章公祖师像被盗后日夜祈祷,像期盼亲人回归故土一般,祈福流失海外的章公祖师像能够早日回到当地。因此,对章公祖师像这一人类遗骸的交易不适用善意取得制度,使其尽快回归与其具有紧密联系的原属社群和文化环境,亦具有道德伦理上的正当性。

综上所述,被告奥斯卡的买受行为不适用善意取得制度,本院不再进一步分析被告奥斯卡买受时是否具有善意以及是否支付合理对价。

3. 关于被告奥斯卡是否负有返还义务的问题。物权法第三十四条规定:"无权占有不动产或者动产的,权利人可以请求返还原物。" 2015 年 3 月,涉案佛像于匈牙利进行公开展览期间,被阳春村、东埔村民发现,阳春村委会和东埔村委会尝试多种方法与被告奥斯卡进行交涉,但均告失败,故其于 2015 年提起本案诉讼,请求返还涉案佛像,具有法律依据。被告奥斯卡是章公祖师像的最后占有人,也是知晓章公祖师像目前下落的唯一知情人,其主张章公祖师像由其通过以物易物的方式转让给案外人,但经法院释明后其拒绝说明并不予提供转让记录。根据《最高人民法院关于民事诉讼证据的若干规定》第九十五条有关"一方当事人控制证据无正当理由拒不提交,对待证事实负有举证责任的当事人主张该证据的内容不利于控制人的,人民法院可以认定该主张成立"之规定,本院推定章公祖师像仍为被告奥斯卡占有,被告奥斯卡应当依法承担返还章公祖师像的责任。

(四)被告设计咨询公司、奥斯卡凡公司应否承担法律责任的问题

被告设计咨询公司、奥斯卡凡公司均为独立法人。设计咨询公司的设立日期及注册证日期为 1997 年 3 月 29 日,经营范围为禁入市场的投资

基金；奥斯卡凡公司的设立日期为1990年2月1日，法人实体成立日期及注册证日期为1997年3月29日，经营范围为通信和平面设计、室内设计。被告设计咨询公司、奥斯卡凡公司主张其公司成立时间晚于涉案佛像取得时间的意见，本院予以采纳。原告阳春村委会和东埔村委会未能提交证据证实被告设计咨询公司、奥斯卡凡公司参与章公祖师像的持有、保管、交易等环节，其主张该两公司承担法律责任，缺乏事实和法律依据，本院不予采纳。

（五）原告阳春村委会和东埔村委会主张的精神损害赔偿金等诉请应否支持的问题

原告阳春村委会和东埔村委会主张其村民与章公祖师像之间形成相当于法律上的"拟制血亲"关系，要求被告奥斯卡等停止侵害及支付精神损害赔偿金人民币20万元。《最高人民法院关于确定民事侵权精神损害赔偿责任若干问题的解释》对于精神损害赔偿作了严格限定，第三条规定："自然人死亡后，其近亲属因下列侵权行为遭受精神痛苦，向人民法院起诉请求赔偿精神损害的，人民法院应当依法予以受理：（一）以侮辱、诽谤、贬损、丑化或者违反社会公共利益、社会公德的其他方式，侵害死者姓名、肖像、名誉、荣誉；（二）非法披露、利用死者隐私，或者以违反社会公共利益、社会公德的其他方式侵害死者隐私；（三）非法利用、损害遗体、遗骨，或者以违反社会公共利益、社会公德的其他方式侵害遗体、遗骨。"第四条规定："具有人格象征意义的特定纪念物品，因侵权行为而永久性灭失或者毁损，物品所有人以侵权为由，向人民法院起诉请求赔偿精神损害的，人民法院应当依法予以受理。"第五条规定："法人或者其他组织以人格权利遭受侵害为由，向人民法院起诉请求赔偿精神损害的，人民法院不予受理。"即精神损害赔偿仅适用于自然人死亡后近亲属遭受精神痛苦的情形，而不保护近亲属以外的其他人，也未承认法人或其他组织具有获得精神损害赔偿救济的权利。拟制血亲是指因收养关系和扶养关系而在法律上拟制形成的与自然血亲具有同等法律地位的血亲关系。自然血亲仅为三代以内，拟制血亲亦同。章公祖师像作为历史悠久的人类遗骸，虽然承载着当地村民的精神寄托，但无法形成与当地村民之间所谓的拟制血亲关系。原告阳春村委会和东埔村委会要求支付精神损害赔偿的诉请，缺乏法律依据，本院不予支持。

本案诉讼过程中，原告东埔村委会增加诉请，要求被告奥斯卡等支付其主张债权的费用5万欧元，但其没有提供相应证据证明费用的实际发生情况，对该项诉请本院不予支持。

原告阳春村委会和东埔村委会还诉请被告奥斯卡等承担停止侵害的民事责任，但没有提供充分证据证明侵权行为的存在，对该项诉请，本院亦不予支持。

文物是人类在社会活动中遗留下来的具有历史、艺术、科学价值的遗物和遗迹，是人类宝贵的历史文化遗产，具有重要的历史意义和现实意义。章公祖师像在荷兰仅是一件具有异域特色的文物，但在中国福建省三明市章公祖师像的诞生地、保存地，则是当地祖师信仰的重要信物，承载着当地众多信众的精神寄托。该佛像也只有回归其诞生地和长期保存地，才能真正具有融入众多信众日常生活的生命力。章公祖师像作为集体所有的传世文物，于法而言，阳春村和东埔村村民对章公祖师像的集体所有权受法律保护；作为祖师信仰的信物，于情而言，章公祖师像应当返还给信众村民；作为人类遗骸的文化财产，于理而言，章公祖师像亦当回归其原始文化氛围和故土环境。在章公祖师像被偷盗、未经中国政府许可非法出口到国外后，原告阳春村委会和东埔村委会有权代表集体行使所有权，跨境追索，要求非法占有人返还流失的珍贵文物。

综上所述，经本院审判委员会讨论决定，依照民法通则第一百四十二条，村民委员会组织法第二条、第八条、第二十四条，物权法第四条、第三十四条、第三十九条、第五十八条、第五十九条、第六十条、第六十三条、第一百零六条、第一百零七条、第一百一十四条，文物保护法（1991年修正）第四条、第五条、第二十四条、第二十五条、第二十七条，《最高人民法院关于适用〈中华人民共和国物权法〉若干问题的解释（一）》第十七条、第十九条，《最高人民法院关于确定民事侵权精神损害赔偿责任若干问题的解释》第五条，涉外民事关系法律适用法第三条、第十四条、第三十七条，民事诉讼法第四条、第十八条、第一百一十九条、第一百二十七条、第二百五十九条，《最高人民法院关于适用〈中华人民共和国涉外民事关系法律适用法〉若干问题的解释（一）》第二条，《最高人民法院关于适用〈中华人民共和国民事诉讼法〉的解释》第六十八条、第一百零八条之规定，判决如下：

一、被告奥斯卡应当在本判决生效之日起三十日内向原告福建省大田县吴山乡阳春村民委员会、福建省大田县吴山乡东埔村民委员会返还案涉章公祖师肉身佛像；

二、驳回原告福建省大田县吴山乡阳春村民委员会、福建省大田县吴山乡东埔村民委员会的其他诉讼请求。

本案案件受理费人民币9772元，由奥斯卡负担人民币7000元，由福建省大田县吴山乡阳春村民委员会、福建省大田县吴山乡东埔村民委员会负担人民币2772元。

如不服本判决，原告福建省大田县吴山乡阳春村民委员会、福建省大田县吴山乡东埔村民委员会可在判决书送达之日起十五日内，被告奥斯卡、设计及咨询私人有限公司、奥斯卡凡公司可在判决书送达之日起三十日内，向本院递交上诉状，并按对方当事人的人数提出副本，上诉于福建省高级人民法院。

审　判　长　陈翔熙
审　判　员　何善坚
审　判　员　吴小琼
审　判　员　黄国庆
审　判　员　牟　旭
二〇二〇年十二月四日
法官助理　胡彩凤
书　记　员　饶　婕
书　记　员　陈　昕

附：本案适用的主要法律条款

《中华人民共和国民法通则》

第一百四十二条　涉外民事关系的法律适用，依照本章的规定确定。

中华人民共和国缔结或者参加的国际条约同中华人民共和国的民事法律有不同规定的，适用国际条约的规定，但中华人民共和国声明保留的条款除外。

中华人民共和国法律和中华人民共和国缔结或者参加的国际条约没

有规定的，可以适用国际惯例。

《中华人民共和国村民委员会组织法》

第二条 村民委员会是村民自我管理、自我教育、自我服务的基层群众性自治组织，实行民主选举、民主决策、民主管理、民主监督。

村民委员会办理本村的公共事务和公益事业，调解民间纠纷，协助维护社会治安，向人民政府反映村民的意见、要求和提出建议。

村民委员会向村民会议、村民代表会议负责并报告工作。

第八条 村民委员会应当支持和组织村民依法发展各种形式的合作经济和其他经济，承担本村生产的服务和协调工作，促进农村生产建设和经济发展。

村民委员会依照法律规定，管理本村属于村农民集体所有的土地和其他财产，引导村民合理利用自然资源，保护和改善生态环境。

村民委员会应当尊重并支持集体经济组织依法独立进行经济活动的自主权，维护以家庭承包经营为基础、统分结合的双层经营体制，保障集体经济组织和村民、承包经营户、联户或者合伙的合法财产权和其他合法权益。

第二十四条 涉及村民利益的下列事项，经村民会议讨论决定方可办理：

（一）本村享受误工补贴的人员及补贴标准；

（二）从村集体经济所得收益的使用；

（三）本村公益事业的兴办和筹资筹劳方案及建设承包方案；

（四）土地承包经营方案；

（五）村集体经济项目的立项、承包方案；

（六）宅基地的使用方案；

（七）征地补偿费的使用、分配方案；

（八）以借贷、租赁或者其他方式处分村集体财产；

（九）村民会议认为应当由村民会议讨论决定的涉及村民利益的其他事项。

村民会议可以授权村民代表会议讨论决定前款规定的事项。

法律对讨论决定村集体经济组织财产和成员权益的事项另有规定的，依照其规定。

《中华人民共和国物权法》

第四条 国家、集体、私人的物权和其他权利人的物权受法律保护，任何单位和个人不得侵犯。

第三十四条 无权占有不动产或者动产的，权利人可以请求返还原物。

第三十九条 所有权人对自己的不动产或者动产，依法享有占有、使用、收益和处分的权利。

第五十八条 集体所有的不动产和动产包括：

（一）法律规定属于集体所有的土地和森林、山岭、草原、荒地、滩涂；

（二）集体所有的建筑物、生产设施、农田水利设施；

（三）集体所有的教育、科学、文化、卫生、体育等设施；

（四）集体所有的其他不动产和动产。

第五十九条 农民集体所有的不动产和动产，属于本集体成员集体所有。

下列事项应当依照法定程序经本集体成员决定：

（一）土地承包方案以及将土地发包给本集体以外的单位或者个人承包；

（二）个别土地承包经营权人之间承包地的调整；

（三）土地补偿费等费用的使用、分配办法；

（四）集体出资的企业的所有权变动等事项；

（五）法律规定的其他事项。

第六十条 对于集体所有的土地和森林、山岭、草原、荒地、滩涂等，依照下列规定行使所有权：

（一）属于村农民集体所有的，由村集体经济组织或者村民委员会代表集体行使所有权；

（二）分别属于村内两个以上农民集体所有的，由村内各该集体经济组织或者村民小组代表集体行使所有权；

（三）属于乡镇农民集体所有的，由乡镇集体经济组织代表集体行使所有权。

第六十三条 集体所有的财产受法律保护，禁止任何单位和个人侵占、哄抢、私分、破坏。

集体经济组织、村民委员会或者其负责人作出的决定侵害集体成员合法权益的，受侵害的集体成员可以请求人民法院予以撤销。

第一百零六条 无处分权人将不动产或者动产转让给受让人的，所有权人有权追回；除法律另有规定外，符合下列情形的，受让人取得该不动产或者动产的所有权：

（一）受让人受让该不动产或者动产时是善意的；

（二）以合理的价格转让；

（三）转让的不动产或者动产依照法律规定应当登记的已经登记，不需要登记的已经交付给受让人。

受让人依照前款规定取得不动产或者动产的所有权的，原所有权人有权向无处分权人请求赔偿损失。

当事人善意取得其他物权的，参照前两款规定。

第一百零七条 所有权人或者其他权利人有权追回遗失物。该遗失物通过转让被他人占有的，权利人有权向无处分权人请求损害赔偿，或者自知道或者应当知道受让人之日起二年内向受让人请求返还原物，但受让人通过拍卖或者向具有经营资格的经营者购得该遗失物的，权利人请求返还原物时应当支付受让人所付的费用。权利人向受让人支付所付费用后，有权向无处分权人追偿。

第一百一十四条 拾得漂流物、发现埋藏物或者隐藏物的，参照拾得遗失物的有关规定。文物保护法等法律另有规定的，依照其规定。

《中华人民共和国文物保护法》（1991年修正）

第四条 中华人民共和国境内地下、内水和领海中遗存的一切文物，属于国家所有。

古文化遗址、古墓葬、石窟寺属于国家所有。国家指定保护的纪念建筑物、古建筑、石刻等，除国家另有规定的以外，属于国家所有。

国家机关、部队、全民所有制企业、事业组织收藏的文物，属于国家所有。

第五条 属于集体所有和私人所有的纪念建筑物、古建筑和传世文物，其所有权受国家法律的保护。文物的所有者必须遵守国家有关保护管理文物的规定。

第二十四条　私人收藏的文物可以由文化行政管理部门指定的单位收购，其他任何单位或者个人不得经营文物收购业务。

第二十五条　私人收藏的文物，严禁倒卖牟利，严禁私自卖给外国人。

第二十七条　文物出口和个人携带文物出境，都必须事先向海关申报，经国家文化行政管理部门指定的省、自治区、直辖市文化行政管理部门进行鉴定，并发给许可出口凭证。文物出境必须从指定口岸运出。经鉴定不能出境的文物，国家可以征购。

《最高人民法院关于适用〈中华人民共和国物权法〉若干问题的解释（一）》

第十七条　受让人受让动产时，交易的对象、场所或者时机等不符合交易习惯的，应当认定受让人具有重大过失。

第十九条　物权法第一百零六条第一款第二项所称"合理的价格"，应当根据转让标的物的性质、数量以及付款方式等具体情况，参考转让时交易地市场价格以及交易习惯等因素综合认定。

《最高人民法院关于确定民事侵权精神损害赔偿责任若干问题的解释》

第五条　法人或者其他组织以人格权利遭受侵害为由，向人民法院起诉请求赔偿精神损害的，人民法院不予受理。

《中华人民共和国涉外民事关系法律适用法》

第三条　当事人依照法律规定可以明示选择涉外民事关系适用的法律。

第十四条　法人及其分支机构的民事权利能力、民事行为能力、组织机构、股东权利义务等事项，适用登记地法律。

法人的主营业地与登记地不一致的，可以适用主营业地法律。法人的经常居所地，为其主营业地。

第三十七条　当事人可以协议选择动产物权适用的法律。当事人没有选择的，适用法律事实发生时动产所在地法律。

《中华人民共和国民事诉讼法》

第四条　凡在中华人民共和国领域内进行民事诉讼，必须遵守本法。

第十八条　中级人民法院管辖下列第一审民事案件：

（一）重大涉外案件；

（二）在本辖区有重大影响的案件；

（三）最高人民法院确定由中级人民法院管辖的案件。

第一百一十九条 起诉必须符合下列条件：

（一）原告是与本案有直接利害关系的公民、法人和其他组织；

（二）有明确的被告；

（三）有具体的诉讼请求和事实、理由；

（四）属于人民法院受理民事诉讼的范围和受诉人民法院管辖。

第一百二十七条 人民法院受理案件后，当事人对管辖权有异议的，应当在提交答辩状期间提出。人民法院对当事人提出的异议，应当审查。异议成立的，裁定将案件移送有管辖权的人民法院；异议不成立的，裁定驳回。

当事人未提出管辖异议，并应诉答辩的，视为受诉人民法院有管辖权，但违反级别管辖和专属管辖规定的除外。

第二百五十九条 在中华人民共和国领域内进行涉外民事诉讼，适用本编规定。本编没有规定的，适用本法其他有关规定。

《最高人民法院关于适用〈中华人民共和国涉外民事关系法律适用法〉若干问题的解释（一）》

第二条 涉外民事关系法律适用法实施以前发生的涉外民事关系，人民法院应当根据该涉外民事关系发生时的有关法律规定确定应当适用的法律；当时法律没有规定的，可以参照涉外民事关系法律适用法的规定确定。

《最高人民法院关于适用〈中华人民共和国民事诉讼法〉的解释》

第六十八条 村民委员会或者村民小组与他人发生民事纠纷的，村民委员会或者有独立财产的村民小组为当事人。

第一百零八条 对负有举证证明责任的当事人提供的证据，人民法院经审查并结合相关事实，确信待证事实的存在具有高度可能性的，应当认定该事实存在。

对一方当事人为反驳负有举证证明责任的当事人所主张事实而提供的证据，人民法院经审查并结合相关事实，认为待证事实真伪不明的，应当认定该事实不存在。

法律对于待证事实所应达到的证明标准另有规定的，从其规定。

中国太平洋财产保险股份有限公司青岛分公司与岱荣航运公司等海上货物运输合同货损纠纷案

中华人民共和国青岛海事法院
民 事 判 决 书

（2020）鲁 72 民初 1236 号

原告：中国太平洋财产保险股份有限公司青岛分公司，住所地中华人民共和国山东省青岛市市南区香港西路 4 号。

负责人：张某学，该公司总经理。

委托诉讼代理人：刘某涛，北京市中伦（青岛）律师事务所律师。

委托诉讼代理人：潘某彤，北京市中伦（青岛）律师事务所律师。

被告：岱荣航运公司，住所地巴拿马共和国巴拿马市塞缪尔路易斯大道 53 号大街欧米茄大厦。

法定代表人：Hiroyuki Kiuchi，该公司主任兼总裁。

被告：MMSL 私人有限公司，住所地新加坡共和国塞西尔街 182 号星狮大厦。

法定代表人：Takayuki Hase，该公司总裁。

二被告共同委托诉讼代理人：袁某，广东敬海（青岛）律师事务所律师。

二被告共同委托诉讼代理人：王某，广东敬海律师事务所律师。

原告中国太平洋财产保险股份有限公司青岛分公司（以下简称原告）与被告岱荣航运公司（以下简称岱荣公司）、MMSL 私人有限公司（以下简称 MMSL 公司）海上货物运输合同货损纠纷一案，本院于 2020 年 5 月

19日立案后,本案依法适用普通程序,被告MMSL公司在提交答辩状期间提出管辖权异议,本院裁定驳回其管辖权异议申请,被告MMSL公司未提起上诉。本院于2020年9月24日、12月7日、12月24日公开开庭进行了审理。原告委托诉讼代理人刘某涛、潘某彤,岱荣公司、MMSL公司共同委托诉讼代理人袁某、王某到庭参加诉讼。本案现已审理终结。

原告向本院提出诉讼请求:(1)依法判令两被告连带赔偿原告经济损失489万元及相应利息;(2)依法判令两被告共同承担本案诉讼费、保全费等全部法律费用。

事实及理由:2019年1月,广西渤海农业发展有限公司(以下简称渤海公司)向LOUIS DREYFUS COMPANY BRASIL S.A.购买64178公吨巴西大豆,由M/V BULK AQUILA("天鹰座")轮承运。案涉货物于2019年1月31日在巴西圣特雷姆港装运至该轮,并由代理签发了编号为B/L No.01,02,03 & 04的提单四套。提单载明,装货港为巴西圣特雷姆港,卸货港为中国港口,收货人凭指示。原告系案涉货物的保险人。2019年4月26日,"天鹰座"轮在目的港青岛港开始卸货,卸载期间,收货人发现案涉货物遭受热损霉变,经第三方检验,发现货物损害系由于承运人/实际承运人未能及时将货舱予以有效通风所致。原告依据保险合同约定赔付收货人渤海公司人民币489万元并取得代位求偿权。

根据船舶注册证明书记载,"天鹰座"轮的登记船舶所有人为被告岱荣公司,被告MMSL公司系"天鹰座"轮光船承租人。两被告作为本案案涉货物的承运人和实际承运人,依法应对原告的损失承担连带赔偿责任。为维护原告的合法权益,特诉至本院,请求依法判决。

被告岱荣公司辩称:岱荣公司系"天鹰座"轮的登记船舶所有人。岱荣公司于2013年2月15日与本案被告MMSL公司签订光船租赁合同,约定将被告所有的"天鹰座"轮光租给MMSL公司,光租期限为15年+/-3个月,承租期间承租人有权使用、占有、控制、营运船舶,并负责为船舶配备船员、维修和保养船舶等。原告提交的"天鹰座"轮连续概要记录也显示岱荣公司是该轮的登记所有人,MMSL公司是光船承租人。据此,涉案航次中"天鹰座"轮仍处于光租期间,岱荣公司并不实际占有、控制和运营"天鹰座"轮,不是涉案货物运输的承运人或实际承运人。因此,岱荣公司不是本案适格的被告,无论如何不应就原告所称的货物损坏承担任何责任。请求依法驳回原告对被告岱荣公司的全部诉讼请求。在坚持上述答辩意见的基础上，被告岱荣公司的其他答辩意见与本案第二被告 MMSL 公司相同。

被告 MMSL 公司辩称：（1）被告已在开航前及开航当时谨慎处理使船舶适航、适货，所称货物损坏与船舶本身无关。在涉案航次中，"天鹰座"轮持有合法有效的船舶证书及散装谷物适装证书。该轮在巴西圣特雷姆港装货前，第三方机构 Schutter do Brasil Ltda. 的检验人登轮检查了船舶的全部货舱并签发了货舱检验证书，证明全部货舱干燥、清洁，状况良好，适宜装载大豆货物。因此，被告在开航前及开航当时已经尽到了谨慎处理的义务，使"天鹰座"轮适航、适货。

（2）本案货物损坏是由于大豆在装货时水分过高及卸货迟延造成的，被告依法不应承担责任。第一，涉案巴西大豆的高含水量及品质缺陷是造成货物发生热损的内在原因。涉案大豆货物装货时的含水量为 13.23%，超过了 12.5% 的安全水分上限，甚至也超过了中国大豆国家标准（GB 1352—2009）规定的大豆水分限值 13%。根据青岛海关在对涉案货物检验检疫后出具的检测结果报告单和检验检疫处理通知书，涉案大豆检验出含有检疫性杂草刺蒺藜草、豚草及多种其他杂草，即本案货物在装船时就存在质量缺陷。在大豆本身含水量就较高的情况下，大豆其他方面的品质缺陷会进一步提高发热受损的风险。第二，卸货迟延是本案大豆热损的直接原因，被告对此没有过错，也无法干预或改变。"天鹰座"轮从装货港起运到青岛港锚地的航行时间为 49 天，这是从巴西港口到中国港口的正常航行时间。涉案货物抵达青岛港锚地时已经超过了理论上的安全储存期，大豆货堆发生热损的风险较高。如果此时"天鹰座"轮能马上靠泊卸货，本案货物应当不会发生大范围的热损。但是，卸货共计推迟了 38 天。由于货方未取得农业转基因生物安全证书，船舶无法安排靠泊卸货。卸货延误显然是收货人未及时取得农业转基因生物安全证书并办妥货物进口手续造成的。

（3）货舱表层以下的大豆热损与船员的管货措施没有因果关系；船员无法控制卸货延误期间大豆热损的发生和发展。由于船舶货舱属于密闭空间，大豆货堆的导热性差，即使在天气合适时打开通风孔对货舱通风，也只可能对货舱表面少量大豆有一定散热作用，对于表层以下大豆的温度和水分不会产生任何影响。尽管对大豆货舱通风不会对货物状况产生根本性影响，船员在多数适宜通风的期间对5个货舱采取了通风措施。尽管航程中有约10天货舱适宜通风而船员未进行通风，但船舱通风对于表层以下绝大部分货物没有任何散热作用，减少的通风时间与表层以下货物的发热和损坏没有因果关系。

（4）涉案货损原因符合货物运输保险条款中列明的多项免责事由，原告不应向收货人进行保险赔付，进而无权向被告进行代位求偿。根据如上分析，涉案货物损坏的原因是大豆的自然特性（呼吸作用旺盛、易吸湿发霉）、运输货物的固有缺陷（水分过高）、品质不良（检疫性有害生物）及因收货人过错造成的运输迟延所共同造成的，满足保险责任除外责任的多项免责事由，原告有充分的事由和依据对收货人所主张的货物损失免除保险赔偿责任。但是，原告错误地认可了本案货损构成保险责任。在此情况下，不论原告是否实际向收货人进行赔付，都无法有效地取得代位权，进而无权向被告主张货物损坏赔偿责任。

（5）原告主张的损失依据严重不足，于法无据。原告提供的融信达保险公估（天津）有限公司（以下简称融信达公司）的《公估报告》认定收货人单方统计的损失缺乏充分依据，不应得到法院的支持。原告并未提供《公估报告》中提及的收货人的"生产日报表""产成品入库单"等材料；未证明用于配比加工的"正常巴西大豆"的来源、质量情况，无法证明其是否完好，适于进行配比加工；原告所称的豆粕含油损失没有任何依据；原告也未有效证明配比加工本案货物确实造成了额外的成本损耗和辅料损耗；原告未证明收货人对本案大豆采取的除害措施，没有合理区分对大豆作检疫性除害措施与配比加工措施所产生的损失和费用，应承担举证不能的法律后果。

综上所述，原告的索赔缺乏事实和法律依据，请求依法驳回原告的全部诉讼请求。

当事人围绕诉讼请求依法提交了证据，本院组织当事人进行了证据交换和质证。原告提交的编号为B/L No.01, 02, 03 & 04的提单四套、保险赔款支付凭证、"天鹰座"轮登记信息、"天鹰座"轮货物通风及温度记录、货物信息、照片一组、融信达公司出具的《公估报告》、渤海公司出具的《权益转让书》，两被告均对真实性无异议，本院对上述证据真实性予以确认并在卷佐证;被告提交的船舶登记证书、大副收据、配载图、熏舱文件、货舱温度及通风记录、装卸准备就绪通知书、谷物和豆类储存实用建议、青岛大华保险公估有限公司(以下简称大华公司)出具的《检验报告》、海关政府信息公开申请表、青岛大港海关信息公开申请答复书、EMS快递单、加盖公章的公开文件、原告的检验人在(2017)鲁72民初440号案中出具的《检验报告》,原告均对真实性无异议,本院对上述证据真实性予以确认并在卷作证。

对于有争议的证据,本院认定如下:原告提交的保险单加盖保险公司印章,与赔付凭证能够相互印证,本院予以采信;对被告提交的光船租赁合同与原告提交的"天鹰座"轮登记信息能够相互印证,本院对其真实性予以确认;对货船构造安全证书、货船设备安全证书、船舶安全管理证书、符合证明、散装谷物适装证书、货舱检验证书系在复印件上加盖了船章,对其真实性予以确认;电子邮件系打印件,需结合其他证据综合认定;提货单、农业转基因生物安全证书、入境货物检验检疫申请、靠泊通知单、海关检测结果报告单、植物检疫证书、检验检疫处理通知书与海关政府信息公开申请表、青岛大港海关信息公开申请答复书、EMS快递单、加盖公章的公开文件能够相互印证,本院对上述证据予以采信;2019年3月18日、3月27日、4月6日、4月22日拍摄的货舱照片系刻录光盘,未出示原始载体,需结合其他证据综合认定;律师函系被告单方出具,需要结合其他证据综合认定。CWA《检验报告》办理了公证认证手续,且专家通过远程视频方式接受当事人及法庭质询,本院对其真实性予以采信。

根据当事人陈述和经审查确认的证据,本院认定事实如下:涉案货物由M/V BULK AQUILA("天鹰座")轮承运。该轮的登记所有人为本案被告岱荣公司,船舶登记日期为2014年10月6日,船籍港口为巴拿马,船舶按照登记的光船租赁条款由被告MMSL公司运营,光船承租人为被告MMSL公司。该轮为2014年建造的钢制散货船,总吨38227,净吨21630,货仓数量5个。在涉案航程开航前和开航当时,该轮船舶证书齐全有效、船员配备合格、货舱状况良好。

2019年1月24日,原告签发进口货运险保单2份,承保由承运船舶"天鹰座"轮载运的巴西大豆,被保险人为渤海公司。保单号码分别为

AQID71024119Q000142R 及 AQID71024119Q000277Q，数量分别为21178公吨和33000公吨，保险金额为11471551美元和17547783美元。

2019年1月26日，SANTAREM-PA 作为托运人检验人向"天鹰座"轮告知涉案货物的信息，信息表指示或其他事项部分记载：根据国际海事组织的建议，货物在海上航行期间必须适当通风。

2019年1月31日，签单代理代表承运船舶"天鹰座"轮船长签署了四套提单，提单载明托运人为 LOUIS DREYFUS COMPANY BRASIL S.A.，收货人凭指示，通知方为渤海公司；装货港为巴西圣塔伦港，卸货港为中国港口；船名 M/V BULK AQUILA，货物为巴西大豆，散装，装于货舱1号、2号、3号、4号和5号，四套提单总计承运货物54178公吨，货物表面清洁，运费预付。

1月31日，第三方机构 Schutter do Brasil Ltda. 对装船前的大豆进行了品质检验并出具货物质量证书，其中显示大豆水分含量的规格要求为不高于14%，涉案大豆经检验含水量为13.23%。"天鹰座"轮最终货物积载图显示1号、2号、4号、5号舱均满舱，3号舱未满舱。2月1日船员对"天鹰座"轮进行了熏舱，密闭时间为15天，熏舱通知中要求熏舱15日后应通风，货舱应在海上打开使空气流通。

关于涉案航程中的货舱通风情况，"天鹰座"轮货舱温度及通风记录中进行了记载，记录的内容包括日期、天气、相对风向、相对风力、海水温度、空气湿度、各货舱温度、是否通风及其原因的简要备注等。其中显示，承运人在运输期间，每日对每货舱仅进行一次温湿度检测，在一天之内采取单一的通风或未通风的措施。2019年3月18日8时至10时，打开1号至5号货舱舱盖去除熏舱物，取出之后关闭全部舱盖。3月27至4月8日、4月10日至4月19日、4月22日、4月24日至4月26日通风。2019年4月20日大雾天气，4月21日大雾天气。2月26日1号货舱海浪较大，2月27日1号货舱海浪较大，2月28日1号、2号货舱海浪较大。3月1日1号货舱海浪较大，3月2日、3月3日1号至5号货舱均恶劣天气。3月16日1号货舱海浪较大，3月17日1号货舱海浪较大。4月9日1号至5号货舱均恶劣天气。4月23日1号至5号货舱均下雨。

2019年3月21日"天鹰座"轮抵达青岛港锚地并于同日递交装卸准

备就绪通知书，4月24日渤海公司取得农业转基因生物安全证书，4月25日申请报验，4月26日获批靠泊，4月28日靠港卸货，5月20日完成卸货。

2019年4月27日（在开始卸货前），本案原、被告三方及被保险人委托的专业机构共同对"天鹰座"轮承运的提单号01、02、03、04项下的进口散装巴西大豆进行了联合检验。联合检验记录载明："经各方联合检验发现该轮1—5号货舱表层大豆均有明显霉变、水湿、结块、霉烂、变色的情况，货舱表层大豆散发出明显的霉烂的气味。表层以下货物的情况未知。"

原告委托的融信达公司出具《公估报告》，认为：（1）表层大豆水湿、霉变的主要原因：舱内大豆中的微生物繁殖和呼吸作用产生大量的热量和水汽在舱内上升后遇冷在舱盖或货舱其他结构凝结形成冷凝水（俗称舱汗），之后冷凝水从舱盖下方滴落到表层货物，导致表层部分货物水湿，进而出现霉变和结块的情况。此外，大量的热量和水汽在上升过程中，导致表层大豆水分含量升高，表层大豆出现霉变的情况，在舱内形成"结盖"的情况。表层货物水湿、霉变、结块是因为舱汗的原因导致的，与船方未对货舱及时的有效的通风有重要关系。（2）大豆热损的主要原因：该轮承运的大豆本身含水量大，不易长时间贮藏，货物在运输途中极易因为微生物的繁殖导致货物温度升高。然而由于船方未对货舱及时地、有效地通风导致舱内形成"结盖"的情况，进一步造成中下层货物在舱内温度继续升高，进而引起货物出现热损的情况。（3）关于货物的损失，2019年10月23日，渤海公司将"天鹰座"轮的54178吨大豆与24.55万吨正常巴西大豆进行了配比加工，共计产出豆粕23.3万吨；毛豆油5.98万吨；一级豆油5.65万吨。审核产生的合理费用为：榨油损失390.67万元、炼油损失146.88万元、受损大豆存储及出仓方面产生的额外费用3.084万元、INTERTEK检验费5.1773万元，共计545.8113万元。最后的公估结论：题述保单项下的巴西大豆在青岛港卸货时发生货损，全船货物均不同程度热损伤，本次事故是由于承运船船员未能及时有效通风造成的。本次事故能够构成保险责任。经过该司保险人和被保险人的协商沟通，确定保险人就本次货损事故向被保险人赔偿人民币489万元。

被告MMSL公司委托的大华公司出具《检验报告》，对大豆损坏原因总结，"天鹰座"轮在本航次开航前和开航当时处于适航、适货的状态；该轮船员在航程中对温度进行了测量、记录并采取了通风措施，航程中有约10天可以进行通风但未通风，对各货舱表层的货物散热可能有一定不利影响，但对表层10—15厘米以下货物是否发生损坏无实质影响，不是本案大豆热损的主要原因；装货港品质证书显示装货时大豆平均含水量为13.23%，结合装货温度，这是非常不安全的含水量，这决定了大豆在航程开始后，很快就会发生旺盛的呼吸作用，产生大量的水分和热量，造成货堆发热。较高的水分和升高的温度有利于微生物和霉菌的繁殖，大豆容易发霉、结块。大豆的自然特性及本案货物的高水分是发生热损的内在原因；大豆的高水分决定了其在海上运输中的安全存储期在40天以内。该轮本航次从开航到开始卸货共计87天，其中因收货人未及时办妥货物进口手续，导致船舶卸货延误38天。延误期间货物开始出现明显损坏并持续加重，这是本轮货物热损发生和加剧的重要原因，如本轮未发生卸货延误，货损本可避免；该轮航程跨越南北半球，航程中温度一直较高，到青岛港时温度骤降，更容易形成舱汗，对表层货物的水湿霉变有一定促进作用，通风基本不可能完全消除货堆发热与外界温差所形成的舱汗。检验总结：（1）发现本案货物的霉变和板结主要发生于各舱表层10—15厘米的货物，表层以下的货物状况明显转好，变色大豆与正常大豆混合在一起，大豆变色程度存在差异，符合大豆因高含水量而在航程中发热受损的一般规律。（2）本轮大豆发生热损的内在原因是货物在装船前本身含水量过高，因自然特性在航行过程中发生自热；货物在到达青岛港锚地后开始出现热损，并由于卸货迟延而严重加剧。如本轮能及时安排卸货，本案货损本不应发生。（3）适宜天气条件下的通风仅对大豆货堆表面有一定散热作用，对表层以下货物没有任何影响。青岛港锚地气温较航程中明显降低所导致的货舱汗水对于表层货物的霉变也有一定促进作用，通风不可能完全消除舱汗。大豆货物热损的决定性因素是货物含水量、装货温度和航程时间，通风不可能从根本上避免大豆水分过高及航程延误而造成的热损。（4）绝大部分船载大豆的关键性指标未发生显著劣变，在采取谨慎、适当的配比加工措施的条件下，涉案大豆的使用价值基本不会发生变化。从加工过程中了解的信息和取样结果来看，收货人对"天鹰座"轮大豆采取的加工措施在一定程度上减轻了热损的不利影响，但收货人对配比加工方案的大幅调整可能造成了混合大豆的质量参数仍然较差，进而影响了产品的品质，且加工过程中的辅料损耗可能会因此有所增加，使货物的加工最终未能达到理想的减损效果。

两被告委托的 CWA 专家 Chris Ellyatt 经现场检验后认为：货损主要是由于货物在装货港时的品质状况和在青岛港的迟延卸货所导致的；船员的管货措施不会对卸货港货物质量产生明显影响。虽然收货人通过混合货物减轻了热损的影响，但尚不清楚其是否达到了最佳的减损效果。CWA 同意融信达公司公估报告中对索赔金额的扣减，但原告仍需提供进一步证据证明所称的损失。报告中载明：船长确认通风记录中的"货物"温度是通过测深管测量的。船舶的测深管周围全是货物，由此可测得测深管周围货物温度。关于管货措施，报告认为通风一般应坚持两个原则，分别是"露点规则"和"三度规则"。根据"露点规则"，当外界空气的露点低于货舱内空气的露点时，应对货舱进行通风。通过测量货舱内外的干湿球温度计算露点，之后通过对比露点决定是否进行通风。从理论上讲，露点是最有价值的信息，因为它是空气中水分含量的直接指标。但在现实操作中存在一个巨大的缺陷，那就是在海上航行途中无法进入货舱测量温度。"露点规则"的不足使"三度规则"成为更具操作性的选择。根据"三度规则"，当外界空气温度比货舱内货物温度低3°C以上时，应当对货舱进行通风。相比"露点规则"需要测量货舱内露点的不可操作性，"三度规则"仅需要测量货物本身的温度。货物温度在装货当时进行测量，并会在之后的航程中保持相对稳定。报告认为相比"露点规则"，"三度规则"是更可行的选择。根据"三度规则"，对于1号至5号货舱温度在 25.9°C 至 26.8°C 的货物，在 105 天的海上航行/迟延卸货期间，共计 11 天应对 1 号、2 号和 3 号货舱进行通风而未通风，共计 9 天应对 4 号和 5 号货舱进行通风而未通风（或根据承租人的指示为 6 天未通风）。由于通风不足造成的损害原则上应仅限于货堆表层货物，因为通风对表层以下的货物无作用。

2019 年 12 月 27 日，中国太平洋财产保险股份有限公司向被保险人渤海公司支付保险赔款 489 万元。同日，被保险人渤海公司向原告出具

《权益转让书》,确认将追偿权转移给原告。

庭审中,两被告申请青岛海关公开涉案货物报关的相关信息,在青岛海关公开的检测结果报告单和检验检疫处理通知书中载明,涉案54178吨大豆检验出含有检疫性杂草刺蒺藜草、豚草及多种其他杂草,海关要求收货人对全部大豆货物进行除害处理。

另查明,中国大豆国家标准(GB 1352—2009)载明:本标准适用于收购、储存、运输、加工和销售的商品大豆,大豆水分含量应小于等于13%。

2020年5月18日,原告起诉两被告至本院。

本院认为,本案系海上货物运输合同货损纠纷。涉案大豆由注册登记在巴拿马共和国的被告岱荣公司所属"天鹰座"轮自巴西运输至中国青岛港,MMSL公司系船舶光船承租人,与本案货物运输有关的海上运输合同和保险合同具有涉外性,故本案系涉外民事纠纷。本院受理后,MMSL公司在提交答辩状期间以并入提单的租船合同存在仲裁条款为由,提出管辖权异议,认为应当依法裁定驳回原告的起诉,或责令原告向本案运输所涉的提单所约定的仲裁机构提起仲裁,并终止本院对本案的审理。本院经审查认为,定期租船合同中的仲裁条款和法律适用条款是否可以并入提单的争议属于诉讼程序问题,应当适用法院地法,中华人民共和国法律应当作为判断有关租船合同并入提单的准据法。《中华人民共和国海商法》(以下简称海商法)仅对航次租船合同有效并入提单作出规定,并未涉及与航次租船合同具有不同法律性质的定期租船合同有效并入提单问题,当事人将定期租船合同的所有条款并入提单的约定,不能产生法定意义上并入提单的效力。定期租船合同中的仲裁条款不能成为解决因提单运输引起纠纷的依据。涉案货物海上运输的目的港为中国青岛港,属于本院管辖范围。裁定驳回了MMSL公司提出的管辖权异议,MMSL公司并未上诉,确定了本院对该案享有管辖权。

海商法第二百六十九条规定:"合同当事人可以选择合同适用的法律,法律另有规定的除外。合同当事人没有选择的,适用与合同有最密切联系的国家的法律。"《中华人民共和国涉外民事关系法律适用法》第四十一条也规定:"当事人可以协议选择合同适用的法律。当事人没有选择的,适用履行义务最能体现该合同特征的一方当事人经常居所地法律或其他与该合同有最密切联系的法律。"因双方当事人在本案审理过程中均援引中华人民共和国法律，《最高人民法院关于适用〈中华人民共和国涉外民事关系法律适用法〉若干问题的解释（一）》第八条规定："各方当事人援引相同国家的法律且未提出法律适用异议的，人民法院可以认定当事人已经就涉外民事关系适用的法律做出了选择。"且本案海上货物运输合同的卸货港和争议货损的所在地均在中国境内，中华人民共和国法律是与涉案合同有最密切联系的法律，因此本案适用中华人民共和国法律作为准据法。

本案焦点如下。

一、原告与两被告之间的法律关系

"天鹰座"轮的登记所有人为岱荣公司，船舶登记信息中载明船舶按照登记的光船租赁条款由MMSL公司运营，即MMSL公司为光船承租人。涉案货物由签单代理代表承运船舶"天鹰座"轮船长签署了提单，由此涉及承运人的识别问题。原告主张岱荣公司系登记船舶所有人，船长系船舶所有人的代理人，故岱荣公司是涉案货物的承运人，被告MMSL公司系光船承租人，系涉案货物的实际承运人，两者应承担连带赔偿责任。被告岱荣公司抗辩船舶处于光租期间，岱荣公司并不实际占有、控制和运营船舶，不是涉案货物运输的承运人或实际承运人。对此，本院认为，海商法第七十二条第二款规定："提单可以由承运人授权的人签发。提单由载货船舶的船长签发的，视为代表承运人签发。"根据该条规定，岱荣公司虽然为涉案船舶登记所有人，但涉案船舶由MMSL公司光船租赁、占有、使用和营运，且该事实被登记于船舶注册信息中，已经对外披露，可以对抗第三人。岱荣公司并未实际参与涉案船舶经营，船长显然系光租人MMSL公司而非岱荣公司的代表，故而岱荣公司并非本案海上货物运输合同的承运人，不应承担承运人责任，本院对原告要求岱荣公司承担承运人责任的主张不予支持。

MMSL公司运营的"天鹰座"轮承运涉案货物，并授权装货港签单代理签发了提单，是涉案海上货物运输的承运人。海商法第七十一条规定："提单，是指用以证明海上货物运输合同和货物已经由承运人接收或者装船，以及承运人保证据以交付货物的单证。提单中载明的向记名人交付货物，或者按照指示人的指示交付货物，或者向提单持有人交付货物的条款,构成承运人据以交付货物的保证。"第七十八条第一款规定:"承运人同收货人、提单持有人之间的权利、义务关系,依据提单的规定确定。"根据上述规定,渤海公司作为提单持有人和收货人,依该提单与MMSL公司形成以本案货物提单为证明的海上货物运输合同关系。原告作为涉案货物的保险人,在货物出险后,其总公司依据保险合同代其向其被保险人渤海公司做出了实际赔付,渤海公司向原告出具了《权益转让书》,确认将追偿权转让给原告。海商法第二百五十二条第一款规定:"保险标的发生保险责任范围内的损失是由第三人造成的,被保险人向第三人要求赔偿的权利,自保险人支付赔偿之日起,相应转移给保险人。"根据该规定,原告依法取得了相应范围的代位求偿权。

二、货损责任的承担

海商法第四十六条规定,"承运人对非集装箱装运的货物的责任期间,是指从货物装上船时起至卸下船时止,货物处于承运人掌管之下的全部期间"。第四十八条规定:"承运人应妥善地、谨慎地装载、搬移、积载、运输、保管、照料和卸载所运货物。"第五十一条规定:"在责任期间货物发生的灭失或者损坏是由于下列原因之一造成的,承运人不负赔偿责任:……(八)托运人、货物所有人或者他们的代理人的行为;(九)货物的自然特性或者固有缺陷;……(十二)非由于承运人或者承运人的受雇人、代理人的过失造成的其他原因。……"根据上述法律规定,"天鹰座"轮在开航前和开航当时船舶适航、货舱适货,MMSL公司的赔偿责任应当在判定货损原因的基础上,根据承运人的过错程度予以合理认定。而根据双方的诉辩主张以及专家、鉴定意见,涉案大豆受损的原因应当从三个方面进行分析:(1)案涉大豆品质是否适合海上运输要求;(2)责任期间内的通风措施是否得当;(3)迟延卸货对货损发生的影响。

(一)案涉大豆品质是否适合海上运输要求

根据《中华人民共和国合同法》(以下简称合同法)第六十二条第一项的规定,本案应按照国家标准、行业标准认定大豆质量标准。我国适用于收购、储存、运输、加工和销售的商品大豆国家标准 GB 1352—2009 规定大豆水分含量指标不应超过 13%,本案大豆装船前已进行了品质检验,货物质量证书显示大豆水分含量的规格要求为不高于 14%,本案大豆经检验含水量为13.23%，超过我国国家标准。对此，原告主张，13%含水量的国家标准系我国关于大豆存储的标准，而非大豆运输的含水量标准。该标准系我国规定，本案涉及进口的大豆以及远洋运输，不同国家关于大豆含水量均有不同规定，国际上关于大豆远洋运输亦无统一规范，在大豆装货时品质检测合格的情况下，大豆品质没有问题。被告主张，根据南美到中国的大豆海上运输实践，12.5%以下的含水量是相对安全的数值，可以满足绝大多数常规航程的安全运输需求。本案大豆的水分既不符合航运实践中的安全水分标准，也不符合中国的国家标准，存在固有缺陷。

对此，本院认为，GB 1352—2009的国家标准明确适用于收购、储存、运输、加工和销售的商品大豆，该水分含量的标准应当被视为可以满足大豆储藏、运输、商业流通等环节的一般要求，而非仅限于储存环节，本案系海上货物运输环节，也应符合国家标准。原告关于仅系存储标准，而非运输标准的主张本院不予支持。但正如原告所主张的，本案涉及进口的大豆以及远洋运输，不同国家关于大豆含水量均有不同规定，国际上关于大豆远洋运输亦无统一规范，本案大豆虽然水分高于13%，但并非不可以远洋运输和必然货损的货物。大华公司的《检验报告》中载明货物在航程中发热的内在原因是水分过高，货损最终发生和加剧的原因是卸货迟延，证明水分含量高并非货损的直接原因。对于涉案大豆水分含量高事宜，融信达公司鉴定人出庭接受质询时也认可13.23%的水分含量较高。另外，根据青岛海关在对涉案货物检验检疫后出具的检测结果报告单和检验检疫处理通知书，涉案54178吨大豆检验出含有检疫性杂草刺蒺藜草、豚草及多种其他杂草，海关要求收货人对全部大豆货物进行除害处理。由于检疫性杂草及其他杂草不可能在航行途中进入货舱，这些杂草在装货前应已经存在于货物之中，会进一步提高发热受损的风险。因此本案大豆还存在混有杂草的品质缺陷。

原告主张装船时，船长签发清洁提单，未对货物品质提出异议，表示其接受案涉大豆品质的约束。对此，本院认为，海商法第七十五条规定："承运人或者代其签发提单的人，知道或者有合理的根据怀疑提单记载的货物的品名、标志、包数或者件数、重量或者体积与实际接收的货物不符，在签发已装船提单的情况下怀疑与已装船的货物不符，或者没有适当的方法核对提单记载的,可以在提单上批注、说明不符之处、怀疑的根据或者说明无法核对。"该条是关于提单批注权的规定,说明承运人在提单上作出批注的情形限于提单记载的货物的品名、标志、包数、件数、重量或者体积,货物的品质、质量等不属于承运人批注的范围。海商法第七十六条规定:"承运人或者代其签发提单的人未在提单上批注货物表面状况的,视为货物的表面状况良好。"该条是关于无批注提单的证据效力的规定,仍然指向承运人的批注权,即承运人有权就其所认为的装载货物的表面状况不良作出不清洁的批注,不加批注表明权利的放弃,自愿承担不利后果。货物表面状况是否良好,具有一定的专业标准,不应当要求船长、船员同时是所装运的各类货物的专家。承运人签发清洁提单与否,应建立在根据通常的观察方法以及通常应当具备的知识用肉眼或者其他通常的、合理的检验方法,仅从外表所能观察到和发现的货物表面状况,货物内在品质不在此列。而且本案承运人签发提单时,并未看到涉案大豆的品质证书,不应对承运人签发提单提出额外过高的要求。因此,虽然涉案大豆签发了清洁提单,不代表大豆不存在品质缺陷。

根据海商法第五十一条第一款第九项关于责任期间货物发生的灭失或者损坏是由于货物的自然特性或者固有缺陷造成的承运人不负赔偿责任的规定,结合大豆高水分决定了其在航程中会发生旺盛的呼吸作用并造成货堆发热的自然特性,本院认为案涉大豆水分含量较高、混有杂草,存有一定的品质缺陷。需要强调的是,案涉大豆水分含量较高、混有杂草与货损有关联,但并非不适合海上运输,不是导致货损的直接原因,货损还需结合通风措施、航程时间等因素综合判断,上述缺陷仅可以适当减轻承运人的赔偿责任,对于减轻的责任比例本院综合各种因素予以裁定。

(二) 责任期间内的通风措施是否得当

前已述及案涉大豆水分高于国家标准 GB 1352—2009 规定的 13%并有杂质,但根据对原、被告双方的鉴定人的质询可以得出,在适宜的温度、湿度下,案涉大豆是可以无损运输的,并不必然发生热损的结论。承运人在运输责任期间内,应根据大豆的自然特性,按照行业认可的实践规则,妥善、谨慎地管理,以保持适宜的环境温湿度。对本案"天鹰座"轮而言,被告应做且能做的管理措施即尽职尽责测量货物及外界温湿度,通过适时开启通风孔、舱盖等方式对货物进行通风。

关于通风对货损的影响,原告委托的融信达公司认为,表层货物水湿、霉变、结块是舱汗导致的,与船方未对货舱及时有效地通风有重要关系。因未及时有效地通风导致舱内形成"结盖"的情况,进一步造成中下层货物在舱内温度继续升高,进而引起热损。被告委托的大华公司认为由于大豆导热性差,船舱通风对表层以下绝大部分货物没有散热作用,减少的通风时间仅有可能与货舱表层十几厘米厚的大豆损坏有一定关联性,但对表层以下货物的质量不能产生影响。被告委托的CWA英国专家证人表示货舱的自然通风对大豆货物是否发生热损没有实质性影响,但接受质询时并不否认通风对大豆表面热量的散发有一定作用。据此,在运输大豆过程中,对货舱谨慎地自然通风虽不能避免大豆的自热现象,但可以尽可能地平衡舱内外温度,降低货损,是承运人应尽的管货义务。

本案"天鹰座"轮的货舱温度及通风记录记载了其通风情况,记录的内容包括日期、天气、相对风向、相对风力、海水温度、空气湿度、各货舱温度、是否通风及其原因的简要备注等。其中显示,承运人在运输期间,每日对每货舱仅进行一次温湿度检测,在一天之内采取单一的通风或未通风的措施。根据熏舱通知要求,熏舱15天后应通风,货舱应在海上打开使空气流通。案涉大豆于2月1日进行了熏舱,密闭时间为15天,必须于2019年2月16日开舱通风。但"天鹰座"轮2月16日至3月26日期间未进行通风。通风记录显示除3月2日、3月3日为恶劣天气,2月26日至3月1日、3月16日至3月17日记载1号货舱海浪较大,2月28日记载2号货舱海浪较大外,其余日期各货舱均适宜进行通风。对此,被告抗辩为根据"三度规则",无须通风。关于"三度规则",系根据装货时货物温度对比外界空气温度是否高于3℃来进行判断是否适宜通风。但"三度规则"并非唯一适用的规则。大华公司的《检验报告》中载明船员可自行选择采用"露点规则"或"三度规则"中的任意一种进行通风。"露点规则"指货舱内的露点高于舱外的露点则应当进行通风,反之不应通风。经庭审对被告委托的鉴定人质询,"三度规则"应当适用于温度相对稳定、变化不大的货物。且CWA《检验报告》中关于"三度规则仅需测量货物本身的温度,货物温度在装货当时进行测量,并会在之后的航程中保持相对稳定"的陈述也对"三度规则"的适用范围予以印证。就本案大豆而言,因水分含量较高,航程较长,需要采取更有效的措施检测大豆温度。显然,"天鹰座"轮根据"三度规则"采取的通风措施与海上运输舱内外温湿度、天气频繁发生变化的情况不相适应,不能体现被告对在船货物尽到了谨慎的注意义务。而且,即使根据"三度规则",被告委托的大华公司的《检验报告》和CWA《检验报告》中也明确记载航程中有一段时间符合"三度规则"的货舱适宜通风要求而船员未进行通风。

因此,本院认定"天鹰座"轮采取的通风措施不当,具体理由为:其一,在整个航行过程中(2月16日至3月21日),在适宜通风的时间未予通风。2019年1月26日,SANTAREM-PA作为托运人检验人向"天鹰座"轮告知涉案货物的信息时明确告知,根据国际海事组织的建议,货物在海上航行期间必须适当通风。熏舱通知也要求熏舱15天后应通风,货舱应在海上打开使空气流通,承运人未按照上述要求在航行过程中通风,显然不当。其二,"天鹰座"轮片面地采取"三度规则"而不管海上运输舱内外温湿度、天气频繁发生变化的客观情况,特别是置测深管体现的温度明显高于装港温度的事实于不顾。其三,船舶到港后5日内(3月22日至3月26日)即使按照被告主张的"三度规则",也均符合通风条件,但未予通风。其四,3月27日至4月26日船舶在港锚地停留期间,未采取开舱通风的方式进行有效通风。CWA《检验报告》中陈述,"2019年4月30日,在CWA的要求下,打开全部舱盖以增大舱内通风",证实在锚地停留期间可以采用开舱通风的方式进行通风。其五,"天鹰座"轮通风记录记载不规范,通风记录显示日期为2016年7月1日,本案船舶实际行航程是在2019年上半年;船长提供的通风记录为可编辑的电子表格,熏舱证书显示货物装港时货物温度是25℃,而通风记录第一天即2月1日显示的船舶温度已达33℃至36℃不等,一夜之隔货舱温度骤升10℃不符合日常逻辑。基于上述分析,本院认定MMSL公司在责任期间内采取的通风措施不当,未尽妥善、谨慎的管货义务,应对因此造成的货损承担赔偿责任。

(三)迟延卸货对货损发生的影响

涉案货物是从巴西进口的转基因大豆,国家实行检疫许可管理。根据中国《农业转基因生物安全管理条例》第三十三条规定："从中华人民共和国境外引进农业转基因生物的，或者向中华人民共和国出口农业转基因生物的，引进单位或者境外公司应当凭国务院农业行政主管部门颁发的农业转基因生物安全证书和相关批准文件，向口岸出入境检验检疫机构报检；经检疫合格后，方可向海关申请办理有关手续。"第三十七条规定："进口农业转基因生物，没有国务院农业行政主管部门颁发的农业转基因生物安全证书和相关批准文件的，或者与证书、批准文件不符的，作退货或者销毁处理。进口农业转基因生物不按照规定标识的，重新标识后方可入境。"另根据《中华人民共和国进出境动植物检疫法》及《中华人民共和国进出境动植物检疫法实施条例》的相关规定，货主应当在贸易合同签订前办妥检疫审批手续。

"天鹰座"轮2019年3月21日即已抵达青岛锚地，但渤海公司直至4月25日才获批《进境动植物检疫许可证》，货物于2019年4月26日靠泊卸货，4月28日开始卸货，导致迟延卸货38天。货物进口及报检手续未及时办理完毕是导致涉案大豆迟延卸货的直接原因，渤海公司对此负有过错责任。对于MMSL公司而言，在等待收货人办妥进口及报检手续、等待交货的过程中，其不断与卸货港代理、租船人进行邮件往来，催促办理靠泊手续，且本案实际迟延时间仅为38天，在该期间内承运人处置在船货物的能力和权利有限，除了采取通风措施履行妥善、谨慎的管货义务，难以采取更加合理有效的措施减少损失，就本案而言不宜强加给承运人更多的过错责任。"天鹰座"轮是用于载运散装货物的海上运输船舶，并不适合大豆货物的长时间储存，"天鹰座"轮从装货港起运到青岛港锚地的航行时间为49天（自2019年2月1日起至2019年3月21日止），迟延卸货38天，导致整个航程从49天延长到了87天，涉案大豆受损与迟延卸货存在必然的因果关系。

综上所述，大豆货物在海上的安全储运与大豆的自然特性、航程长短、通风措施以及海上环境因素等有关。本案中，大豆水分稍高，且有杂草，有一定的品质缺陷，但并非不适合海上运输；"天鹰座"轮通风不当，未尽妥善、谨慎的管货义务，与货损有必然因果关系；货物在船舱滞留，迟延卸货38天，也与货损有必然因果关系。综合考虑上述因素，根据承运人违反其所应负责任和义务的过错程度，本院确定MMSL公司对本案货物损失承担50%的赔偿责任较为合理。

三、货损金额的确定

海商法第五十五条规定:"货物损坏的赔偿额,按照货物受损前后实际价值的差额或者货物的修复费用计算。货物的实际价值,按照货物装船时的价值加保险费加运费计算。"对本案货损,原告主张按照配比加工方式进行减损修复。对此方式,大华公司的《检验报告》和CWA的《检验报告》以及大华公司鉴定人、英国专家出庭接受质询时均认可配比加工措施是最好的减损方式,也认可原告为减损所作的努力。但两报告认为融信达公司出具的《公估报告》中认定收货人单方统计的损失缺乏充分依据,不应得到支持。

对此,本院认为,融信达公司出具的《公估报告》系具有检验资质的公估人出具,并出庭接受了质询。被告提交大华公司的《检验报告》和CWA的《检验报告》也认可原告的配比加工减损方式和所作的努力,且报告中显示大华公司与CWA均参与了混合大豆配比加工的取样过程,两报告仅是对加工过程的损耗和减损效果提出模糊不清的质疑,在被告未能提供相反的确凿证据予以反驳的情形下,本院对融信达公司《公估报告》中载明的减损合理费用予以确认。

融信达公司的《公估报告》中载明:2019年10月23日,渤海公司将"天鹰座"轮的54178吨大豆与24.55万吨正常巴西大豆进行了配比加工,共计产出豆粕23.3万吨;毛豆油5.98万吨;一级豆油5.65万吨。基于此事实,报告审核产生的合理费用为:榨油损失390.67万元、炼油损失146.88万元、受损大豆存储及出仓方面产生的额外费用3.084万元、INTERTEK检验费5.1773万元,共计545.8113万元。经过保险人和被保险人的协商沟通,确定保险人就本次货损事故向被保险人赔偿人民币489万元。本院认为,489万元系因货损产生的必要的修复费用,且金额较为合理,原告也已对外实际支付,本院予以支持。

综上所述,MMSL公司在其责任期间内,采取的通风措施不当,未尽到妥善、谨慎的管货义务,应对因此造成的货损承担赔偿责任。本院酌定其应依照50%的比例承担赔偿责任,即偿付原告货物损失244.5万元及利息,利息自原告起诉之日即自2020年5月18日起算。依照海商法第四十六条、第四十八条、第五十一条、第五十五条、第七十一条、第七十二条第二款、第七十五条、第七十六条、第七十八条第一款、第二百五十二条第一款、第二百六十九条,合同法第六十二条,涉外民事关系法律适用法第四十一条,《最高人民法院关于适用〈中华人民共和国涉外民事关系法律适用法〉若干问题的解释(一)》第八条,民事诉讼法第六十四条之规定,判决如下:

一、MMSL 私人有限公司于本判决生效之日起十日内赔偿原告中国太平洋财产保险股份有限公司青岛分公司损失人民币 244.5 万元及利息(以 244.5 万元为基数,自 2020 年 5 月 18 日起至实际给付之日止,按照全国银行间同业拆借中心公布的贷款市场报价利率计算);

二、驳回原告中国太平洋财产保险股份有限公司青岛分公司对被告岱荣航运公司的诉讼请求;

三、驳回原告中国太平洋财产保险股份有限公司青岛分公司的其他诉讼请求。

如果未按本判决指定的期间履行给付金钱义务,应当按照民事诉讼法第二百五十三条规定,加倍支付迟延履行期间的债务利息。

案件受理费人民币 45920 元,由原告中国太平洋财产保险股份有限公司青岛分公司负担 22960 元,由被告 MMSL 私人有限公司负担 22960 元。

如不服本判决,原告中国太平洋财产保险股份有限公司青岛分公司可在判决书送达之日起十五日内,被告岱荣航运公司、MMSL 私人有限公司可在判决书送达之日起三十日内,向本院递交上诉状,并按对方当事人的人数提出副本,上诉于山东省高级人民法院。

审 判 长　王爱玲
人民陪审员　董 伟
人民陪审员　姜 云
二〇二〇年十二月三十日
书 记 员　郑童方

【案例评析】

东亚银行(中国)有限公司上海分行与江苏普华有限公司、传旗贸易(上海)有限公司、中国诚峰集团有限公司、现代商船有限公司、中国光大银行股份有限公司南京分行信用证欺诈纠纷案

——对议付行的议付行为是否善意的判定

赵 珂[*]

【裁判摘要】

根据《最高人民法院关于审理信用证纠纷案件若干问题的规定》(以下简称信用证司法解释)第十条第一款第四项的规定,议付行善意地进行了议付是信用证欺诈例外的情形。关于议付行的议付行为是否善意,应综合考虑该银行在议付之前是否参与或知晓欺诈,是否尽到了应尽的审单义务。议付行具有独立的审单义务。对于如何审核该指示提单,国际商会制定了ISBP745(2013年启用,《关于审核跟单信用证项下单据的国际标准银行实务》通称ISBP)第E13a条要求,对于指示提单,必须经托运人背书。审核指示提单是否经托运人有效背书,已经成为银行审核跟单信用证项下单据的重要环节,也是一项长期存在的行业惯例。对于没有托运人或托运人代理人背书的提单,不符合案涉信用证的要求,属于单证不相符。在案涉信用证交易存在较大风险的情况下,议付行应该尽到专业银行应尽的审慎的审单义务。如议付行在发现案涉指示提单

---

[*] 最高人民法院民事审判第四庭法官助理。

没有托运人或托运人代理人的背书，在提单背后的贸易合同是否顺利履行仍然存疑的情况下，仍予以议付，属于对单据的审查未尽到一般注意义务。该议付行为不构成善意议付。

【案件索引】

一审：武汉海事法院（2013）武海法商字第 01201 号民事判决（2018 年 12 月 28 日）

二审：湖北省高级人民法院（2019）鄂民终 828 号民事判决（2019 年 11 月 21 日）

申请再审：最高人民法院（2020）最高法民申 2937 号（2020 年 12 月 18 日）

【基本案情】

再审申请人：东亚银行（中国）有限公司上海分行（以下简称东亚银行）；

被申请人：江苏普华有限公司（以下简称普华公司）；

被申请人：传旗贸易（上海）有限公司（以下简称传旗公司）；

被申请人：中国诚峰集团有限公司（以下简称诚峰公司）；

被申请人：现代商船有限公司（以下简称现代公司）；

被申请人：中国光大银行股份有限公司南京分行（以下简称光大银行）。

2013 年 5 月 27 日，传旗公司委托普华公司代理进口棉花，与普华公司签订了《代理进口合同》。同日，普华公司与诚峰公司签订《买卖合同》，约定诚峰公司向普华公司出售原棉，付款方式为 90 天后见票付款信用证，交付时间为 2013 年 5 月底，通知行东亚银行。随后，普华公司向光大银行申请开立信用证。2013 年 5 月 29 日，光大银行开立了 759 号信用证。2013 年 5 月 30 日，东亚银行向诚峰公司发出《付款通知书》。同日，诚峰公司向东亚银行递交的《交单委托指示》，其他指示"担保一切不符点"。诚峰公司提交的信用证项下提单系商船公司作为承运人的提单，该提单没有其载明的托运人的背书，仅有诚峰公司的签章背书。东亚银行收到诚峰公司提交的单据后，同日即通过快递将其转交给光大银行。光大银行收到东亚银行转交的单据后，将其转交给普华公司并提示相应保单未背书。普华公司收到光大银行转交的单据后,签署了《承付/拒付通知书》,表示同意承付。2013年6月6日,东亚银行向诚峰公司的账户存入1890368.7美元。

普华公司收到光大银行转交的单据后,即在提单上背书,并委托第三方办理提货手续,但被告知提单项下货物已被提走。2015年2月12日,传旗公司法定代表人、诚峰公司代表人陈某被判犯信用证诈骗罪。

一审法院认为,普华公司提出传旗公司、诚峰公司实施了案涉海运欺诈的主张,合法有据。诚峰公司在案涉信用证项下使用的提单,是伪造的虚假提单,根据信用证司法解释第八条第一项的规定,诚峰公司的行为构成信用证欺诈。东亚银行对诚峰公司提交提单予以交单并议付的行为,不符合759号信用证的要求和信用证审单标准,存在重大过失,不能构成善意议付,不属于信用证司法解释第十条规定的例外情形,遂判决光大银行终止支付以诚峰公司为受益人的759号信用证项下的款项。

二审法院认为,东亚银行的议付不属于善意议付,根据信用证司法解释第十条的规定,不构成信用证欺诈例外之例外,遂判决驳回上诉,维持原判。

【裁判结果】

最高人民法院再审审查认为,关于银行的议付行为是否善意,应综合考虑该银行在议付之前是否参与或知晓欺诈,是否尽到了其应尽的审单义务。根据《跟单信用证统一惯例》(以下简称UCP600)第14条的规定,议付行应当审慎审核诚峰公司提交的单据,确保单证相符。议付行应在相符交单的情况下办理议付,该银行具有独立的审单义务。ISBP745第E13a条要求,对于指示提单,必须经托运人背书。诚峰公司向东亚银行提交的指示提单没有托运人或托运人代理人的背书,不符合案涉信用证的要求,属于单证不相符。东亚银行让受益人在《交单委托指示》中其他指示栏填写"担保一切不符点"即予议付,不符合相关规定,而且对于单据的审查未尽到一般注意义务。综上所述,东亚银行已知悉本案信用证交易情况及风险,却未尽到一般注意义务,东亚银行的议付行为不属于善意议付行为,故裁定驳回东亚银行的再审申请。

【案例评析】

信用证制度通过降低交易风险，促进了国际贸易发展。本案例通过明晰议付行的议付行为是否善意，进一步明确了信用证欺诈例外之例外情形的具体适用，对于促进信用证制度健康发展具有一定意义。

一、议付行的独立审单责任

本案例明确了议付行的独立审单责任。为适应审判工作的实际需要，最高人民法院在对与信用证相关的国际惯例和裁判进行深入研究的基础上，于2005年制定了信用证司法解释。该司法解释适用于信用证从开证申请人申请开立到开证行最终完成付款的整个环节可能产生的信用证纠纷。单证审查标准自然也在该司法解释规定的范畴之内。

《最高人民法院关于审理信用证纠纷案件若干问题的规定》（以下简称《信用证司法解释》）第七条规定："开证行有独立审查单据的权利和义务，有权自行作出单据与信用证条款、单据与单据之间是否在表面上相符的决定，并自行决定接受或者拒绝接受单据与信用证条款、单据与单据之间的不符点。开证行发现信用证项下存在不符点后，可以自行决定是否联系开证申请人接受不符点。开证申请人决定是否接受不符点，并不影响开证行最终决定是否接受不符点。开证行和开证申请人另有约定的除外。开证行向受益人明确表示接受不符点的，应当承担付款责任。开证行拒绝接受不符点时，受益人以开证申请人已接受不符点为由要求开证行承担信用证项下付款责任的，人民法院不予支持。"《信用证司法解释》第七条对单证不符点的接受进行了规定。根据该规定，开证行审查单据具有独立性。除非开证行与开证申请人或者受益人对接受"不符点"存在约定，否则在确定是否存在"不符点"以及决定是否接受"不符点"的环节上，开证行不受开证申请人、受益人以及其他任何人的影响。

虽然《信用证司法解释》第七条强调了开证行的独立审查单据的权利和义务，但并非因该条司法解释规定了开证行有此义务，就可以免除议付行独立审核单据的责任。UCP600第14条A款规定："按指定行事的指定银行、保兑行（如果有的话）及开证行须审核交单，并仅基于单据本身确定其是否在表面上构成相符交单。"根据该规定,信用证交易项下的开证行、保兑行、议付行均有独立审核单据的责任。议付行以合理审慎的标准审核信用证单证,可以独立对信用证单证作出审核意见,其审核意见并不必然代表开证行的意见。

本案中,东亚银行作为议付行,应当审慎审核诚峰公司提交的单据,确保单证相符。东亚银行应在相符交单的情况下办理议付,该银行具有独立的审单义务。东亚银行关于两家开证行接受了案涉提单背书的瑕疵,东亚银行的议付行为属于善意之主张缺乏依据,不能成立。

二、对提单不符点的审核

单证相符是信用证付款的重要规则,即银行在根据信用证付款前,必须严格审查受益人所提交的单据是否符合信用证规定的条件,只有在单据表面上与信用证完全相符时,银行才承担付款责任。如果受益人提交的单据不符合相符交单的要求,则议付行的议付行为不能成为善意的议付。如果议付行并未实施欺诈、滥用或伪造行为,则其根据相符交单所进行的议付均可获得偿付,信用证欺诈的风险将被分配给申请人。

在国际货物买卖实践中,单据与货物分开运输,提单代表着货物权利,是信用证项下的核心单证。对于提单不符点的审核是判断单证是否相符的至关重要的环节。对于提单不符点的审核标准,UCP500采用了"镜像规则",即规定每一张信用证和单据之间表面必须要像镜子一样一致,表面不一致即单证不符。而此后出台的 UCP600 则采取了更加宽松的审单规则——严格相符规则。该规则要求信用证和单据之间能够相互验证,不相矛盾,而不要求绝对一致。但是如果信用证条款中对某一细微要求特别注明,而受益人提交单据中遗漏或者错误填写,则不为严格相符,可构成不符点。[1]

严格相符的审单规则要求议付行遵守相应法律规范。议付行应遵循 UCP600、ISBP、国际商会(ICC)及最高人民法院相关案例中体现的裁判意见。从 UCP500 起,国际商会制定 ISBP,作为银行业审核信用证项下单据的依据。在 UCP500 之后的 ISBP645 第 85 条、ISBP681 第 102 条、

---

[1] 参见吴锦雅:《信用证议付下"善意议付"认定研究》,东南大学 2020 年硕士学位论文。

ISBP745 第 E13a 条均要求，对于指示提单，必须经托运人背书。ISBP745 第 E13a 条明确规定："若提单收货人为'凭指示或凭托运人指示'，则该提单须由托运人背书。"要求指示提单须经托运人背书，正是为了确认持有提单的人系提单的合法持有人，保障提单背后贸易合同的顺利履行。可见，审核指示提单是否经托运人有效背书，是银行审核跟单信用证项下单据的重要环节，也是一项长期存在的行业惯例。

本案中，案涉信用证明确，相应提单应当为"指示提单、空白背书并注明运费预付"。诚峰公司向东亚银行提交的指示提单均仅有诚峰公司的背书，没有托运人或托运人的代理人背书，不符合案涉信用证的要求，属于单证不相符。

三、善意议付的裁量尺度

议付行是否为善意的标准应为该银行在作出议付行为时是否尽到了其应尽的注意义务。通说认为注意义务有以下三种：一为普通人的注意义务，是以一般人在通常情况下能够注意到作为标准；二为善良管理人注意义务，即以具有相当知识经验的人对于一定事件的所用注意作为标准，客观地加以认定；三为同一注意义务，即与处理自己事务为同一注意，以行为人平日处理自己事务所用的注意为标准。其中，善良管理人注意义务标准最高。而同一注意义务采取主观化的判断标准，需要考虑行为人通常的行为和秉性，① 其程度因人而异，未必就轻于普通人的注意义务。在信用证法律关系中，议付银行作为具有专业知识和经验的金融机构，应该被课以较普通人更为严苛的注意义务，也即议付行对其独立审单的责任应当尽到善良管理人注意义务。如果议付行违反了一般专业人士稍作注意即可避免的注意义务，则议付行为不属于善意议付行为，应该承担其因疏忽或者懈怠，未预见未避免而发生的损失。

故而，在信用证已对相应提单作出明确要求的情形下，议付行应当严格按照信用证要求和审单标准对公司提交的提单进行审核，且该审核行为应尽到专业银行应尽的审慎的审单义务。在提单背后的贸易合同是否顺利履行仍然存疑的情况下，诸如指示提单没有托运人或托运人代理

---

① 参见邱聪智：《民法研究（一）》，我国台湾地区五南图书出版有限公司2000年版，第102页。

人的背书等情况，议付行更应谨慎行事。如果议付行已知悉信用证交易情况及风险，却未尽到一般注意义务，该议付行为不属于善意议付行为，应为其过错承担相应责任。

本案中，东亚银行未尽到其应尽的审单义务。在信用证已对相应提单作出明确要求的情形下，东亚银行应当严格按照信用证要求和审单标准对诚峰公司提交的提单进行审核。根据二审判决查明的事实，东亚银行员工龚某某参与了案涉信用证的全部开立过程，并知悉陈某同为诚峰公司和传旗公司的法定代表人（代表人）和实际控制人。在案涉信用证交易存在较大风险的情况下，东亚银行应该尽到专业银行应尽的审慎的审单义务。但东亚银行在发现案涉指示提单没有托运人或托运人代理人的背书，在提单背后的贸易合同是否顺利履行仍然存疑的情况下，仅要求受益人在《交单委托指示》中其他指示栏填写了"担保一切不符点，不用审单直接寄单"，即予以议付。根据UCP600，在单据存在不符点时，开证行可以自行决定联系申请人放弃不符点。东亚银行让受益人签署担保不符点即予议付，不符合相关规定，而且对于单据的审查未尽到善良管理人注意义务。综上所述，东亚银行已知悉本案信用证交易情况及风险，却未尽到一般注意义务，东亚银行的议付行为不属于善意议付行为，二审判决支持了普华公司请求判令终止支付案涉信用证项下款项的主张，并无不当。

怡丰自动化科技有限公司与怡锋工业设备（深圳）有限公司公司决议撤销纠纷案

——外商投资企业公司决议撤销的审查

朱 萍[*]

【裁判摘要】

1. 外商投资企业董事会决议的内容应依据公司章程进行审查，董事会决议违反股东决定不构成董事会决议可撤销的理由。

2. 争议的董事会决议与工商注册登记的法定代表人代表权不一致时，应允许该法定代表人代表公司参加诉讼。有利害关系的人可以依法作为第三人参加诉讼。

【案件索引】

一审：广东省深圳前海合作区人民法院（2015）深前法涉外初字第516号民事判决（2016年9月14日）

二审：广东省深圳市中级人民法院（2017）粤03民终10039号民事判决（2019年12月20日）

【基本案情】

上诉人（原审原告）：怡丰自动化科技有限公司；

被上诉人（原审被告）：怡锋工业设备（深圳）有限公司；

---

[*] 广东省深圳市中级人民法院涉外商事庭法官。

被上诉人（原审第三人）：吴某基；

被上诉人（原审第三人）：吴某洁；

被上诉人（原审第三人）：吴某鹏。

原告怡丰自动化科技有限公司（以下简称怡丰香港公司）诉称：(1) 撤销怡锋工业设备（深圳）有限公司（以下简称怡锋深圳公司）2015年10月15日的董事会决议；(2) 怡锋深圳公司承担本案诉讼费用。事实和理由：第一，被告2015年10月15日的董事会决议违反了股东决定。怡锋深圳公司系怡丰香港公司独资设立的有限责任公司（台港澳法人独资），怡丰香港公司系怡锋深圳公司的唯一股东。2015年9月20日前后，怡锋深圳公司的部分董事声称要召开董事会会议，讨论决定包括向案外人转让怡锋深圳公司名下物业的有关事项。怡丰香港公司于2015年10月13日召开了董事会会议，并就该事项作出了董事会决议，同时作出了对怡锋深圳公司的股东决定。怡丰香港公司的董事会决议要求怡锋深圳公司董事无须再召开怡锋深圳公司的董事会会议，且怡锋深圳公司的任何董事会决议不能与怡丰香港公司作出的股东决定相冲突。但怡锋深圳公司的部分董事仍于2015年10月15日通过了怡锋深圳公司的所谓董事会决议，内容与怡丰香港公司作出的股东决定不一致。第二，怡锋深圳公司2015年10月15日的董事会决议，会议程序违反了怡锋深圳公司的公司章程以及公司法的有关规定。

怡锋深圳公司的法定代表人吴某岱称，同意撤销怡锋深圳公司2015年10月15日的董事会决议。

第三人吴某基、吴某洁述称，怡锋深圳公司2015年10月15日董事会决议合法有效，不应被撤销。

法院经审理查明：怡丰香港公司是在香港特别行政区设立的公司，由吴某岱担任董事长。怡锋深圳公司是怡丰香港公司在深圳设立的独资公司，2013年7月9日前，怡锋深圳公司的董事为吴某基、吴某岱、吴某鹏、吴某洁和吴某华，吴某岱担任董事长及法定代表人。

2012年1月左右，吴某岱任命何某香（其妻）、吴某诗（其女）和吴某骏（其子）为怡丰香港公司的新董事。2013年4月9日，吴某岱、何某香、吴某诗和吴某骏签署了《怡锋工业设备（深圳）有限公司章程（修正案）》。该章程修正案规定：投资者作为公司的唯一股东，是公司的最高权力机构，决定公司的一切重大事项。公司设立董事会。董事会对投资者负责，并根据投资者的决定对公司进行经营管理。对于提交董事会会议表决的任何事项，应由参加会议的多数董事会表决通过；如果赞成和反对的票数相等，则董事长具有最终决定权。2013年6月25日，吴某岱以怡锋深圳公司圆形公章遗失为由，向深圳市公安局龙岗分局申请补刻新章。该局批准了吴某岱的申请，吴某岱遂刻制椭圆形印章。2013年7月9日，吴某岱以自己的签名和使用上述椭圆形公章向深圳市龙岗区经济促进局申请办理，并获得《关于外资企业怡锋工业设备（深圳）有限公司修改章程的批复》。2014年1月6日，深圳市公安局龙岗分局以吴某岱欺骗为由，撤销了椭圆形公章。2014年3月28日，深圳市龙岗区经济促进局以吴某岱欺骗为由，撤销了《关于外资企业怡锋工业设备（深圳）有限公司修改章程的批复》。吴某岱不服，于2014年4月4日以怡锋深圳公司的名义向龙岗区人民法院提起行政诉讼。该案经龙岗区人民法院一审、本院二审、盐田区人民法院重审及本院二审，本院2018年12月7日作出的（2018）粤03行终1017号行政判决，深圳市龙岗区经济促进局撤销怡锋深圳公司章程修正案的行政行为认定事实清楚，适用法律正确，驳回了怡锋深圳公司的诉讼请求。

2015年9月初，吴某基、吴某鹏和吴某洁共同推举吴某洁为临时董事会的召集人。2015年9月29日，吴某洁指派公司职员向吴某岱邮寄《怡锋工业设备（深圳）有限公司关于召开临时董事会的通知》。该通知的主要内容为：吴某基、吴某鹏和吴某洁三名董事提议，请求吴某岱在收函之日起十日内召开临时董事会，讨论并表决如下事项：（1）规范有关诉讼管理制度问题；（2）规范公章的保管及使用制度问题；（3）怡锋深圳公司以其名下的土地和房屋作价向深圳怡丰自动化公司增资及由此引发的（2015）深龙法民二初字第755号案件的诉讼问题；如吴某岱未能在收函之日起十日内召集董事会，吴某基、吴某鹏和吴某洁提议于2015年10月15日上午9点在二楼会议室就上述议题召开临时董事会，并进行表决。

2015年10月10日，吴某鹏向吴某洁出具《授权委托书》，主要内容为：吴某鹏委托吴某洁代其提请吴某岱召开临时董事会，就上述议题进行讨论并表决；如吴某岱拒绝或未能召开董事会，吴某鹏授权吴某洁召集临时董事会，由吴某洁代其出席董事会和表决，并代其签署董事会决议等相关文件。

2015年10月13日，怡丰香港公司的董事吴某岱、何某香、吴某诗和吴某骏，签署了一份董事会决议，主要内容为：怡丰香港公司作为怡锋深圳公司的唯一股东决定，以怡锋深圳公司名义进行的任何诉讼、其他法律程序或向政府主管部门提出的任何申请必须得到怡丰香港公司的批准和授权，且必须由吴某岱代表怡锋深圳公司全权处理该等事项；怡锋深圳公司应继续向有关人员追讨怡锋深圳公司的圆形旧公章及其他印章、证照等公司财物；任何人如需使用怡锋深圳公司的印章、证照等，均须得到怡丰香港公司或吴某岱的批准或授权；未经怡丰香港公司批准或授权，任何人不得擅自处置怡锋深圳公司的任何财产；怡丰香港公司从未同意和批准怡锋深圳公司用其名下的土地和房屋作价向深圳怡丰自动化公司进行增资；怡锋深圳公司应通过法律途径［包括但不限于授权、批准和追认吴某岱代表怡锋深圳公司在龙岗区人民法院进行的（2015）深龙法民二初字第755号诉讼案以及怡锋深圳公司的资产作为财产保全的担保］；怡锋深圳公司董事会无须就本决议涉及的议题召开任何会议，且该董事会作出的任何与上述内容不一致的决议均属无效。

2015年10月15日，在怡锋深圳公司二楼会议室召开了董事会，吴某基、吴某华以及吴某洁代表自己和代表吴某鹏出席了董事会，吴某岱没有出席董事会。该次会议经出席会议董事表决通过了如下决议：（1）即日起怡锋深圳公司对外提起诉讼应当经董事会三名成员签名同意，公司内部任何个人包括法定代表人均无权以公司名义或代表公司对外主动提起诉讼。（2）公司董事会2014年9月1日作出的董事会决议有效并已于今年实施完毕。公司根本没有就该事项向法院提出诉讼，特授权吴某洁向龙岗区人民法院说明情况，并撤销（2015）深龙法民二初字第755号案件的起诉及相关的财产保全。（3）公司一直使用的圆形公章是公司唯一合法有效的公章，该枚公章从未遗失，无该枚公章的文件一律不能代表本公司，由吴某洁安排公司行政部按照公司的《印章管理规定》保管并使用。表决情况：吴某鹏、吴某基、吴某洁赞成，吴某华弃权。吴某基、吴某洁、吴某鹏和吴某华在该董事会决议上签字。其中，吴某鹏的签名是吴某洁将该董事会决议带至香港由吴某鹏签署。

第三人吴某基、吴某洁为证明已提前通知吴某岱召开临时董事会并就相关议案进行讨论表决的事实，提交了证据《怡锋工业设备（深圳）有限公司关于召开临时董事会的通知》和两张中国邮政全球特快专递详情单，吴某岱否认收到《怡锋工业设备（深圳）有限公司关于召开临时董事会的通知》，吴某骏即吴某岱的儿子当庭确认，前述两张详情单上的地址分别为吴某岱的家庭住址和工作地址。两封邮件均通过中国邮政全球特快专递的形式寄出，没有被退回。

【裁判结果】

广东省深圳前海合作区人民法院于 2016 年 9 月 14 日作出（2015）深前法涉外初字第 516 号民事判决：驳回怡丰香港公司的诉讼请求。案件受理费 100 元，由怡丰香港公司负担。

宣判后，怡丰香港公司提出上诉。广东省深圳市中级人民法院于 2019 年 12 月 20 日作出（2017）粤 03 民终 10039 号民事判决：驳回上诉，维持原判。二审案件受理费人民币 100 元，由怡丰香港公司承担。

【裁判理由】

深圳市中级人民法院生效裁判认为，本案涉及以下几个问题：一是怡锋深圳公司在本案中的代表权问题，即谁有权代表怡锋深圳公司参加本案诉讼。二是审查董事会决议效力的依据，即以 2013 年 7 月的公司章程修正案及 2015 年 10 月 13 日的股东决定为审查依据，还是以 1992 年 12 月的公司章程为审查依据。三是董事会决议是否存在违反公司法第二十二条规定的情形。四是关于本案是否应追加吴某华为第三人的问题。

关于第一个问题。怡锋深圳公司经工商注册登记的法定代表人为吴某岱，经工商注册登记的法定代表人对外具有公示效力，有权代表公司进行诉讼。但当公司股东、董事、经理、实际控制人之间就公司经营管理权产生内部争议时，不宜简单根据工商登记的法定代表人来确定公司的代表权，而是需要揭开公司的内部运作机制来作出认定。

本案是股东对公司董事会决议的撤销之诉，是股东和董事之间针对董事会决议的内部争议，然而，本案特殊之处在于吴某洁、吴某基否定法定代表人吴某岱的代表权的依据是 2015 年 10 月 15 日董事会决议，但该董事会决议的效力同时也是本案争议的问题，需要经过案件的实体审理作出认定。在本案尚未最终审结之前，该董事会决议的效力存在争议，因此，在2015年10月15日的董事会决议尚不能否定法定代表人的诉讼代表权时，吴某岱仍有权以法定代表人身份代表公司参加本案诉讼。另外，董事会决议是经由决议程序将实际决议人的意思表示转化为公司意志的行为，该董事会决议是本案诉争的内容，其是否能够被撤销需要经过法院认定，无论何人代表公司对董事会决议发表何种意见（同意撤销或不同意撤销），都不会影响法院对董事会决议的审查结果，故本案的处理不应考虑怡锋深圳公司对董事会决议的意见。

关于第二个问题。(1) 怡丰香港公司主张2015年10月15日的董事会决议违反了股东决定，具体就是2015年10月13日怡丰香港公司的董事会决议。公司法第二十二条规定，董事会决议的效力审查是依据公司章程，而本案中怡丰香港公司所主张的违反"股东决定"不属于公司法第二十二条规定的董事会决议可以撤销的理由。(2) 怡丰香港公司主张2015年10月15日的董事会决议违反了经深圳市龙岗区经济促进局批复的2013年7月怡锋深圳公司章程修正案。根据已查明的事实，该章程修正案已被深圳市龙岗区经济促进局予以撤销，吴某岱因不服撤销行为提起的行政诉讼也已被本院生效判决驳回诉讼请求，因此，该公司章程修正案不能作为董事会决议可以撤销的审查标准。

因此，本院以怡锋深圳公司现行有效的2005年10月20日修改的公司章程及我国法律、行政法规为依据对董事会决议进行审查。

关于第三个问题。公司法第二十二条第二款是关于董事会决议撤销的法律规定，也是本院审查董事会决议是否存在可撤销情形的法律依据。对于董事会决议在召集程序、表决方式和内容的审查，本院认定如下。

第一，董事会会议的召集程序是否违反法律、行政法规和公司章程。怡锋深圳公司的董事长为吴某岱，2015年10月15日董事会决议作出之前的公司董事为吴某基、吴某岱、吴某鹏、吴某洁和吴某华。吴某洁、吴某基主张其二人与吴某鹏共同推举吴某洁为临时董事会的召集人，而怡锋深圳公司否认吴某鹏参加了召集程序。根据吴某鹏的《授权委托书》，"吴某鹏委托吴某洁代其提请吴某岱召开临时董事会，就上述议题进行讨论并表决，如吴某岱拒绝或未能召开董事会，吴某鹏授权吴某洁召集临时董事会，由吴某洁代其出席董事会和表决，并代其签署董事会决议等相关文件"，这表明吴某洁提请吴某岱召集董事会并在吴某岱不履行职务时召集董事会的行为已经过吴某鹏的授权。怡丰香港公司以未经过公证认证为由主张吴某鹏的《授权委托书》不应被采信，并否认其真实性，本院认为，根据《第二次全国涉外商事审判工作会议纪要》，"对在我国境外形成的证据，不论是否已办理公证认证或者其他证明手续，人民法院均应组织当事人进行质证，并结合当事人的质证意见进行审核认定"，吴某鹏的《授权委托书》不能因其未经公证认证而不予采信。吴某鹏系本案当事人，从未对《授权委托书》的真实性提出异议，本院确认该《授权委托书》的真实性。虽然该《授权委托书》出具的时间为2015年10月10日，但吴某鹏在《授权委托书》中已明确认可吴某洁的行为，故吴某洁提请吴某岱召开临时董事会会议并在吴某岱不履行职务时召集和召开董事会会议应视为吴某洁、吴某基和吴某鹏的共同意思表示，怡锋深圳公司主张吴某鹏未参与召集程序的理由不能成立。

2015年9月吴某基、吴某鹏和吴某洁共同推举吴某洁为临时董事会的召集人，2015年9月29日吴某洁指派怡锋深圳公司员工向吴某岱邮寄了《怡锋工业设备（深圳）有限公司关于召开临时董事会的通知》并向吴某岱之子吴某骏的邮箱发送了该通知的电子文档。吴某岱否认收到该邮件，但特快专递是日常生活中人们通常采用的联系方式，邮寄地址也是吴某岱的家庭地址和工作地址，在无证据否定特快专递送达效力的情况下，可以认定吴某岱已收到了该邮件。吴某岱收到吴某洁、吴某基和吴某鹏召集临时董事会的提议后，未在规定时间内召开临时董事会，怡锋深圳公司未设立副董事长，故吴某洁、吴某基和吴某鹏在吴某岱不履行职务时共同推举吴某洁召集和主持临时董事会，符合公司法第四十七条规定的在董事长不履行职务时"半数以上董事可以共同推举一名董事召集和主持董事会会议"的情形，涉案董事会会议的召集程序不违反我国公司法和公司章程的规定。

第二，董事会决议的表决方式是否违反法律、行政法规和公司章程。公司法第四十八条规定"董事会的议事方式和表决程序，除本法有规定的外，由公司章程规定"，但公司章程对议事方式和表决程序并未作出规定，故关于表决程序本院依据公司法第四十八条进行审查。出席2015年10月15日董事会会议的有四名董事，吴某洁、吴某基、吴某华三人系本人出席，吴某鹏系委托吴某洁参加，吴某洁既是代表其本人，也是代表吴某鹏参加董事会并进行表决，吴某鹏事后在董事会决议上本人签字的行为也表明了吴某鹏对吴某洁代其完成委托事项的认可。2015年10月15日的董事会决议经出席的四名董事中的三名董事（吴某洁、吴某鹏和吴某基）同意、一名董事（吴某华）弃权，赞成票超过全体董事和全体出席董事的半数，该次会议的表决方式不违反我国公司法和公司章程的规定。

第三，董事会决议的内容是否违反公司章程。怡锋深圳公司章程规定，公司设立董事会，董事会是公司的最高权力机构，决定公司的一切重大事项，并向投资者负责。2015年10月15日的董事会决议包括三项：公司对外诉讼的代表权、2014年9月1日董事会决议的效力及关联诉讼的处理、公司圆形公章的确认及保管安排，上述事项未超过董事会的职权范围，决议内容不违反公司章程。

怡丰香港公司主张其股东决议效力高于董事会决议的效力，董事会决议违反股东决议。公司法第二百一十七条规定，"外商投资的有限责任公司和股份有限公司适用本法；有关外商投资的法律另有规定的，适用其规定"。《外资企业法实施细则》第八十条规定，"香港、澳门、台湾地区的公司、企业和其他经济组织或者个人以及在国外居住的中国公民在大陆设立全部资本为其所有的企业，参照本实施细则办理"。根据上述规定，怡锋深圳公司系怡丰香港公司的独资子公司，应首先适用外资企业的相关法律规定。外资企业法和《外资企业法实施细则》对公司权力机构未作出明确规定，但根据实施细则第十六条，"外资企业的章程经审批机关批准后生效，修改时同"，这属于法律对于外资企业的特别规定，允许外资企业通过章程自行决定公司的内部治理结构。怡锋深圳公司的章程经审批机关批准后生效，已具有法律效力，章程中关于董事会是公司最高权力机构的规定虽然与公司法相冲突，但根据公司法第二百一十七条具有优先适用的法律效力，怡丰香港公司关于股东会权力高于董事会权力的主张无法律依据，本院不予支持。

关于第四个问题。怡丰香港公司依据2017年9月1日实施的《最高人民法院关于适用〈中华人民共和国公司法〉若干问题的规定（四）》第三条主张一审未追加吴某华作为本案第三人，程序违法。但该规定是在本案一审判决之后实施的，不能作为一审应追加吴某华作为本案第三人的法律依据，而且，2015年10月15日董事会决议是因吴某洁、吴某基、吴某鹏的赞成票而得以通过，吴某华对涉案董事会决议的表决是弃权，并未影响到决议的结果，怡丰香港公司的起诉实质是针对吴某洁、吴某基、吴某鹏而提起的，吴某华是否参加本案审理并不影响本案的审理结果，吴某华的合法权利也不会因未参加本案审理而受到影响，故一审未追加其作为本案第三人，不违反法定程序。

综上所述，怡丰香港公司的上诉请求缺乏事实和法律依据，本院不予支持。一审判决对本案部分事实认定存在不当，但对本案处理结果正确，本院予以维持。根据民事诉讼法第一百七十条第一款第一项、《最高人民法院关于适用〈中华人民共和国民事诉讼法〉的解释》第三百三十四条之规定，判决如下：驳回上诉，维持原判。二审案件受理费人民币100元，由上诉人怡丰香港公司承担。

【案例评析】

本案是因怡锋深圳公司董事之间的矛盾而引起的外商投资企业的董事会决议撤销之诉，主要涉及以下两个典型问题：第一，外商投资企业董事会决议与股东决议不一致时的认定标准；第二，争议的董事会决议与工商注册登记的法定代表人的代表权不一致时的认定标准。

董事会决议应否撤销应依据公司法第二十二条第二款规定的标准进行审查。该条规定：股东会或者股东大会、董事会的会议召集程序、表决方式违反法律、行政法规或者公司章程，或者决议内容违反公司章程的，股东可以自决议作出之日起六十日内，请求人民法院撤销。因此审查董事会决议应从撤销的法定期限、召集程序、表决方式和公司章程等方面进行审查。本案中的怡锋深圳公司是外商投资企业，外商投资企业的董事会决议撤销的问题除了依据公司法第二十二条第二款进行审查外，还要处理外商投资企业章程与公司法的冲突问题，即章程关于"董事会是公司最高权力机构"的规定与公司法关于"股东会是有限责任公司的权力机构"的规定的冲突问题。本案针对外商投资企业与内资企业的不同法律规范，为处理上述冲突提供了明确的指引。第一，公司法第二百一十七条规定，"外商投资的有限责任公司和股份有限公司适用本法；有关外商投资的法律另有规定的，适用其规定"。该条规定了外商投资企业法律法规优先于公司法适用。第二，外资企业法第十一条规定，外资企业依照经批准的章程进行经营管理活动，不受干涉。《外资企业法实施细则》第十五条规定："外资企业的章程应当包括下列内容：……（四）组织形式；……"外资企业法及《外资企业法实施细则》对企业内部组织形式未作具体规定，而是将该权利交给外资企业在章程中作出规定。这属于法律对于外资企业的特别规定，允许外资企业通过章程自行决定公司的内部治理结构。第三，《外资企业法实施细则》第十六条规定，"外资企业的章程经审批机关批准后生效，修改时同"。外资企业的章程经批准后生效。根据上述规定，经批准的外商投资企业的公司章程规定与公司法规定发生冲突时，公司章程优先适用，并据此来审查董事会决议是否存在可撤销情形。

董事会决议与工商注册登记的法定代表人的代表权不一致，这是司法实践中处理因公司自治机制失灵而产生的各类公司类纠纷中会遇到的程序性问题。通常表现为法定代表人代表公司参加诉讼，异议人以董事会决议或股东决议主张法定代表人无权代表公司参加诉讼。一般的处理原则是如果涉及公司及股东以外的第三人因公司代表权而产生的外部争议，应以工商登记为准，如果涉及公司与股东之间因法定代表人任免产生的内部争议，则以有效的股东会任免决议为准，并在公司内部产生法定代表人变更的法律效果。这也是最高人民法院（2014）民四终字第20号大拇指环保科技集团有限公司与中华环保科技集团有限公司股东出资纠纷案件（非指导性案例，以下简称大拇指案）所确定的裁判要点。本案是公司决议撤销之诉，属于公司内部争议，但本案特殊之处在于对抗法定代表人的董事会决议是本案诉争的内容，这也是本案在未进入实体审理前遇到的一个程序方面的难题。鉴于董事会决议与认定法定代表人的诉讼代表权问题是互为循环的问题，如果本案不进入实体审理将无法认定董事会决议的效力。为确保案件审理程序的正常进行，应允许法定代表人代表公司参加诉讼。同时为保证相关利害关系人的合法权利，可将其作为第三人参加诉讼。本案的上述做法也符合大拇指案中允许法定代表人享有公司诉讼的启动权的裁判思路。这一认定既能够平等保护中外各方当事人的合法权益，也能够防止产生未审先判的法律效果，为处理类似程序问题提供了有益探索，具有一定的指导价值。

【调查与研究】

编者按：最高人民法院国际商事专家委员会第二届研讨会暨国际商事专家委员新聘活动于2020年12月8日圆满结束。本次研讨会的主题为"国际商事纠纷解决机制新发展及相关国际法问题研究"，与会代表通过线上线下方式对"国际商事纠纷解决机制新发展：新形势与新挑战"及"后疫情时代国际法相关问题的研究与运用"两个议题展开研讨。现选登部分发言嘉宾的发言稿，以飨读者。

发言选登一

国际商事争议解决的当前热点问题

威廉·布莱尔爵士（Sir William Blair）[*]

尊敬的首席大法官周强先生、各位法官、各位国际商事专家委员、各位同仁：

我很高兴、也很荣幸参加本次研讨会。2018年8月26日，我在国际商事专家委员会首届研讨会上发言。此后，中国国际商事法庭开始运作，其以高水平的法官队伍和高质量判决赢得多方尊重。

在当前这个充满挑战的时代，国际法治合作显得尤为重要。

中国一直是国际商事法院常设论坛（SIFoCC）的成员单位，也是重要参与方之一，该论坛目前包含来自41个司法管辖区的法院。该论坛已经制定了若干备忘录，其中之一涉及对外国法院金钱判决的承认和执行。论坛各成员单位正在群策群力，就金钱判决承认和执行议题共同汇编形成新版的多边备忘录。

---

[*] 英格兰和威尔士高等法院前法官。

尽管多边备忘录不是一项具有约束力的法律文件，但应当成为增进外国判决相互承认和执行的合理途径之一，例如，可以鼓励法院采用"推定互惠"的原则。"推定互惠"这一原则在2017年第二届中国—东盟大法官论坛上通过的《南宁声明》得到了发展，促进了判决的相互承认和执行。我很高兴地告诉大家，最高人民法院国际商事法庭奚向阳法官是我们工作组的成员之一，负责对新版多边备忘录撰写评论。资深大律师黄锡义博士将于稍后发言中进一步讨论该问题。

当前，全球商业和金融出现中断，因此产生了许多纠纷，其中不少纠纷具有一些共同的特征。

一是涉及不可抗力，即一方当事人主张免除继续履行合同的责任，理由为合同签订时无法合理地预见到新冠疫情的发生。

二是涉及"重大不利变更"条款，有时被称为"履行艰难条款"。该类条款允许一方当事人在交易情况发生根本性变化时退出交易。

合同履行受挫与合同履行不能等原则在大陆法系和普通法系中有不同的称谓，但其基本的核心理念是相同的。

三是涉及非法性原则。例如，该原则可以适用于一方当事人根据国内法律的规定，被要求从生产货物转为生产医疗用品。举几个具体例子。在过去的几个月中，伦敦的法院已经在审理并考虑一个棘手的案件，涉及商业中断的保险范围。巴黎的法院已经在审理并考虑关于核能供应中的不可抗力问题。

在国际法理层面，下列三点事项似乎值得引起关注。

第一，就国际商业合同而言，法律分析应当取决于每个合同的具体条款，以及对个案事实的具体分析。

第二，提出抗辩事由的一方当事人负有证明自己主张的举证责任，包括证明因果关系的存在。

第三，如有可能，应当鼓励当事人进行调解，尤其是当事人之间有持续的商业合作关系。最高人民法院在2020年印发的《关于依法妥善审理涉新冠肺炎疫情民事案件若干问题的指导意见（一）》中，鼓励当事人对于因采取疫情防控措施而造成合同履行困难的情况进行重新协商。这一做法有很多优点：它有助于避免因一个合同的履行中断而打乱整个供应链。它还有助于减少法院的积压案件，最近几个月中在一些国家，案件积压已经成为一个问题。英国国际法和比较法研究所在 2020 年 9 月公布的指南中也采用了类似的做法。

目前情况极大地推动了法院通过不同平台进行远程庭审。就重大的商业纠纷而言，这也成为一个全球现象。各国法院都在迅速引入和通过在线庭审的规范。在国际仲裁中，也有类似的考虑。

在经历近九个月后，似乎可以得出一些结论。在线庭审的优势在于避免当事人及代理人的长途旅行，尤其是在庭审并不涉及诸多口头证据的质证问题时。例如，伦敦商事法庭和卡塔尔国际商事法庭，对于线下出庭且并不必要的商业案件的简单询问，倾向于优先采取在线庭审模式，即使其后疫情形势改善允许旅行。然而，当在线庭审涉及对证人的询问时，关键的一点在于确保证人适应在线庭审环境以及其当庭陈述不会受到不当威胁。

潜在的问题还包括网络信号传输的不稳定性、网络数据安全保护、时差、远程模式下个人互动的缺乏、不同当事人掌握的技术资源不均衡。保障当事人享有充分的当庭表述意见的权利，且这一程序权利不因当事人缺乏相应的技术资源而受到损害，也是非常必要的。但是，这些问题在诉讼和仲裁程序都已经变得更为可控。

加大技术的运用似乎已经成为一项确定的国际趋势。而在这一点上，中国最高人民法院在过去几年中已经做了大量的探索和投资。

技术的恰当运用，将有助于商业争议依法得到公平公正的解决，对于恢复正常商业关系是非常有益的。

感谢各位的聆听。

发言选登二

国际商事纠纷解决机制发展中的中国实践

刘晓红*

尊敬的各位领导、各位专家：

大家好！非常荣幸受聘担任中国国际商事专家委员，并在此就国际商事纠纷解决机制的发展与各位进行分享。刚才五位专家都从各自的角度，谈了对当前国际商事纠纷解决机制发展的看法，对此我深表赞同并受益良多。作为本单元唯一一位来自中国的学者，我的发言更多侧重于从中国的视角谈一谈国际商事纠纷解决机制发展。同时，作为一名教育工作者，我也想谈一谈国际商事纠纷解决机制发展中的法律人才培养问题。

当今世界正经历百年未有之大变局，协调推进国内治理和国际治理，通过法治方式推动构建人类命运共同体，是习近平法治思想的重要内容。国际商事纠纷的解决，既关系国家治理体系和治理能力的现代化，也关系中国参与全球治理和中国司法竞争力的提升。

从近年来中国的相关实践看，我们在参与国际法治建设，尤其是国际商事纠纷解决上已经勾勒出较为明确的立场，并突出体现为以下几点。

首先，推动全球化是中国不变的立场。虽然近年来经济、政治等多重原因导致了逆全球化趋势有所抬头，国际规则遭受破坏。但是我们也应看到，当前的逆全球化只不过是全球化潮流中激起的几朵浪花，阻挡不住全球化大潮。对此，中国领导人在多个外交场合都明确表示，中国始终是全球化的坚定捍卫者，也是全球化的持续推动者。

聚焦国际商事领域，现代国际商事规则体系正是缘于全球化而得以全面构建。而国际商事纠纷解决机制，则是促进国际商事关系并维护国

---

* 上海政法学院校长。

际商事规则的关键所在。因而，重视和发展国际商事纠纷解决机制，也是深入推进全球化的应然关照。

近年来，最高人民法院出台了一系列司法文件以服务和保障对外开放，中国国际商事法庭也恰是乘此东风得以建立，并逐渐成为中国司法助推对外开放的新亮点。而 2020 年 9 月最高人民法院出台的《关于人民法院服务保障进一步扩大对外开放的指导意见》，更进一步关注了国际商事纠纷解决机制的构建，强调打造专业化的商事纠纷解决机制，支持境外仲裁机构经登记备案后在特定区域内设立的业务机构，根据仲裁协议受理国际仲裁案件，为中国深入参与国际商事纠纷解决机制发展提供了契机。

其次，倡导多元化的纠纷解决，是中国推动国际商事纠纷解决机制发展的重要目标。近年来，随着《承认与执行外国民商事判决公约》《新加坡调解公约》的签署和《纽约公约》成员国不断扩大，诉讼、仲裁和调解三足鼎立的多元化纠纷解决格局已然形成。而各国纷纷设立的国际商事法庭，更拓宽了当事人的选择空间。

面对多元化的纠纷解决需求，近年来最高人民法院着力推动一站式纠纷解决平台建设，以求从国内国际两个方面促进纠纷高效便捷解决。中国国际商事法庭目前以推动一站式纠纷解决平台为依托，正在研究将境内外知名商事仲裁与调解机构纳入平台。而下一步如何进一步发挥一站式的制度优势，如何在把握当事人意思自治的基础上促进纠纷的公正高效解决，则是我们需要关注的方面。

再次，信息化的纠纷解决方式，是中国推动国际商事纠纷解决机制发展的新高地。随着通信技术的迅猛发展，信息化已经成为新一轮全球化的显著特征和重要推动力，而数字经济也日益成为促进全球经济发展的新的增长点。在此次新冠疫情发生后，信息化的纠纷解决方式迸发出巨大的应用空间，让我们看到了在线纠纷解决机制在提高效率、降低成本和便利当事人方面的巨大优势。

长期以来，最高人民法院在推动智慧法院建设，提高信息化服务水平方面作出了巨大努力。中国的法院信息化建设已成为当前司法改革的重要亮点，并为世界各国法院的建设与发展提供了示范经验。尤其在应对疫情方面，智慧法院更是"大显身手"。

当前，随着疫情防控的常态化，如何在国际商事法庭的运行中提升信息化也是我们面临的挑战。在国际商事法庭的内部协调上，应探寻有效的在线方式，实现第一、第二国际商事法庭与最高人民法院本部的协调办案，通过在线方式与其他合作机构进行衔接。而在规则制定上，在现有的纠纷解决规则基础上结合在线方式的特性，应考虑推动在证据规则、诉讼时效、诉讼费用等方面形成有拘束力和示范性的指引，从而便利中外当事人在线诉讼。

最后，加强司法领域的国际交流合作和涉外法治人才培养，是中国推动国际商事纠纷解决机制发展的持续动力。在包括构建国际商事法庭在内的国际商事纠纷解决机制发展过程中，各国需加强交流合作，互学互鉴。最近几年，最高人民法院高度重视并通过多种方式促进司法领域的国际交流合作。2019年4月，上海政法学院有幸受最高人民法院委托，于中国—上海合作组织国际司法交流合作培训基地承办首届上合组织成员国法官研修班并取得了良好的国际影响。在此，我也代表上海政法学院再次向最高人民法院相关领导的信任表示感谢，我们将贯彻周强院长2020年10月30日在第十五次上合组织成员国最高法院院长会议上的讲话精神，"依托中国—上海合作组织国际司法交流合作培训基地等平台，创新司法交流合作方式"，为国际司法交流作出更多贡献。

"成事之要，关键在人"，加强涉外法治人才培养是促进涉外法治工作的重要方面。作为一名教育工作者，我也希望最高人民法院继续加强与科研院校在涉外法治人才培养上的合作。近年来，各级人民法院推出的法律实习生项目取得了巨大成果。我的学生也曾有幸在最高人民法院参与实习工作，这一工作经历极大地提升了他的研究与实践能力。因此，我也建议在现有的法院实习生项目的基础上，有目标地选拔国际法及具有涉外法律背景的优秀学子进入国际商事法庭实习，为他们提供高水平的学习平台。同时，有针对性地在相关专业中选拔青年法律人才进入涉外商事审判工作队伍，从而实现涉外法治人才培养的梯队化建设。

各位专家和与会同仁，面对百年未有之大变局，国际商事纠纷解决所面临的新情况和新挑战也将不断增多。但机遇总是与挑战相伴而行，我相信在中外法律专家的通力合作和大力支持下，中国国际商事法庭一定能够建设成为具有重要国际影响力和竞争力的国际商事法庭，并为国际法治的建设贡献自己的力量。

发言选登三

后疫情时代更加需要加强国际法的研究与运用

肖永平[*]

尊敬的首席大法官周强院长，各位领导，各位同仁：

很荣幸成为国际商事专家委员会的一员，衷心感谢最高人民法院的信任！我将认真履行委员职责，为我国国际商事法庭建设和涉外民商事海事司法发展贡献自己的智慧与力量。由于时间关系，下面就后疫情时代国际法的研究与运用问题，谈三点学习体会。

第一，后疫情时代是运用与发展国际法的重要机遇期。当下新冠疫情的全球大流行已经并将深刻影响国际政治、经济、法律、文化乃至全球治理体系。国际社会来到了要合作还是要对立、要开放还是要封闭、要互利共赢还是要以邻为壑的十字路口。恩格斯告诉我们："没有哪一次巨大的历史灾难不是以历史的进步为补偿的。"回顾国际法的历史可以发现，它是在人类度过重大危机、从大乱到大治的转变过程中不断发展、逐步完善起来的，经历了从规制战争到维护和平再到促进合作的不同历史时期。从源头上看，国际法源自战争，20世纪以前的国际法主要是关于战争的规则。在这个法律体系中，国家拥有诉诸战争的绝对权力，战争成为解决国际争端的主要手段。但20世纪的两次世界大战，不仅改变了世界结构，影响了国际政治经济关系，也给国际法的发展带来了契机，国际法的重心从规制战争转向维持和平。随着冷战的结束、科学技术的进步与全球化的深化，国际法开始向促进合作方向发展，它通过构建多维度的合作机制，规范国际行为体的行动，发展各种跨国关系，将国际社会的共享观念变成现实。

各国抗疫实践已经证明：面对全人类的共同威胁，各国只有在尊重

---

[*] 武汉大学国际法治研究院院长、国际法研究所所长。

彼此主权的基础上开展真诚合作,才能分享全球化带来的进步与成果,同时获得自身的安全与发展。从这个意义上讲,后疫情时代的国际法需要以人类命运共同体为理念,向共同体国际法方向发展,以回应国际社会的共同利益、共同价值和共同行动的需求。

  第二,中国需要从三个不同维度来加强运用国际法。历史经验表明,疾病或瘟疫大流行常常对人类文明产生深刻而全面的影响。新冠疫情不仅影响国际公共卫生安全体系,还会影响全球经济、政治和文化,前疫情时代的全球化模式可能发生改变。但不管什么样的全球化,国际规则的制定对国际关系和全球治理都发挥着基础性作用。它不仅左右着国家之间的权力与利益分配,更是一个国家国际地位的表现。我以为,后疫情时代中国需要从以下三个维度来加强运用国际法:一是要统筹运用国际法完善我国涉外立法体系、提升我国跨境执法能力、提高我国司法国际公信力、彰显我国尊重国际法的大国形象;二是要积极运用国际法维护我国主权、安全和发展利益;三是要有效运用国际法推动国际关系民主化、法治化,推动构建人类命运共同体。

  第三,国内法院是运用国际法、塑造国际法的重要主体。运用国际法是一项系统工程。其中,运用国际法完善我国涉外立法体系是基础性工作,运用国际法提升我国跨境执法能力是重要支撑,而运用国际法提高我国司法国际公信力、彰显我国尊重国际法的大国形象是其中的主要内容,国内法院发挥着不可或缺的重要作用。主要表现在以下几方面。

  一是准确适用国际条约与国际惯例,平等保护中外当事人的合法权益,维护正常的国际关系。

  二是合理解释国际法,影响国际法向更加公平合理的方向发展。因为国际法规则是国家之间协调意志的表现,其规定通常比较概括抽象,不同国家的理解常常发生分歧,这些"纸面上统一的规则"需要国内法院的司法裁判来分析和判断。因此,国内法院依法合理解释国际条约与国际惯例,对形成"实质上统一的规则"具有重要意义。

  三是积极填补国际法漏洞,参与和引领新领域、新问题国际规则的形成。与国内法相比,现行国际法仍然是碎片化的、不完善的,存在一些漏洞。因为某个领域、特别是新型领域国际法规则的形成常常需要一个漫长的过程。法院作为直面各类纠纷和争端、即使没有规则也不得不作出裁判的机构，对新型案例、典型案例的裁判是判断该国主张、形成国际规则的重要渊源和关键证据。

四是根据国际法维护我国主权、安全和发展利益。21世纪以来，国际法日益影响私人利益，私人行动能力不断增强促使私人更多地介入对外关系。在频繁采取包括街头运动在内的政治方式的同时，私人更多地采取诉诸法院的方式参与对外关系。由于法院在解决争端过程中解释法律，有助于提高该国的国际法律话语权，司法部门与行政部门在对外关系领域存在分工合作的意愿与机制，有利于一国整体对外关系决策，法院参与对外关系有助于保障一国的整体法治，国际法与国内法的发展态势总体上越来越有利于法院参与对外关系。从国际法方面看，虽然一国根据一般国际法并没有义务允许个人在法院援引国际法规范，但越来越多的条约或明示或默示个人可以这么做。从国内法方面看，一些国家为实施国际法创设新的制度，或者利用既有制度促使法院参与对外关系的意愿逐渐增强。如很多国家制定国际罪行法典，为法院行使普遍管辖提供了便利。

综合分析我国法院的案例可以发现，我国法院以不同方式适用的条约几乎都是规定跨国私人间的商事条约。近年来，最高人民法院实施了一系列有利于运用国际法的措施。如2014年厦门海事法院受理发生在钓鱼岛海域的"闽霞渔01971轮"船舶碰撞案，彰显了我国对钓鱼岛海域的司法管辖权。2015年，最高人民法院发布《关于全面推进涉外商事海事审判精品战略为构建开放型经济体制和建设海洋强国提供有力司法保障的意见》，要求法院恪守条约义务，正确理解、准确适用国际条约、国际惯例，同时要积极参与国际规则制定，高度重视协助相关部门进行条约谈判工作，在国际投资、贸易、航运规则的形成中发出中国司法的声音。同年发布《关于人民法院为"一带一路"建设提供司法服务和保障的若干意见》，强调要不断提高适用国际条约和惯例的司法能力，在依法应当适用国际条约和惯例的案件中，准确适用国际条约和惯例。要深入研究沿线各国与我国缔结或共同参加的贸易、投资、金融、海运等国际条约，严格依照《维也纳条约法公约》的规定，根据条约用语通常所具有的含义按其上下文并参照条约的目的及宗旨进行善意解释，增强案件审判中国际条约和惯例适用的统一性、稳定性和可预见性。2016年，最高人民法院制定两份《关于审理发生在我国管辖海域相关案件若干问题的规定》，有助于我国法院更好实施《联合国海洋法公约》以及我国深海海底区域资源勘探开发法等。这些措施为服务和保障"一带一路"建设、海洋强国战略实施，坚决维护国家主权、海洋权益和其他核心利益具有重要意义。

  后疫情时代，我们需要进一步更新观念，加强制度与机制建设，推动我国法院更准确、开放、高效地运用国际法。也就是要摒弃对外关系是行政部门尤其是外事部门专属领域的观念，认识到法院适当参与对外关系非但不会干扰国家的整体外交利益，反而能开辟主张与实现国家利益的新途径，维护对外关系过程中不同行为体的正当权益。也要在宪法中规定国际法在我国法律体系中的地位，并以此为基础在特定法律中作出具体安排。同时要建立运转顺畅的长效传播机制，至少包括以下几种：（1）信息沟通机制，如定期发布专门的涉及国际法的典型案例，并考虑将其中一些编撰为指导性案例；（2）资源支持机制，如向有关主管部门推荐合适的法官申请到相关国际司法机构或国际组织工作；（3）需求响应机制，如法院在司法审判中根据国际法的最新发展形势，基于外交、海洋、国防等国家战略需求，利用相关案件的审理和判决宣示中国立场，影响相关国际习惯、国际法基本原则和规则的形成；等等。

发言选登四

后疫情时代国际商事纠纷解决机制的发展

杨良宜（Philip Yang）[*]

关于在后疫情时代国际商事纠纷解决机制的发展，在我这个年龄已经经历过好多次国际上的危机，我也从之前的危机中看到每次危机发生之后国际性的争议解决案件数量都会大增。最近的一次，相信很多人自己也经历过，就是在2008年发生的"金融海啸"。2008年"金融海啸"之后就出现大量的诉讼，对中国影响也很大，其中对于中国船厂的影响很多人都知道。本来中国造船工业已经世界第一，在2008年以前船厂签订了大量高价定造的造船合同。可是因为"金融海啸"，那些国际船东，纷纷用法律手段终止这些昂贵的合同。本来从国际法律层面上来看，国际船东是不容易从这些合同中脱身的，可是中国船厂因为普遍不熟悉国际商业法律，没有作出恰当的应对。相信大家都听说了，中国船厂在那批案件中的败诉率达80%—90%，很多造船合同被取消，并进一步导致大批中国船厂倒闭。中国的银行出具的还款担保也受到很大影响。这些仲裁案件大部分都是在伦敦仲裁，也有一部分是在香港进行仲裁。我参与了不少中国船厂在伦敦和香港进行的仲裁。当年的那批案件，在"金融海啸"发生十年之后才陆续审结。

由此联想到"后疫情时代"，从2021年年中或2021年年底开始，商事纠纷的解决会有哪些变化？

第一，考虑到本次新冠疫情的严重性与时间上的持久性，对全球经济的打击一定比2008年"金融海啸"更严重，这样一来就可以预料到它的"后遗症"更大更严重。第二，从中国的角度来看，中国现在外贸的活动、与国际上的交往也比2008年应该是更多，中国的外贸量已经位居

---

[*] 香港国际仲裁中心名誉主席。

世界第一第二的位置。第三，从世界大环境着眼，世界局势比2008年更加对立，种族的分化也更严重。在这样的环境之下，我们可以看看不同国际商事纠纷解决纠纷的机制（调解、仲裁和诉讼）的适用情况。

一是调解。由于新加坡国际调解公约的关系，调解这个课题很热门。但是因为大的环境不适合调解，调解是需要双方一定程度的友好，能够合情合理地使大家各自让一步，现在这种情况不是适当的环境。

二是国际仲裁。国际仲裁的话，我个人相信是会更加多的，因为我刚才讲的道理包括中国外贸越来越多，"后遗症"更加严重，我预测中国公司为应对后疫情时代将面临排山倒海的诉讼，要面对的国际仲裁肯定是越来越多。国际仲裁本来已经有一个很大体量，同时也作为主要的商业解决争议的办法，在后疫情时代的适用是绝对不会缩小的。上述情况实际上对国际仲裁是好事，因为我才听到一个经济学专家的说法，他说："疫情过后，有1/3在疫情之前存在的工种不会再回来了。"也就是1/3的工种所涉及的人员要全部转行。可是对于国际仲裁，后疫情时代需要解决的国际商事争议恐怕不会少，需要的人才反而更多了。

三是诉讼。之前由于对各国法院诉讼程序的各种担心，反而给国际仲裁带来提升。但现在出现了新的机遇，各国都成立了自己的国际商事法庭，可以说这为解决国际商事案件提供更多的选择，而且在执行方面的条件也变得越来越好。例如，2019年海牙《承认与执行外国民商事判决公约》可以令国际商事法院的判决在国际上得到执行。仲裁相比于法院诉讼的好处之一是具有保密性，可是现在国际商事法庭也有很多办法来保护案件中的保密信息与证据。

目前，看到投资仲裁领域也有一些规则在修改，希望在一定程度上公开，很多大型商业案件其实也需要有这样的机制。因为时间的关系我不能多讲了，我对国际商事法院的发展还是非常看好的。

综上所述，无论是国际商事法院还是国际仲裁，包括中国的法律人才在内，都要注意对国际法加深理解。因为国际法不管实体法还是程序法，因为历史原因，还是普通法实际上占据主导地位。因此，我们希望把对国际法的理解与适用能力提高，不再重复在2008年"金融海啸"中中国造船厂面临的困境，这一点就是我对后疫情时代的展望。谢谢！

发言选登五

外国法院判决执行与新加坡调解公约的执行

黄锡义（Michael Hwang S. C.）*

各位下午好。下面我想简要介绍国际商事法庭的特性及《新加坡调解公约》。

一、作为解决争端的手段，与国际商事仲裁相比，国际商事法庭的作用

简而言之，国际商事法庭可以与国际商事仲裁机构和平共处。每个机构都可以满足潜在纠纷当事人的某些需求，同时其他纠纷当事人可能更关注另外一些机构的某些已知优势。伦敦就是最好的例证，英国商事法院是世界上处理国际商事纠纷较为受欢迎的法院，伦敦国际仲裁院也是世界五大仲裁机构之一。

二、如何在其他国家执行国际商事法院的判决

第一，这些判决可以通过条约执行。这取决于国际商事法院所在国与其他国家签署的双边和多边条约的多寡。在普通法系国家，也可以依据普通法执行国际商事法院的判决，即所有由外国高级法院作出的以给付特定金钱为内容的判决，无论是否存在互惠，都将得到承认。依据普通法执行判决，需要遵守一些相对容易实现的基本规则。这意味着，无论判决作出国与执行国是否签订条约、是否存在互惠，在实践中，由国际商事法院作出的所有以给付特定金钱为内容的判决都将在各普通法系国家和地区得以执行。亦即包括美国在内的近50个普通法系国家，即便与判决国未签订条约，或者存在互惠，也会执行这些判决。

第二，如果一个国家加入（或签署并批准）《海牙选择法院协议公

---

* 新加坡驻阿根廷前大使（非常任）、阿联酋迪拜国际金融中心法院前首席大法官。

约）（《海牙公约》），则该国判决可以在其他缔约国执行。美国是《海牙公约》的首批签署国之一，但它还没有批准该公约。然而，在实践中，由于美国适用普通法有关承认外国判决的规则，是否批准并没有多大区别。《海牙公约》最重要的缔约国是由27个国家组成的欧洲联盟。这是新加坡和中国签署这项《海牙公约》的原因（尽管中国还没有批准该公约），因为这使新加坡和中国法院的判决可以在其他公约缔约国得到执行，这些缔约国总共有80多个国家和地区，涵盖了包括欧盟、墨西哥和其他重要的普通法系国家在内的全世界很多主要商业中心。

三、指导备忘录的概念

在我担任迪拜国际金融中心法院的首席大法官时，法庭引入了指导备忘录的概念。这一概念已经显示了它的用处，尽管指导备忘录并不具有约束力，因为此类备忘录并不意味着签署的各方承担义务（这与谅解备忘录不同，谅解备忘录意味着一定的义务）。指导备忘录直接由两国法院签订。简单地说，指导备忘录表明了两国法院有关承认和执行另一国法院判决的法律立场。我们运用这些指导备忘录向全世界证明迪拜国际金融中心法院作出的判决，可以在其他重要的国际商事法庭中得以执行（截至我离任时，我们与其他法院签署了11个这样的指导备忘录）。除非存在条约或互惠，大陆法系国家的法院不会自动承认和执行外国法院的判决，因此，指导备忘录是一种对于大陆法系国家非常有用的技术。这种指导备忘录使各国商人及其法律咨询顾问了解每个国家法院判决的法律地位，并通过提供这种额外的确定性，促进国际贸易和投资。指导备忘录的作用已得到国际商事法院常设论坛的认可。威廉·布莱尔先生所做的演讲中，已经提及国际商事法院常设论坛。国际商事法庭常设论坛目前正在进行一项重大项目，以敲定一份由包括中国在内的其他成员国签署的联合备忘录，该备忘录描述了每个成员法院有关承认和执行其他国家判决的一般规则。备忘录第一版已经完成，可以在网上查阅（https://sifocc.org/app/uploads/2019/11/Multilateral-Memorandum-on-Enforcement-Nov-2019.pdf.）。第二版及最终版本将在不久的将来发布。这无疑是一个重大的进步，鼓励每一个国家认真研究，与世界其他国家相比，外国判决如何在本国承认和执行。希望通过这种比较，可以促使一些国家修改各自的法律,争取在本国更广泛地承认和执行外国判决。

四、《联合国关于调解所产生的国际和解协议公约》

法律界和商界的大多数人都熟悉《联合国关于调解所产生的国际和解协议公约》,即《新加坡调解公约》,于2019年8月7日开放签署。目前,包括新加坡和中国在内的53个国家已经签署了该公约。

新加坡现在已经将《新加坡调解公约》纳入国内立法中。2020年的《新加坡调解公约法案》规定了《新加坡调解公约》下新加坡应当承担的义务。根据《新加坡调解公约》,每个缔约国都应制定规则和程序,以使本国法院执行国际和解协议(参见《新加坡调解公约》第3条和第4条)。这提供了比即决判决程序更快捷的程序。这种程序的工作方式如下。

第一,根据《最高法院管辖〈新加坡调解公约〉规则(2020)》细则第6条,声称有国际和解协议书(如《新加坡调解公约》第1条规定)的一方当事人(申请方)可以向法院提出申请,而无须将此申请送达国际和解协议的另一方当事人(和解债务人)。申请人需要提供国际和解协议的证明[《新加坡公约调解法案》第6章(1)]并请求法院将该份国际和解协议作为法院命令予以记录[《新加坡公约调解法案》第4章(1)(a)]。

第二,在法院审核认为协议是恰当的,并作出命令后,法院的命令必须送达协议债务人[《最高法院管辖〈新加坡调解公约〉规则(2020)》细则第6(2)条]。如果和解协议债务人对其在和解协议书项下的义务有异议,那么该方当事人必须在收到和解协议后的六周内向新加坡高等法院提交驳回和解协议的申请[《最高法院管辖〈新加坡调解公约〉规则(2020)》细则第7(1)条]。该申请必须说明不予执行的原因,并提供该和解协议不应被执行的所有文件及其他证据[《最高法院管辖〈新加坡调解公约〉规则(2020)》细则第7(2)条]。

第三,该申请随后将由新加坡高等法院优先审理,因为《新加坡调解公约》要求每个缔约国尽速处理执行申请[《新加坡调解公约》第4(5)条]。因此,除非协议债务人提出要求,否则协议债务人不享有听证的权利。

到目前为止，还没有向新加坡高等法院申请适用《新加坡调解公约》的案例，从立法规定而言，这将是一个更快地获得法院判决的程序。传统的执行方式是先向法院提出请求，然后申请判决执行和解协议，此种程序需要进行听证。新加坡的国内立法有望成为其他《新加坡调解公约》缔约国制定实施公约的国内立法的参考。

最后，请允许我向中国国际商事法庭表示感谢，感谢邀请我加入最高人民法院国际商事专家委员会，我期待为这份工作作出贡献。非常感谢。

【信息与资料】

探索后疫情时代国际商事纠纷解决机制新发展
——最高人民法院国际商事专家委员会第二届研讨会暨国际商事专家委员新聘活动综述

记者 姜佩杉 通讯员 孙雅婷

  隆冬的北京,中国最高审判机关展开了一场国际商事纠纷解决顶尖智慧的思维碰撞。

  2018年8月,最高人民法院国际商事专家委员会成立,首批聘任来自14个国家和我国港澳台地区的31位专家委员,标志着"一带一路"国际商事争端解决机制和机构建设取得重大进展。

  为进一步提高人民法院国际商事审判专业化水平,吸收更多专家参与国际商事争端解决机制建设,为建设诉讼与调解、仲裁有机衔接的国际商事纠纷多元化解决机制提供支持与保障,最高人民法院决定聘任24位专家为国际商事专家委员会第二批专家委员。

  2020年12月8日下午,在优美的乐曲声中,新聘国际商事专家委员从最高人民法院院长、首席大法官周强手中接过聘书,开启了为期四年的"智囊团"之旅。

  "希望各位专家委员充分发挥职能作用和优势特长,促进中国法治与国际法治相互借鉴、协同发展,推动健全国际商事争端解决机制,积极营造市场化、法治化、国际化营商环境。"周强院长在致辞中表达了对专家委员们的殷切期待。

  同一天,来自中外18个国家和地区的40多位专家委员"济济一堂",通过线下或视频连线方式,参加以"国际商事纠纷解决机制新发展及相关国际法问题研究"为主题的国际商事专家委员会第二届研讨会,围绕"国际商事纠纷解决机制新发展：新形势与新挑战""后疫情时代国际法相关问题的研究与运用"等议题展开充分交流。

任重而道远
——履职尽责，推动打造法治化国际化营商环境

2019年5月29日，最高人民法院国际商事法庭敲响"第一槌"，在法治保障营商环境的道路上迈出了坚实一步。

"国际商事专家委员会依托这一国际化平台，能够发挥来自不同国家的专家优势和潜力，克服各国法律制度不同造成的障碍，从而为国际商事纠纷的解决发挥独特作用。"国际商事专家委员会新聘委员、大连海事大学原校长、国际海事委员会荣誉委员、中国海事仲裁委员会顾问司玉琢在发言中肯定了国际商事法庭的作用，并表示将认真履行职责，与中外专家、新老委员之间增进学习交流。

国际商事专家委员会新聘委员、新加坡最高法院上诉庭法官兼国际关系主管法官莊泓翔认为，国际商事专家委员参与案件调解，就国际商事争议中的具体法律问题、中国最高人民法院制定的司法解释和政策提供咨询意见，对于推进法律基础设施建设以及支持"一带一路"倡议都具有特别重要的意义。

如今在乌干达，中国实体和企业的身影经常可见。

国际商事专家委员会新聘委员、乌干达最高法院前首席大法官巴特·卡图雷贝指出，在乌干达投资的中国实体和企业、与中国实体打交道的乌干达实体和企业应当了解两国现行的法律制度。巴特·卡图雷贝认为，国际商事专家委员会搭建了这样的法治合作交流平台。

国际商事专家委员会新聘委员、全国政协常委、民建中央原副主席周汉民表示，为了改革开放的进一步深化，必须优化营商环境。"政治的、经济的、文化的、社会的环境，最终落脚点是法治环境。最高人民法院为推进国际商事纠纷解决，能够接连两批遴选相关的专家委员，这既是对我们的鼓舞，更是对我们的信任。"周汉民说。

化疫情危机为发展新机

——后疫情时代，探索国际商事纠纷解决新发展

新冠疫情全球蔓延，给社会发展带来了巨大影响。

中国经验告诉人们，后疫情时代，互联网、信息化、人工智能等将在世界舞台上大放异彩。

最高人民法院副院长杨万明简要介绍了疫情以来中国法院充分运用智慧法院建设成果，大力开展远程立案、网上审判、智慧执行，为疫情防控提供坚强有力司法保障的情况。

相关数据显示，2020 年 2 月 3 日至 11 月 20 日，全国法院网上立案 650.1 万件，网上开庭 77.8 万场，网上调解 323 万次，网上证据交换 141.5 万次，电子送达 1815 万次。

"做到让群众'一次不用跑'就能完成各类诉讼事项，通过'键对键'感受触手可及的公平正义。"杨万明这样评价中国法院"云上执审"成果。

英格兰和威尔士高等法院前法官威廉·布莱尔爵士在发言中特别提到，中国最高人民法院近年来对法院工作信息化进行的大量探索和投入，在国际上亦得到了推广适用。"适当运用这些成果，有助于依法公平公正地解决商事纠纷，从而为全面恢复商业发展作出重要贡献。"威廉·布莱尔爵士表示了他的赞赏。

香港国际仲裁中心名誉主席杨良宜提到，2020 年疫情对全球经济的影响非常深刻。面对后疫情时代很可能激增的国际商事诉讼和仲裁案件，希望对国际实体法和程序法有更多的了解，共同应对新挑战。

国际仲裁协会主席伊曼纽尔·盖拉德认为，新冠疫情使我们不得不大量使用新技术，这对解决国际商事纠纷而言优势很多。当事人选择远程开庭，更为省钱、省时间、灵活度高；在仲裁或者诉讼中使用数据管理的人工智能技术，收集数据，有效节省成本；还可以利用技术来进行仲裁员的选择。

大数据使用与个人信息保护堪称硬币的一体两面。如何才能做到不负"效率"不负"隐私"？会上，有委员提出，要对技术发展带来的数

据收集,采取更高的法律保护标准。

比利时根特大学荣休教授、比利时仲裁和调解中心仲裁员约翰·埃劳认为,任何收集数据、存储数据、使用数据或最终销售数据的一方,都必须遵循提供安全和隐私保护的规则。

"同时,对于数据的收集,还必须回答一些民法问题,比如谁享有数据的所有权。对于跨境的商事活动和诉讼活动来说,数据的安全和存储问题还应该通过国际私法的帮助来回答,这样我们就可以得到一些国际层面的保证。"约翰·埃劳说。

长风破浪会有时
——总结经验、博采众长,国际商事法庭未来可期

揭牌运行两年来,国际商事法庭对当事人的吸引力愈发增强。下一步,应当如何群策群力,为打造良好法治营商环境进一步发挥作用?

最高人民法院民四庭庭长、国际商事法庭法官王淑梅在会上介绍了国际商事法庭运行以来取得的丰硕成果。她表示,中国将进一步优化国际商事法庭办案程序和工作机制,进一步促进国际司法合作、增进国际法治互信。同时,积极支持对外开放前沿地区创新发展国际商事纠纷解决机制,推进"一站式"国际商事纠纷多元化解决平台尽快上线。

为更便利当事人解决纠纷,各国国际商事争端解决机制都在探索更便捷、公正、透明的多元解决途径。

上海政法学院校长、中国国际私法学会副会长刘晓红指出,中国国际商事法庭目前以推动"一站式"纠纷解决平台为依托,正在研究将境外知名商事仲裁与调解机构纳入平台。

"如果一个国家签署并批准加入《海牙公约》,这将是当事人选择该国国际商事法庭的重要理由,该国际商事法庭的判决在其他签署国均可强制执行。"阿联酋迪拜国际金融中心法院前首席大法官黄锡义提出,在国际商事法庭判决的承认和执行方面,其判决是否可以通过条约得以强制执行,取决于国际商事法庭所在国与其他国家签署的双边和多边条约的数量。

"中国的国际商事法庭要想在世界上最具影响力的国际商事法院中占

有一席之地,还需要在国际公法领域确立自己是可靠的司法判决者。"外交学院教授、国际法研究院院士易显河表示。

国家高端智库武汉大学国际法研究所所长、中国国际私法学会常务副会长肖永平认为,中国法院要积极填补国际法漏洞,参与和引领新领域、新问题国际规则的形成。"法院对新型案例、典型案例的裁判,是判断该国主张、形成国际规则的重要渊源和关键证据。"肖永平说。

香港执业资深大律师、香港证券及期货事务监察委员会前主席梁定邦建议,金融、贸易、投资、交通、基建、教育、医疗、城市规划、环境保护、国家安全、法律服务等,都需要完善的法律框架与纠纷解决机制来扶持。

2020年11月15日,《区域全面经济伙伴关系协定》(RCEP)正式签署,意味着全球约29.7%的人口将在该协定下从事自由贸易活动,形成目前全球最大规模的自贸区。哈萨克斯坦国际仲裁学会主席迈丹·苏莱曼诺夫从国家责任、人权、国际合作、国际投资等方面进行了深入分析,拓宽了讨论视角。

新的机遇也意味着新的挑战。

中国法学会副会长、中国国际法学会会长黄进在接受采访时表示,为了更好应对RCEP签订后面临的国际商事新情况、新问题、新挑战,中国国际商事法庭应该总结经验、博采众长,发挥好现有的国际商事争端解决机制作用,并在此基础上,进一步完善和优化国际商事法庭相关机制。

清华大学国际争端解决研究院院长张月姣则认为,依法快速公正解决争议是推进国内法治和涉外法治的重要因素,保持稳定的合作关系,才可以促进国际经济贸易的持续发展。

人才是第一资源。建设法治强国,要把人才资源汇聚起来。

国际法人才培养,是中国面临的当务之急之一。对此,最高人民法院原经济审判庭副庭长、审判委员会原委员、中国国际私法学会名誉会长费宗祎提出,可以编写宣介国际法的简明教材,开展以各级国家机关工作人员、涉外企事业单位工作人员为主要对象的普及国际法知识的学习活动,以增强他们的国际法意识。

在总结环节,香港律政司前司长袁国强、最高人民法院民四庭原庭长张勇健、最高人民法院第二国际商事法庭负责人胡仕浩、第二国际商事法庭负责人何莉均认为本次研讨会内容精彩纷呈，成果丰硕，有许多共同点和关键词，广泛凝聚司法合作共识，树立人类命运共同体意识和合作共赢理念，各国关于后疫情时代智能化手段运用的经验值得分享和借鉴。从国际商事纠纷的发展趋势来看，需要秉持开放的胸怀，加强多边合作。这些都需要高效便捷的司法、友好有效的法律合作以及多元的纠纷解决途径来保障。杨万明最后殷切期望，国际商事专家委员会秉持共商共享共建原则，增进合作交流，发挥好国际法治合作平台的重要作用，共同应对全球性挑战，推动国际法治发展，促进经济全球化朝着更加开放、包容、普惠、平衡、共赢的方向发展。

中国审判指导丛书
——各级人民法院审判工作权威参考指导用书

《刑事审判参考》：最高人民法院刑事审判第一庭、第二庭、第三庭、第四庭、第五庭共同主办。自2021年起，丛书由人民法院出版社出版发行，作为《中国审判指导丛书》的重要组成部分。丛书自1999年4月创办以来，秉承立足实践、突出实用、重在指导、体现权威的编辑宗旨，在编辑委员会成员、作者和读者的共同努力下，密切联系刑事司法实践，为刑事司法人员提供了有针对性和权威性的业务指导和参考，受到刑事司法工作人员和刑事法律教学、研究人员的广泛欢迎。丛书主要收录指导案例、刑事司法规范及其理解与适用、刑事政策及其解读、理论前沿、实务探讨、编辑部答疑、经验交流、疑案争鸣等内容。2021年，作者将对丛书的体例、栏目设置及相关内容等进行完善和提升，力求以全新的面貌将更权威、实用的内容展现给读者。全年6辑，每辑68.00元，共408.00元。

《民事审判指导与参考》：最高人民法院民事审判第一庭编。丛书收录最高人民法院关于民事审判工作的司法解释及其理解与适用、指导意见和最新政策精神及其解读、民事审判会议纪要、最高人民法院典型案例评析、示范性裁判文书、实务研讨、理论研究、各地方法院经验交流等内容，旨在传播最高人民法院和地方各级人民法院的优秀民事审判工作经验，对最新疑难经典案例进行探讨与解析，提供审判实践中解决疑难问题的思路，是最高人民法院民事审判第一庭履行对下指导职责的工作平台。全年4辑，每辑68.00元，共272.00元。

《商事审判指导》：最高人民法院民事审判第二庭编。丛书刊登最高人民法院关于商事审判工作的指导意见、司法解释及其理解与适用、典型案例评析文章、示范性裁判文书、地方实务调研成果、理论研究文章等。丛书对各级人民法院商事审判工作具有重要指导作用和参考价值。全年2辑，每辑68.00元，共136.00元。

《知识产权审判指导》：最高人民法院民事审判第三庭编。丛书主要内容包括知识产权审判政策与精神、司法解释理解与适用、调研报告和案例评析，以及反映知识产权审判动态的专题论述和优秀裁判文书等。丛书对各级人民法院知识产权审判工作具有重要指导作用和参考价值。全年2辑，每辑68.00元，共136.00元。

《涉外商事海事审判指导》：最高人民法院民事审判第四庭编。丛书收录当年出台的司法解释、司法指导性文件以及涉外商事案件相关问题的批复和案例评析，重点收录最高人民法院对高级人民法院有关国际商事仲裁裁决司法审查法律问题请示的复函，并附有高级人民法院的请示。丛书对各级人民法院涉外商事海事审判工作具有重要指导作用和参考价值。全年 2 辑，每辑 68.00 元，共 136.00 元。

《立案工作指导》：最高人民法院立案庭编。丛书主要收录有关立案的司法解释理解与适用、各级人民法院立案工作的实践经验、调研报告和案例评析等。丛书对各级人民法院立案工作具有重要指导作用和参考价值。全年 2 辑，每辑 68.00 元，共 136.00 元。

《审判监督指导》：最高人民法院审判监督庭编。丛书主要收录关于审判监督工作的司法解释及其理解与适用、最新的政策与精神及其解读、最高人民法院案例评注、典型案例、会议纪要、优秀裁判文书、业务交流等内容。另外，还设置了审监信箱，回应全国法院审判监督工作中的疑难问题。丛书对各级人民法院审判监督工作具有重要指导作用和参考价值。全年 2 辑，每辑 68.00 元，共 136.00 元。

《中国少年司法》：最高人民法院少年法庭工作办公室编。丛书设置了有关少年司法工作的政策与精神、法官论坛、改革与探索、理论与实务研究、典型案例、裁判文书以及规范性文件等栏目。丛书的出版，旨在切实加强对少年司法工作相关问题的研究、加强对全国少年法庭工作的指导、强化相关方面的调查研究和理论探讨。丛书对各级人民法院少年审判工作、相关政法部门少年司法执法工作和有关社会组织的未成年人权益保护工作，都有重要的指导作用。全年 4 辑，每辑 68.00 元，共 272.00 元。

《执行工作指导》：最高人民法院执行局编。丛书对我国目前执行工作中的重点、热点和难点问题，从不同角度进行理论研究和实践经验的提炼与总结；同时，丛书紧紧围绕最高人民法院执行工作大局，紧密结合执行工作理论与实践，为全国广大法官以及其他法律职业者提供及时、权威的执行工作业务指导和参考，对正确理解相关规定、统一执法标准和破解执行难问题具有重要指导作用。全年 4 辑，每辑 68.00 元，共 272.00 元。

《国家赔偿与司法救助办案指导》：最高人民法院赔偿委员会办公室编。编委会成员分别由全国人大法工委国家法室、最高人民法院赔偿委员会办公室、最高人民检察院刑事申诉检察厅、公安部法制局、司法部法制司、财政部条法司等部委工作人员组成，收录了国家赔偿与司法救助相关的政策、法律法规、司法解释及其理解与适用，有普遍指导意义的请示案件及其答复，重大新型疑难案例评析，国家赔偿理论与实务研究，国家赔偿工作调研报告，地方国家赔偿工作动态等内容，集中反映最高人民法院、最高人民检察院等单位对于国家赔偿工作重要政策、观点、理论研究和实践指导的意见，对国家赔偿与司法救助工作具有重要的指导作用和参考价值。全年 2 辑，每辑 68.00 元，共 136.00 元。

2025 年中国审判指导丛书征订单

银行汇款方式：

开户银行：工行王府井金街支行
账号：0200000709004606170
开户名称：人民法院出版社有限公司
行号：102100000072
邮箱：fysgzzz@163.com

邮局汇款方式：

邮编：100745
地址：北京市东城区东交民巷 27 号人民法院出版社
联系人：王玺佳 010-67550536/18601031761
　　　　靖存错 010-67550595/18601032892
传真：010-67550541

订购单位				联系人			
联系电话				邮编			
详细地址							
电子邮箱			纳税人识别号				
代号	书名	全年辑数	定价	邮费	合计	订购份数	
202510	《刑事审判参考》	六辑	408.00	61.20	469.20		
202511	《民事审判指导与参考》	四辑	272.00	40.80	312.80		
202512	《商事审判指导》	两辑	136.00	20.40	156.40		
202513	《立案工作指导》	两辑	136.00	20.40	156.40		
202514	《审判监督指导》	两辑	136.00	20.40	156.40		
202515	《知识产权审判指导》	两辑	136.00	20.40	156.40		
202516	《涉外商事海事审判指导》	两辑	136.00	20.40	156.40		
202517	《中国少年司法》	四辑	272.00	40.80	312.80		
202518	《执行工作指导》	四辑	272.00	40.80	312.80		
202519	《国家赔偿与司法救助办案指导》	两辑	136.00	20.40	156.40		